启真馆 出品

MONA
LISA

A Life
Discovered

DIANNE HALES

[美] 黛安娜·黑尔斯 著

严忠志 译

蒙娜丽莎发现史

ZHEJIANG UNIVERSITY PRESS
浙江大学出版社

献给鲍勃和朱莉娅——他们两位常常提醒我，爱情是艺术之最。

艺术与历史交汇，故事便应运而生。

——赫特·扬·范德斯曼，《洛伦佐与焦万纳》

蒙娜丽莎系谱图

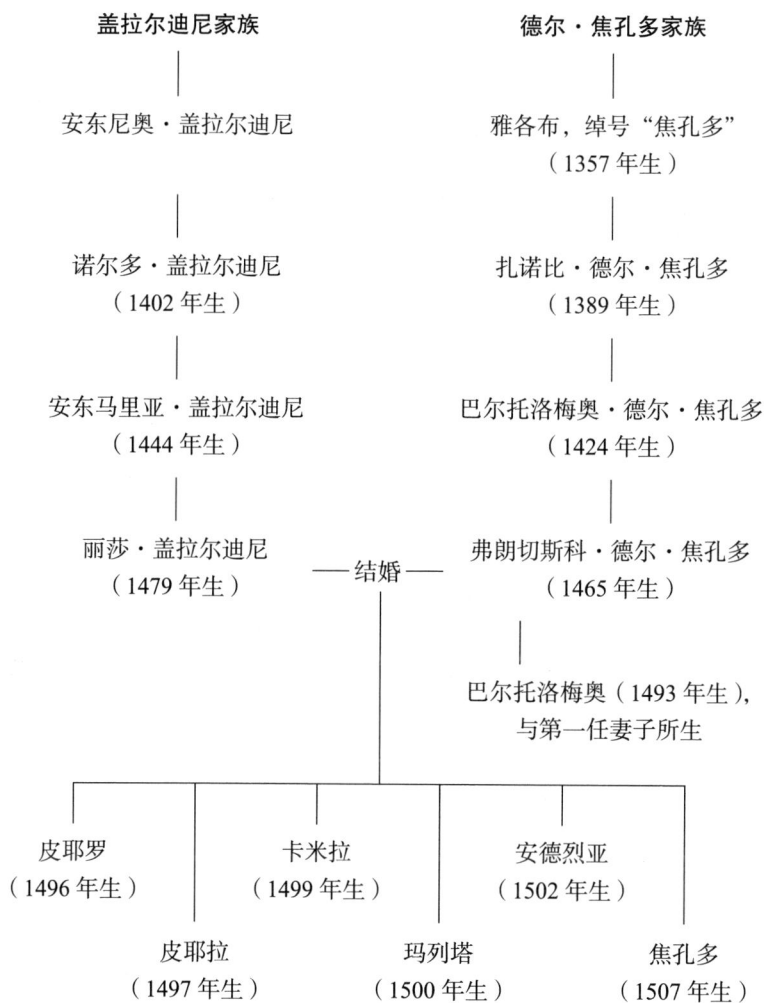

盖拉尔迪尼家族		德尔·焦孔多家族

安东尼奥·盖拉尔迪尼

雅各布，绰号"焦孔多"
（1357 年生）

诺尔多·盖拉尔迪尼
（1402 年生）

扎诺比·德尔·焦孔多
（1389 年生）

安东马里亚·盖拉尔迪尼
（1444 年生）

巴尔托洛梅奥·德尔·焦孔多
（1424 年生）

丽莎·盖拉尔迪尼　——结婚——　弗朗切斯科·德尔·焦孔多
（1479 年生）　　　　　　　　　　　　（1465 年生）

巴尔托洛梅奥（1493 年生），
与第一任妻子所生

皮耶罗
（1496 年生）

卡米拉
（1499 年生）

安德烈亚
（1502 年生）

皮耶拉
（1497 年生）

玛列塔
（1500 年生）

焦孔多
（1507 年生）

资料来源：根据调查，包括《焦孔达的真实身份》的作者朱塞佩·帕兰蒂尚未公开的新近发现。

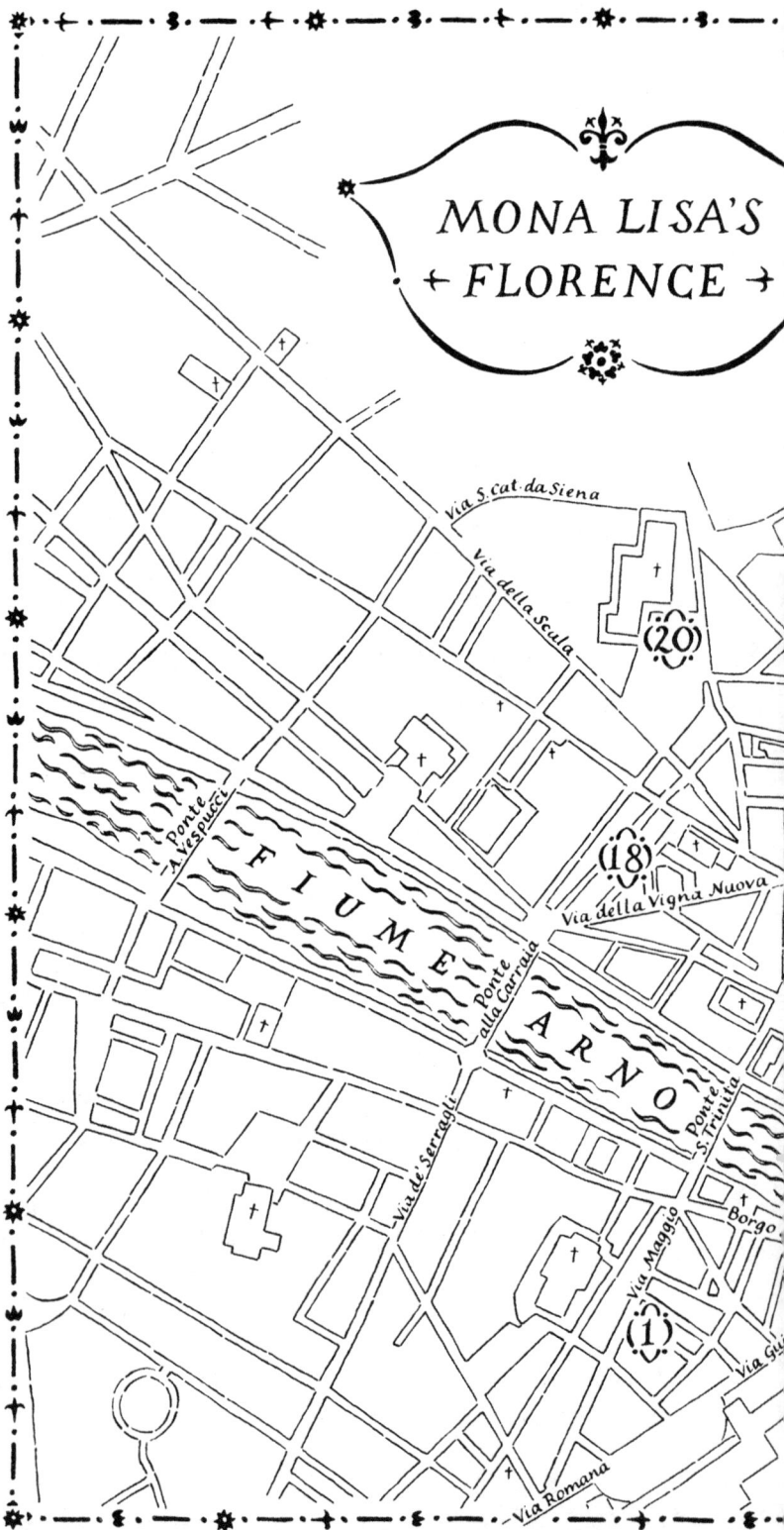

MONA LISA'S
← FLORENCE →

Via S. cat. da Siena

Via della Scala

(20)

Ponte A Vespucci

FIUME

(18)

Via della Vigna Nuova

Ponte alla Carraia

ARNO

Ponte S. Trinita

Via de Serragli

Via Maggio

Borgo

(1)

Via Gi

Via Romana

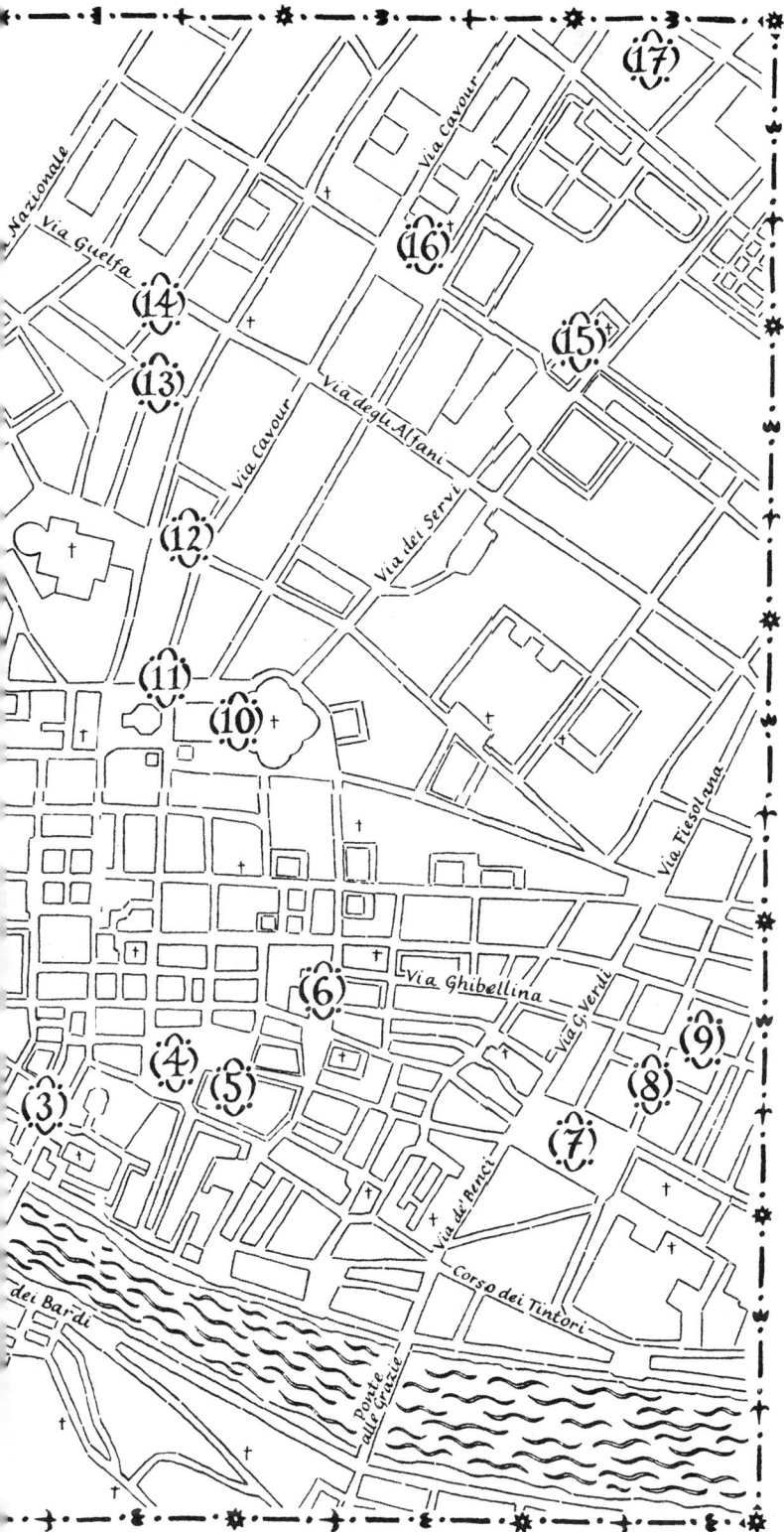

Via Nazionale
Via Guelfa
Via Cavour
Via degli Alfani
Via dei Servi
Via Cavour
Via Fiesolana
Via Ghibellina
Via G. Verdi
Via de' Benci
Corso dei Tintori
Via dei Bardi
Ponte alle Grazie

(17)
(16)
(15)
(14)
(13)
(12)
(11)
(10)
(9)
(8)
(7)
(6)
(5)
(4)
(3)

自序

　　创作本书的前提是,《蒙娜丽莎》中的那位女性确实是在对画作的最初描述中确定的人物丽莎·盖拉尔迪尼——佛罗伦萨商人弗朗切斯科·德尔·焦孔多的妻子。

　　多年以前,我游览了卢浮宫博物馆,首次欣赏列奥纳多·达·芬奇的那幅名画。后来,我听到了她的名字,不禁念出这几个音节:丽、莎、盖、拉、尔、迪、尼。几乎就在那一瞬间,我大脑中的记者神经键被突然激发,好奇之心油然而生:那个女人的名字家喻户晓,其具体身世却几乎不为人知。

　　我追寻相关事实,探寻她的人生轨迹。我向许多权威专家请教,涉猎的领域包括艺术、历史、社会学和女性研究。我一头扎进档案馆,扎扎实实地阅读了大量学术文章和历史文献。我依赖记者心目中永远值得信任的方式——实地探访。在长达数年的时间里,我遍访了佛罗伦萨的大街小巷，出入博物馆，瞻仰纪念碑。我寻觅蒙娜丽莎那个时代的遗迹，慢慢了解并且爱上了那里的美丽天空和四季变化。

我在调查了解的过程中发现，随着时光的推移，蒙娜丽莎的史实已经支离破碎，与达·芬奇的传说交织起来时更显扑朔迷离。对于相关历史日期和文献，专家们仁者见仁，智者见智，爱好者也各执己见，莫衷一是。各种说法沸沸扬扬，昙花一现。诚然，我们确实了解达·芬奇的某些生平逸事；但是，关于他生活的那个世界，这些只言片语却没有揭示什么重要线索。

历史学家芭芭拉·塔奇曼曾说，伟大人物、卓越天才、政治领袖和虔诚圣人远远超出了常人的水平，难以反映普通人的日常生活。相比之下，现实之中的小人物与他们所处时代的联系更加紧密，可以给我们提供更多信息。

在历史记载中，那位名叫丽莎·盖拉尔迪尼的女人名不见经传。在她的那个时代里，社会风俗迅速变化，政治局势冲突不断，经济生活动荡不定，艺术创作灵感迸发。那时，西方文明又见新的曙光。她的人生看似平淡无奇，但是，我们 500 余年之后回头审视，她的生平细节构成了一幅非同寻常的画卷，以直观的方式展示了文艺复兴时期的佛罗伦萨。它似曾相识，又略显陌生。

我请教的一位智者曾经提醒我，习俗是不断变化的，但人性恒久不变。本书描述了丽莎·盖拉尔迪尼所处时代的风俗、服饰、家园、仪式和日常生活。与此同时，我也展示了她的其他侧面：女人、女儿、姐姐、妻子、母亲、家长。她的人生丰富多彩，与 21 世纪的许多女性一样。在我探索的这个领域中，或然因素与可能因素相互作用。每当我从经过确证的事实，转向有理有据的想象时，我小心翼翼，尽量厘清两者之间的界限。

我还想说明几点：第一，如上图所示，本书用来分开各编之间的符号名叫吉利奥罗索。它是一种红色百合花，中世纪以来一直是佛罗伦萨的纹章。

第二，意大利语在数百年的发展过程中出现了许多变化，人名的拼写方法保持了任意特征。我按照语言学者的建议，在本书中使用了现代意大利语。但是，我保留了有些人名的最初拼写，例如，Iacopo（在当代意大利语中，它的写法为 Jacopo）。此外，有些地名我使用的是现在的叫法，如维琪奥王宫和巴杰罗宫，而不是原来的名称。

第三，在佛罗伦萨的历史上，新的一年从 3 月 25 日的天使报喜节开始，而不是从 1 月 1 日开始，这一点常常造成混淆。在可能的情况下，我尽量依据史书上的统一说法。我的个人网页（www.monalisabook.com）提供了更多相关背景材料，其中包括大量照片。

第四，与文艺复兴时期的其他画作的情况类似，达·芬奇的大多数作品既无签名或命名，也没有标注日期。也许，关于《蒙娜丽莎》这幅作品，人们唯一没有异议的一点是，杰作只能出自达·芬奇笔下。同理，我相信，只有丽莎·盖拉尔迪尼可能给予达·芬奇创作它的灵感。

目　录

一个真实存在的女人

　　一位天才令她永存不朽。一位法兰西君主为她花费大笔财富。一位国王对她垂涎三尺。诗人为她歌功颂德，歌者为她倾情吟唱。广告商大肆利用她的美名。

　　没有哪个人的面容像她的那样，在如此久远的年代中，让如此众多的仰慕者为之倾心。每年超过900万人前往卢浮宫博物馆，争相目睹她的肖像。我和大多数游客一样，曾经瞩目凝视这件艺术杰作，但是，我那时没有认真考虑这个问题：这画中的主角究竟是谁？

　　后来，我去了佛罗伦萨，不是一次性走马观花，而是多次地细细寻访。我曾经以旅游者的身份，考察那个城市的艺术瑰宝。我在校时学习了意大利语——我的《美丽的语言》一书讲述了自己爱上意大利语的故事。在为创作那本书进行调研的过程中，我采访了住在佛罗伦萨的一些语言学者。通过一次又一次访问，我自己越来越深地沉浸在它的文化之中。几乎出于偶然，我注意到，在画作上的那个富于偶像意义的微笑背后，存在着一个神秘的女人。

一天晚上，在她位于皇帝党路的寓所里，我的朋友艺术史家卢多维卡·塞布雷贡迪设宴款待我。她在席间提到，焦孔达[1]——意大利人所称的达·芬奇的女人——的母亲就是在这一幢大楼里长大成人的。她说话时漫不经心，那一语却让我深感惊讶。在那之前，我以为蒙娜丽莎似乎仅仅是卢浮宫博物馆保存的那幅画像而已。那个形象几乎无处不在，出现在许多物品上，甚至包括 T 恤衫和茶杯等等。我根本没有想过，蒙娜丽莎是一个真实人物，她是母亲眼里的女儿，她拥有自己的独特人生。

我问她："真有蒙娜丽莎这个人？"

"当然有啦。"卢多维卡毫不犹豫地回答。她解释说，蒙娜丽莎确有其人，500 余年以前住在佛罗伦萨。在当代意大利文中，Monna（蒙娜）一词的拼写有两个 n，意为"夫人"，是对女性的尊称。与那时其他女性的做法一样，丽莎保留了她父亲的姓氏盖拉尔迪尼，并且使用终生。意大利人将达·芬奇的那幅名画称为《焦孔达》，以十分聪明的方式，不但暗指了她丈夫的姓氏（德尔·焦孔多），而且将其作为对幸福女人（按照那个单词的字面意义）的一个描述词。

～

蒙娜丽莎是佛罗伦萨最著名的女儿；然而，在她的家乡，却几乎看不到任何相关遗迹，没有冠以她的姓氏的街道或纪念碑，甚至连她居住过的地方也没有设置任何纪念标牌！强烈的好奇心驱使我开始探索。我以意大利人特有的方式，通过直接朋友和间接关系构成的网络，

---

[1] 焦孔达（La Gioconda）是焦孔多（Giocondo）的女人之意。——编注

找到了研究蒙娜丽莎其人的世界知名专家——朱塞佩·帕兰蒂。我孜孜不倦，收集与蒙娜丽莎的家族有关的尘封多年的档案文献。我不仅发掘出大量税务报表、房地产转让文件、法庭诉讼文件，而且还在2006年出版的《焦孔达的真实身份》中，找到了相关的洗礼、婚姻和死亡记录。

在佛罗伦萨市奥尔特拉诺区的一座房顶的露台上，我和帕兰蒂见面。楼下就是丽莎度过孩提时代的街道，人称阿尔诺河的"对岸"或南岸。帕兰蒂长着一副典型的托斯卡纳人面孔，满头灰发，对人和蔼可亲，说话轻言细语。为什么他痴迷丽莎的身世，历经数十载也不改初衷？对这一点他无法解释。他的妻子长期忍受他对丽莎的关注，已经变得麻木；孩子们听到他提及丽莎的名字，常常唉声叹气。多年之前，他在一份地契上偶然看到了丽莎的父亲的签名。从那一刻开始，他便迷上了丽莎，陷入无法自拔的境地。我和他一样，也很快进入了相同状态。

帕兰蒂打开一张佛罗伦萨的旅游地图，在丽莎出生的那座房子的位置，画上一个X记号。那个地方在斯瓜扎街，现在是一家羊毛织品商店。我觉得自己脑袋里嗡嗡作响，灵感再次闪现：没错，一个真实存在的女人，一个实实在在的出生地。我急不可待，真想立刻就去看看。

第二天，我来到了马焦街旁边的一条狭窄小巷。那是通往罗马门——锡耶纳的南门——的一条主要小道。在意大利语里，斯瓜扎街的意思是"污秽"，其环境确实如此。早在500多年以前，那里的居民就开始抱怨，街上的一条下水道被堵塞，整天恶臭刺鼻。事到如今，那条街道依然臭气熏人。我在不同季节去过那里。我发现，随着气温升高，水位下降，周围的气味更加难闻。

在阴湿的街道两旁，房子污秽不堪，墙壁上遍布涂鸦。木门上裂纹道道，铰链锈迹斑斑，摇摇欲坠。没有谁喜欢在那样的环境中驻足，没有谁会关心一个名叫丽莎·盖拉尔迪尼的姑娘。几百年前，伴随着佛罗伦萨的织布厂发出的震耳欲聋的噪声，她来到了这个世界。不知何故，我发现自己对她深感兴趣。

我既非专家学者，亦非历史学家或文献研究者，更算不上达·芬奇迷。但是，新闻记者的直觉告诉我，这个女子出生在这个散发恶臭的街区，身世离奇，定有特别故事，在佛罗伦萨的历史上肯定具有重要地位。我下定决心一探究竟，随即开始提出新闻业者的基本问题：何人？何地？何事？何时？当然，最难以捉摸的是，何故？

这个平凡女人获得了如此非凡的声望，她究竟是什么样的人呢？她什么时候出生？父母从事何种营生？她在什么样的环境中长大成人？生活状态如何？她穿什么样的服装，吃什么样的食物，受过什么样的教育，喜欢什么东西？她嫁给了谁？有没有子女？那个时代最负盛名的画家是否挑选她作为模特？她后来的境遇如何？最重要的是，为什么她的微笑今天依然魅力不减？

過了 500 余年之后，我们现在可以基本确定：蒙娜丽莎·盖拉尔迪尼·德尔·焦孔多是当时的一位典型女性，一生中经历了政治动荡、家族变迁和轰动一时的丑闻。1479 年，她在佛罗伦萨出生并且接受洗礼，是古代贵族的后裔。后来，她嫁给了年龄是自己岁数两倍的一名野蛮商人，相继生下六个孩子，63 岁时离开人世。丽莎在一生中见证了佛罗伦萨历史上最动荡的年代。在长达数十年的时间里，佛罗伦萨经历了战争和叛乱，遭到外敌的入侵、围困和征服，同时也取得了堪称世界之最的艺术成就。

但是，关于文艺复兴时期的这位女性，具体日期和历史文件仅仅勾画了线条粗略的速写，而不是有血有肉的具体形象。我渴望了解这个确实存在的女人，了解她的生平。我希望穿越时空，进入她生活的世界，并且从她的视角观察那个世界。于是，我决定展开自己的探索之旅。

"到她生活的那些街道去住吧！"一位艺术史家向我建议。几年之中，我多次探访佛罗伦萨，先后在几个区里居住。我像丽莎·盖拉尔迪尼一样，在那些铺着石板的街道上徜徉，在她祈祷的教堂里屈膝行礼，在她那些岁月里就弥漫着茉莉花芳香的院子里徘徊。随着我那张地图上的 X 标记不断增加，我的探险范围越来越宽，足迹遍及散发霉味的地窖、已被废弃的教堂、古老的丝绸工厂、经过修复的广场。我去过的私人图书馆完全无人问津，我不禁觉得，弥漫在空气中的尘埃就是最适合自己的伴侣。

每个新的发现都会激发我没有预料到的内心冲动。我接触到一段16世纪的家族史，自己的心跳猛然加速。在一份基督教会的账本中，我发现了丽莎接受洗礼的记录，心里十分兴奋，禁不住叫喊起来。丽莎一家的人口逐渐增加，她的丈夫弗朗切斯科·德尔·焦孔多购置了新的房产。一天，我在她的故居前驻足。这时，从二楼的窗户飘出了一阵女人的歌声：铃声响起，鸟儿鸣叫，百年逝去。这段歌词让我浮想联翩，觉得那个真实存在的女人在我的脑海中渐渐复活。

后来，当我重访——甚至想到——佛罗伦萨时，四处都能见到丽莎的身影：在新圣母玛利亚教堂里，那里是盖拉尔迪尼家族的祖先——曾经统治基安蒂的富饶河谷的贵族——的永久安息之处；在圣约翰洗礼堂，她的教父和教母透过吉贝尔蒂设计的亮光闪闪的铜门，注视眼前的新生婴儿；在维琪奥王宫的市政大厅里，她的祖先们——以及后来她的丈夫——为了获得至高权位你争我夺；在巴杰罗宫里——那里曾经是法庭的所在地，牵涉叛乱案的盖拉尔迪尼面对命运的严酷裁决。

档案研究人员帕兰蒂提醒我，文艺复兴时期的佛罗伦萨真的很小，就像是"一张手帕"，人们比邻而居，交往十分方便。丽莎的祖父母住在皇帝党路上的一处豪宅里。就在那条街道的拐角处，住着丝绸商弗朗切斯科·德尔·焦孔多。他可能探访那幢豪宅，追求那位含苞待放的妙龄少女。塞尔[1]·皮耶罗·达·芬奇带着终日闹声喧天的孩子们，就住在几步之外的地方。塞尔·皮耶罗是一位人脉广泛的法官，为佛罗伦萨城最有权势的知名公民服务。在街道的另一头，他的第一个私生子列奥纳多在一家艺术品作坊里当学徒。

***

我手里拿着一张皱巴巴的地图，追寻丽莎结婚那天走过的小路：1495 年的那一天，她骑着一匹白色骏马，穿过佛罗伦萨的市中心，进入"美第奇乡村"，就是圣洛伦佐教堂附近的那个地段。在那里的纵横街道中，我发现了德尔·焦孔多名下的几处房产之一。那个院落的内院保存了最初的横梁，现在是国际摄影艺术中心的所在地。

德拉斯杜法街就在附近。那条街在数百年时间里经过多次重建。在那里，我与自称骸骨寻觅人的西尔瓦诺·温切蒂会合。他曾经发起了一次活动，试图确定丽莎·盖拉尔迪尼的遗骨。当然，那样的做法其实值得商榷。一位城建工程师领着我们，到了德拉斯杜法街 23 号。大概就是在那里，达·芬奇当年创作了肖像画《蒙娜丽莎》。

温切蒂四肢细长，嘴里一直叼着香烟，说话喋喋不休，总是希望引起别人的注意。他领着来自巴黎的纪录片摄制组，走到门前，摁响

---

[1] "塞尔"意为先生、阁下，是一种敬称。——编注

了门铃。一个打扮时髦的年轻法兰西女人探出身子。她踩着一双尖尖的高跟鞋，披着一条淡绿色围巾。她解释说，她只是那里的房客，根本不知道她所称的《若孔德》（《焦孔达》的法语音译）画像。我偷拍了一张门厅的照片。

一天清晨，我穿过一段落满树叶的街道，来到卡法焦的圣多明我修道院旧址。那里曾经修建了几座修道院，现在是一家军事法医研究院的所在地。我透过铸铁栅栏凝视内部，想象那个久远年代的情形。当时，丑闻满城风雨，悲剧接连出现，震动了这个宁静之地，震动了丽莎的家人。

另一天，我来到备受佛罗伦萨人珍视的神殿——圣母领报大教堂。我注意到艺术品修复人员悬挂的一个警示牌，担心被人看见擅自进入（更担心被人抓住，驱赶出去），心脏怦怦直跳。我偷偷溜进忏悔间旁边的一扇没有警示标志的房门，沿着扇形走廊向前，经过了几处私家礼拜堂。右侧的那个礼拜堂光线幽暗，存放着丽莎的丈夫以及他的两个儿子的遗骸。我跪下来，看到一块大理石地板上镌刻着两个拉丁单词 "*familiae iucundi*"（焦孔多家族）。

丽莎的遗骨本应安放于此，与她的丈夫共眠。但是，她违抗了他的意愿，选择了另外一个安眠之地——圣奥尔索拉修道院。它离她在德拉斯杜法街的住处不远，仅隔一个不长的街区。圣奥尔索拉修道院曾是一所淑女学校，学生们全都来自佛罗伦萨的精英家庭。那个地方数百年来无人问津，已经风貌不再。里面满目残垣断壁，涂鸦丑陋不堪，招贴画颜色衰褪，格栅锈迹斑斑，窗户上堵着破砖，横梁参差不齐，搭在破朽的护墙上。房顶下方支起了保护网，以免墙壁上东倒西歪的石头散落在人行道上。有人告诉我，那里十分危险，毒品贩子常常在阴影中出没。行人经过那里时往往加快脚步，并且将目光转向别处。

一位报刊作者曾说，那个衰败之处是"佛罗伦萨的羞耻"。几年之前，市政府宣布了计划，打算将那个地方改建为社区文化中心，也许会冠以代表文化本身的蒙娜丽莎这位女性的名字。在最近一次访问期间，我根本没有见到任何改善迹象。它仿佛是一个孤零零的书挡，阻隔着一段被人遗忘的岁月。

在过去几百年里，意大利发生了很大变化，但是在丽莎故乡的中心，时光仿佛停下了脚步。那里曾经遍布城市建设的杰作，如今依然令人深感兴趣。在那个城市中，布鲁内莱斯基设计的大穹顶划破天际，乔托设计的钟楼优雅无比，圣十字教堂和圣弥额尔教堂庄严神圣，巴迪亚教堂的塔尖高耸入云。在丽莎生活的那个年代，艺术巨星争辉斗艳，照亮整个天际，其中包括米开朗琪罗、波提切利、拉斐尔、佩鲁吉诺、菲利皮诺·利皮。当然，列奥纳多·达·芬奇最为耀眼，展示了无与伦比的才华。他作为一种文化力量，而不仅仅是作为一个人穿过了历史的迷雾。

列奥纳多·达·芬奇是艺术家、建筑师、音乐家、数学家、科学家、雕塑家、工程师、发明家、解剖学家、文学家、地质学家、植物学家，在各个领域中全都成果斐然。这位文艺复兴巨人独树一帜，在构思、设计、绘画、雕塑等领域中取得了无人企及的成就。他相貌独特，年轻时留着精心打理的卷发，年老时络腮美髯齐胸，看上去就像一位先知。他以无可比拟的"镜书"方式，写下了数千页手稿。他骑马时英姿焕发，傲视群雄。他力大无比，一名传记作者宣称，他可以徒手掰直马蹄铁。

在列奥纳多和丽莎生活的年代，在佛罗伦萨那座城市的舞台上，出现了一批高视阔步的巨人：洛伦佐·德·美第奇成就辉煌，在涉及的各个领域中均有建树；萨伏那洛拉魅力四射，激励人们的心灵，最后被火刑处死；切萨雷·波吉亚铁腕无情，还曾聘请达·芬奇担任自己的军事工程师；尼科洛·马基雅维利与艺术家联手，制订了一项大胆计划，希望改变阿尔诺河的流向。

"被诅咒的佛罗伦萨人！"他们的对手低声叹息。与丽莎同时代的市民有时受人羡慕，常常让人恐惧，从不招人喜欢。一位历史学家曾经历数他们的种种恶习，所用的词汇包括贪得无厌、捉摸不定、对人不忠、骄傲自大，更不必说令人难以启齿的性取向了。更有甚者，某些土生土长的佛罗伦萨人也对自己故土另有微词。他们觉得，它是名副其实的混杂大锅，将猜忌、怀疑和嫉妒熔于一炉，简直是魔鬼青睐之地。在写给遭到放逐的爱国人士的信函中，一位佛罗伦萨人如是说。

列奥纳多应该深有同感。在他度过三分之一人生的米兰，他被称为"佛罗伦萨佬"。但事实上，他于 1452 年出生在安奇雅诺。那是芬奇镇附近的一个小村庄。他是一个未婚乡下姑娘的私生子，本来很可能默默无闻地度过一生，与自己孩提时代深感兴趣的小鸟、马儿和溪流为伴。但是，他的父亲是一名法律公证员，代人书写交易文书和遗嘱，人称塞尔·皮耶罗——在意大利语中，"塞尔"是对绅士的尊称。塞尔·皮耶罗将具有超常天赋的儿子领到 30 英里之外的佛罗伦萨，让他学习艺术。

列奥纳多创作了若干重要的定制作品，然而却一直没有找到机会，无法进入洛伦佐·德·美第奇青睐的圈子。但是，他后来得到了雄心勃勃的卢多维科·斯福尔扎公爵的资助，创造能力开始爆发。在大约整整 20 年的时间里，列奥纳多潜心钻研数学、流体力学、物理学和天文学。在那期间，他还完成以下工作：第一，指导了令人赞叹的戏剧表演；第二，设计了直升机、坦克和潜水艇的原型；第三，给绘画技艺带来了所谓的逼真手法——当耶稣和门徒们聚在一起，享用最后晚餐时，画面上的人物简直栩栩如生。

后来，历史出现巨变。1500 年，法兰西军队入侵米兰，列奥纳多被迫逃往佛罗伦萨。在随后几年的狂热动荡中，列奥纳多投奔臭名昭著的切萨雷·波吉亚，成为雇佣军的一员。列奥纳多与尼科洛·马基雅维利合作，与雕塑新秀米开朗琪罗交恶。列奥纳多办完父亲的丧事之后，尝试了多项举世无双的艺术创作，后来以很不体面的失败告终。在那些岁月里，他不惜花费大量时间和心血，创作了一幅肖像，后来一直将它保留在身边。它就是丽莎·盖拉尔迪尼的画像。

他为什么选择她呢？当时，"神圣的"列奥纳多在艺术才华和社会名望两个方面均处于巅峰，为什么决定为一个没有封号、没有财产、没有权力、没有美誉的女人绘制肖像呢？就在我开始思考这两个问题之后不久，一个朋友给了我一张明信片，上面印着《蒙娜丽莎》全息图。我的手稍稍一动，明信片上的图像从列奥纳多绘制的肖像，顿时变为画中模特的另外一个侧面。她的面孔转向左侧，而不是右侧，两只手举了起来，似乎要撩开面纱。转瞬之间，明信片以非常奇特的方式，展现了一个更自然的女性形象，让我颇觉困惑：她仿佛面对艺术家的画架，正在准备坐下。

我手里拿着明信片，轻轻翻动，看到另外那个女人几乎以魔幻方式，重新变为列奥纳多笔下的丽莎。如果我在变换中途停下，我会同时看到两副面孔，两个丽莎——一个是为人熟知的偶像，另一个是那位不为人知的真实存在的女人。后者具有不屈不挠的精神，家人将其称为"盖拉尔迪尼性格"——本质上充满骄傲的盖拉尔迪尼家族的特征。那个看似平常的女人的这一动作或许展现了这个特征。列奥纳多被人誉为"深谙观察之道"的大师，我很想知道，他当时是否看到了别人无法察觉的这个特征呢？

这是否是他选择丽莎作为模特的原因呢？他的决定不是——或者并不仅仅是——出于金钱方面的考虑，不是——或者并不仅仅是——因为他与她的丈夫之间可能存在朋友之谊，不是——或者并不仅仅是——为了以精湛的方式，展现创新性绘画技巧。

有的人——我认为，他们可被称为"绝非丽莎"联盟——直言不讳地提出，人们在卢浮宫博物馆看到的，不是那位佛罗伦萨商人的妻子，而是最明显的艺术家错定身份之举的受害者。他们提出了许多被画者的名字，其中包括一大批在一定程度上不大可能的人选，例如，一位尚武的女公爵、一位女侯爵、一位女伯爵，以及一两名伺候高官的情妇。

其他人以同样激烈的方式提出，列奥纳多的模特与贵妇人根本不沾边。有的搞数学的人以列奥纳多对数学的兴趣为理由，认为那名模特是等式和对数的表达形式。一位埃及学研究者声称，蒙娜丽莎代表了埃及神话中的生育女神伊西斯，其形象隐藏在吉萨金字塔的古老秘密之中。其他说法包括：蒙娜丽莎可能是列奥纳多之母的转世之身（弗洛伊德的理论）；可能是变换了性别的自画像（20 世纪的观点）；可能刻画了列奥纳多的那位绰号为萨莱的长期男性助手和情人（可以夺得头条标题的报道）。

然而，越来越多的证据显示，丽莎·盖拉尔迪尼确实是列奥纳多的模特。10 年之前，发现了一本 16 世纪的文献，其页边上的一个注释标有具体日期，描述了弗朗切斯科·德尔·焦孔多的妻子的肖像。

尽管如此，有的人仍持怀疑态度，有的人拒绝考虑模特的身份，认为那是无关紧要的细节，其实与对艺术品的评价无关。

我也认为，从根本上讲，《蒙娜丽莎》的根本性质不变——一件具有崇高之美的艺术杰作。但是，我的探索旨在确定，肖像中的那位女性就是现实中的丽莎·盖拉尔迪尼。这已经深化了我对这幅画像的欣赏。我以前仅仅看到一位带着渴望微笑的沉默女性；如今，我注视一个佛罗伦萨的女儿，一位具有文艺复兴特征的女性，一位商人的妻子，一位充满爱意的母亲，一名虔诚的基督徒，一种高尚的精神。丽莎的人生超越了画框，开启了一扇窗户，让人们一瞥中世纪与近代之间的那段历史。我们看到一个城市如何达到繁荣的顶峰，看到经过文化重新定义的女性，看到女性具有的潜在可能性。

1542 年，丽莎·盖拉尔迪尼去世，佛罗伦萨的黄金时代那时已经结束。在短短几十年时间里，她的家族逐渐衰落——或者说，有的历史学家持这种观点。但是，那个家族的后人继续繁衍。

丽莎的孙女生下了新的一代，新的一代产生了另外一代，子子孙孙，没有穷尽。在过去 500 余年中，她的后代与各个名门望族通婚，其中包括圭恰迪尼家族（其中最著名的是马基雅维利的同事、历史学家弗朗切斯科·圭恰迪尼）的一位伯爵，斯特罗齐王朝的一位公主，以及温斯顿·丘吉尔的一位祖先。但是，直到 2007 年，系谱学家多梅尼科·萨维尼才细致地梳理了丽莎的 15 代后裔的详细情况，确定了她今天的最终后代：一位是纳塔利娅·圭恰迪尼·斯特罗齐公主，另一位是伊里纳·圭恰迪尼·斯特罗齐公主。

6 月的一个上午，晴空万里。我和丈夫穿过托斯卡纳风景如画的山岭，前往古塔之城圣吉米尼亚诺。我们绕过那座有"中世纪的曼哈顿"之称的小城，沿着一条绿树成荫的陡坡巷子上行，到了一座10世纪的城堡。它仿佛从童话故事中直接被人搬了下来，是圭恰迪尼·斯特罗齐家族的府邸，设有葡萄酒窖和专用品酒室。

两位30出头的女人出来迎接我们。她们容光焕发，笑声爽朗，牙齿外露，与带着神秘微笑的蒙娜丽莎形成截然对比。纳塔利娅是女演员，长得非常漂亮，穿着蓝色牛仔裤。她曾在俄罗斯接受职业芭蕾舞训练，精力旺盛，热情奔放。她的妹妹伊里纳身穿一袭白色服装，举止优雅，说话含蓄。她在米兰最著名的博科尼大学获得学位，后来和她父亲一起，经营家族的葡萄酒生意。

我问她们，文献显示了她们的家族与丽莎·盖拉尔迪尼的关系，她们是否对此感到惊讶？两姐妹告诉我："这一点我们一直知道。"她们小时候，奶奶曾经讲述了一位美丽亲属的故事，让她们一饱耳福：列奥纳多两次为她作画，一幅是卢浮宫博物馆陈列的木板基底肖像画，另外一幅是家族世代相传的肖像画。

在迷宫般的酒窖里，我们一边漫步，一边交谈。这两姐妹生气勃勃，言谈举止不乏魅力。我很想知道，这是否反映了兴高采烈的盖拉尔迪尼特征呢？她们对此持怀疑态度。

"我们自己的血液里——自己的DNA里——有某种东西，将我们与最著名画作中的那位女性联系起来，想到这一点让人感到惊讶。"伊里纳说，"但是，对生活在现实世界之中的我们，这没有什么影响。"

但是，那种东西可能影响她们的外貌。除了意大利人典型的黑发和棕色眼睛之外，在两位公主的眼睛和椭圆脸型中，蕴含着某种丽莎特有的韵味。

"不过，那可不是在我们的笑容中！"纳塔利娅调侃道，随之粲然一笑。"家父笑起来像焦孔达。"真不凑巧，他今天要出席好几个会议。于是，我们与她们拥抱，告别，然后转身离开。

"多么愉快的年轻姑娘！"我丈夫在走向汽车的途中，依然兴致勃勃，"你真的认为，她们是蒙娜丽莎的亲戚？"

"没准儿！"我耸了耸肩。谁知道呢？存在着发现任何确切线索的机会。不过，它们也许并不存在，也许可能性微乎其微。

这时，我发现自己将墨镜留在了那里。我急忙返回城堡。我走进院子，看到一位身材修长的银发男子的背影。

吉罗拉莫·圭恰迪尼·斯特罗齐王子可能没有料到有人会进入城堡，听到动静之后慢慢转过身体。他皱起眉头，脸上露出好奇的神色。接着，他眼睛一亮。这时我发现，他的嘴唇上出现了一丝微笑。它仿佛直接从列奥纳多的画作中复制下来，就是500多年来一直令世人陶醉不已的那种微笑。

这就是列奥纳多的画作中那个女子的微笑，那个真实存在的女人可能就是他的祖先。

一名盖拉尔迪尼家族成员的微笑。

第一编 盖拉尔迪尼血统

（公元前 59 年—公元 1478 年）

第一章
内心的火焰

在神话和历史交混而成的迷雾中，盖拉尔迪尼家族闪闪发光。在很久很久以前，维纳斯女神的儿子，特洛伊王子埃涅阿斯，背着年迈的父亲，带着年幼的儿子，逃离遭到围困的故城。他领着一批忠实的追随者，四处漂泊，多年之后抵达意大利半岛上的拉丁姆王国。埃涅阿斯和君主的女儿结婚，后来继承了王位，将王国分给自己的后裔治理。"伊特鲁里亚"——就是我们所知的托斯卡纳——被分给了一个名叫"盖拉尔多"的人。盖拉尔多将领地传给了他的儿子，儿子又传给了几个孙子"小盖拉尔多"——他们又称作盖拉尔迪尼。一个传奇如是说。

这是真的吗？也许我们甚至不应尝试从离奇故事中寻找任何关于家系的事实。对意大利最早的编年史记录者，历史学家们长期以来颇有微词。他们认为，那些人杜撰了一个黄金传奇，其目的一是拔高过去的辉煌，二是贬低现在的成就。

"假如他们非常伟大，创造了那些神话，"德国诗人歌德评述说，"我们就应该具有足够大的力量去相信它们。"一方面，我身上的浪漫情怀促使我相信它们；另一方面，我身上的记者素质让我渴望了解更多信息。

这一点是确定无疑的：在意大利，血统非常重要。在一些意大利朋友的家中，我见过主干旺盛、分支众多的巨大族谱图。它们堪称高大的家系红杉树，常常始于 1000 多年之前。祖先告诉意大利人的不仅有自己来自何处的历史，而且还有许多代人形成的性格类型。

我前往佛罗伦萨国家档案馆，以便寻找丽莎·盖拉尔迪尼的祖先。档案馆位于繁忙的贝卡里亚广场，就在圣安布罗焦市场附近。那幢房子非常低矮，毫不起眼。但是，在它的水泥墙壁后面，保存着托斯卡纳的祖传之物——历史回忆。命令、手稿、出生和死亡记录、图表、绘画、地图、税务记录等等，文献数量令人震惊，连接起来的总长度达到 46 英里，有的始于公元 8 世纪。除了官方文件之外，档案馆里还存放着信函、日记以及数百卷家谱。它们是痴迷于手工制作和撰写清单的人们留下的遗物。

丽莎·卡博利查引导我在那个迷宫中穿行。她是《文艺复兴时期的意大利简史》的作者。阅览室里灯光昏暗，数十个人脸上露出尊敬的神情，埋头浏览放在木架上的文献。你可以做笔记，但是只能使用铅笔。卡博利查小声提示我。她曾在伯克利接受教育，加利福尼亚的阳光依然在她的笑容中闪烁。手提电脑可以带进去，不过那里禁止上网。有人如果一不小心，让铅笔过于靠近手稿，立刻会引来厉声斥责。根本别想偷带任何零食进去。

卡博利查轻言细语，为我一个一个地辨识那些学者。他们全是其领域中的著名人物，毕生致力于解读出自匿名书记员笔下的非常复杂的文字。那些学者是没有受到赞美的英雄，但是已经取得了足以被奉为神话的成就：让逝者死而复生。正是因为他们辛苦获得的研究成果，我们才能了解热衷于自我记录的佛罗伦萨古人的生活细节：他们怎样赚取和失去财富，怎样结婚生子，胜利时如何欢欣庆祝，失败时如何密谋复仇。

从浩如烟海的统计数字中，震撼人心的人物一一浮现出来。"他们希望展示自己的力量，战胜其他动物。"一本纪念册中写道，"他们不遗余力，不让自己像绵羊一般，默默无闻地度过一生。"

我很快发现，盖拉尔迪尼家族的人不是绵羊。

我开始自己的探索，一头扎进我一生中翻阅过的最古老的图书——一本由一位盖拉尔迪尼家族的成员：唐（尊敬的）·尼科洛·盖拉尔迪尼于 1586 年撰写的家史。那是一本超大书卷，30 英寸高，20 英寸宽。我觉得，它既沉重，又脆弱。

"这是羊皮纸吗？"我问道。

卡博利查伸出手指，轻轻抚摸书页。

"不是，是普通纸。"她回答之后接着解释说，羊皮纸是用动物皮制作的，表面光滑，背面稍显粗糙，而且可以看到毛孔。（上品羊皮纸是用小牛胎儿或者羊羔的嫩皮制作的。）普通的纸张廉价一些，制作方法如下：首先使用穿过的内衣和动物器官，加上长纤维植物，放在大锅里熬煮成浆，然后干燥而成。我翻动易碎的书页，有些被墨水弄脏的位置依然在灯光下闪亮。

我们睁大眼睛，盯着作者龙飞凤舞的笔迹，特别留意横着出现的字母 s 和 f。我慢慢适应之后，逐渐可以辨识自己熟悉的意大利语单词。突然，纳尔多·盖拉尔迪尼这个名字冒了出来。我刚刚叫了一声，随即表示歉意，意识到在那么神圣的地方叫喊很不合适。

很快，大量冒险故事迎面而来，既有欺善怕恶的契约，也有置人死地的仇杀。盖拉尔迪尼家族的一个成员参与了一项大胆密谋，企图推翻佛罗伦萨政府。后来，他被同伴出卖，银铛入狱，遭受酷刑，被判有罪，处以极刑。那项记载的最后一个词语是"砍头"，让人见后不寒而栗。

"砍头？"我问道。卡博利查耸了耸肩。她认为，在那个城市的居民的 DNA 中，暴力因素根深蒂固，盖拉尔迪尼家族的血腥历史就是一个典型例子。

我从佛罗伦萨最古老的编年史中了解到：大约公元前 59 年，罗马军团试图攻击躲藏在山城菲耶索莱的叛军，结果溃不成军，退到阿尔诺河沿岸。他们在那里稳住阵脚，在水中拼命抵抗。战斗持续到深夜，罗马人拒绝后退半步。

次日上午，在菲奥里诺的带领下，罗马军队发起攻击，打败了盘踞在菲耶索莱的叛军。帝国军队凯旋。菲奥里诺率领一小队士兵，留守那个要塞。一天夜里，来自菲耶索莱的一股人马潜入他们营地，杀死了菲奥里诺以及他的妻子儿女。

尤利乌斯·恺撒本人发誓进行报复。他的军队攻陷菲耶索莱，后来返回阿尔诺河河湾，兴建一座新城。最初，那座城市被称为"小罗马"。城内修建了辩论广场、引水渡槽、公共浴室、豪华别墅。他们还修建数座大理石神庙，其中一座中供奉了城市的保护神——战神玛尔斯。在建城之后的最初两个世纪中，费洛伦萨（现代意大利语为佛罗伦萨）的居民慢慢增多，最后达到了一万。费洛伦萨这个名字让人想起菲奥里诺。在拉丁语中，它的意思是"花朵"，被翻译成那时的方言，意思是"花朵之剑"。

在建城后的第三个世纪中，那座城市的石头上仍旧血迹斑斑。一位名叫米尼亚斯的基督教传教士遭到逮捕，罪名是宣传官方禁止的新宗教。后来，他被扔进一座斗兽场，与豹子关在一起。野豹没有攻击他。最后，在欢呼人群众目睽睽之下，米尼亚斯被砍下脑袋。这名殉教者显示出真正的托斯卡纳人的坚忍，他俯身拾起自己的脑袋，重新安在自己的肩膀上；接着，他跨过阿尔诺河，前往山上自己居住的洞穴。现在，圣米尼亚托教堂就矗立在那个地方。

传奇如是说。

在多灾多难的中世纪，曾经非常繁荣的定居点费洛伦萨频频遭到入侵，先是拜占庭人，最后是东哥特人。城市遭到彻底破坏，人口锐减至一千。根据另外一个神话故事，在 9 世纪初叶，查理曼大帝恢复了原始的圣米尼亚托教堂，承诺提供资金，重建城市。

一位历史学家以简化方式，给我描述了中世纪的社会等级。托斯卡纳人被分为三大类：教士、工匠和军人。在只言片语的历史记录中，妇女很少被人提及——她们的主要职能是生儿育女。

盖拉尔迪尼家族的人热衷武力，跻身历史最久、财富最多、最为好战的封建军阀行列。他们的骑士受到夺取黄金的欲望的刺激，进攻现在的基安蒂乡村，夺取了格雷韦和埃尔萨的大片山谷。他们在那里建立用于瞭望的碉楼，统治着大小村庄、城镇的教区、工厂、田地、葡萄园、橄榄园和森林。

12 世纪，英格兰国王亨利二世出兵征服现在称为爱尔兰的区域。

盖拉尔迪尼家的三个具有冒险精神的兄弟挥舞利剑，投靠亨利二世麾下。他们得到丰厚的奖赏，在爱尔兰定居，建立了杰拉尔丁王朝和菲茨杰拉德（这个姓氏源于"杰拉尔德之子"）王朝。那个家族的人宣称，约翰·菲茨杰拉德·肯尼迪是他们在美国的最杰出的后裔。

在中世纪，托斯卡纳根本算不上什么繁华之地，它的骑士也算不上英勇斗士。即便根据最枯燥的大型历史文献的记载，盖拉尔迪尼家族的人也在尚未开化之列。他们像野蛮人一样冲锋陷阵，甚至无法写出自己的名字（那些契约签名位置上所画的 X 证实了这一点）。他们从蒙塔利亚里的要塞出发，与敌军对垒，扫荡那里的乡村，将男女修道院洗劫一空。在锡耶纳与费洛伦萨之间的道路上，如果商队拒绝支付高昂的买路钱，他们常常大打出手，挥刀割断毛驴的腿部肌腱，没收车上的全部货物。

在那个地区，光天化日之下的大胆抢劫愈演愈烈，激怒了年轻的佛罗伦萨城市公社。公社是商人行会经营的组织，他们决心保护自己货物的供应路线。1135 年，佛罗伦萨的军队开进基安蒂，打算与盘踞乡村的劫匪头目们谈判，让他们俯首称臣。

他们摧毁城堡，火烧房屋，迫使那里的乡绅们迁居佛罗伦萨，其中包括盖拉尔迪尼家族。封建领主们加入了迁徙大军，成为平民，在一个繁荣的城镇中先后定居下来。那里急需面包师、理发师、砖工、屠夫、木匠、鞋匠、马鞍匠、裁缝。那里的毛纺业规模巨大，最紧缺的是从事织物起毛、毛线洗涤、毛线梳理、羊毛修剪、纺线以及染色工作的匠人。

14 世纪的历史学家乔瓦尼·维拉尼写道："因此，城市公社开始扩张，有时凭借武力攻击，有时通过语言说服，逐步扩大属地，毁掉其他地方的城堡，将所有贵族置于管辖之下。"

当然，也有不尽如人意之处。"城市化"并未转化为文明化。豪强

（他们那时被称作巨头）阶层虽然被赶出了山区的巢穴，依然渴望维持自己的统治地位。他们修建武装碉楼，通过细长的桥梁，将结为盟友的家族连接在一起，借此标示自己的新领地。于是，佛罗伦萨冒出了150座碉楼，有的高度超过了225英尺。它们全都象征着那些帮派头目的心态。他们傲慢自负，自鸣得意，在城市中处于高高在上的地位。

在一本佛罗伦萨的历史著作中，我偶然看到一张草图，上面画着盖拉尔迪尼家族的主碉楼：它坐落在新圣母玛利亚教堂所在的白狮区，使用石头建造，高高矗立，塔身尖细，几乎看不到窗户，似乎用严峻的目光，俯视下面的芸芸众生。在那个戒备森严的堡垒里，住着来自盖拉尔迪尼家族的18个家庭的亲戚们。遭遇攻击时，他们就会发射巨型弩箭，扔下巨大石块，从坡道上倾倒炽热的松脂。

一次，我阅读诗人但丁·阿利吉耶里（约1265—1321年）的一段诗篇，想到了这样的人：他们生活在豪强们肆意施暴的时期，属于盖拉尔迪尼家族那样的政治派别；他们"骄傲、妒忌、贪婪，这些欲念如同星火，点燃所有人的内心"。

在盖拉尔迪尼家族内，有上述三种心态的人比比皆是。他们不会忘记任何怨恨，不会容忍任何侮辱，不会放弃任何敌人。他们是古罗马武士的后代，曾经征服了基安蒂。他们是追逐黄金的骑士，是自己勘定的所有土地的天然主人，要求得到至高无上的尊重。

13世纪，神圣罗马帝国与拥有绝对权力的教皇之间冲突不断，将整个意大利卷入其中。佛罗伦萨好斗的豪强们发现了进行争斗的新理由。盖拉尔迪尼家族的大多数成员选边站队，支持拥护教皇的归尔夫派，武力攻击拥护神圣罗马帝国皇帝的吉伯林派。街道上几乎每天都会爆发战斗，附近区域变为废墟。双方之间箭如雨下，常常殃及居民。

豪强之间"日夜战斗，许多人死于非命"。维拉尼写道，表示了发自内心的痛惜："愿它的公民们为自己哭泣，为他们的孩子哭泣吧。他们被自尊和恶意驱使……已让如此高贵的城市毁于一旦。"

～

"佛罗伦萨是如何幸存下来的？"我问历史学家丽莎·卡博利查。

她解释说，这得益于所有文明社会采取的方式——法治。

尽管城市动乱不断，城市公社想方设法，编织了一张脆弱网络。它由各个管理委员会组成，其中包括"十二贤人团"和"十六旗手团"。从理论上说，人们通过抽签方式，从没有负债、照章纳税的行会成员中选出公职人员。实际上，各类豪强纷纷联盟，官方的大皮袋上仅仅印自己的支持者的名字。

一方面，对垒双方积习难改，并未偃旗息鼓；另一方面，佛罗伦萨的豪强们接过了教会保护者和市政领袖的衣钵。在盖拉尔迪尼的家族史中，除了记录恃强凌弱的武士之外，还保存了关于杰出牧师、官员、大使、教会资助人和慈善家的事迹。盖拉尔迪尼家族的成员常常跻身最高政治领袖的行列，多人担任过执政团执政官和正义旗手。执政团是佛罗伦萨的主要行政和议事机构，执政官的任期仅为两个月，以防止权力滥用。举行宗教游行时，来自盖拉尔迪尼家族的英勇斗士们全副武装，紧紧跟在佛罗伦萨主教的身后，骄傲地走在队伍前列。

到了 13 世纪中叶，豪强们对佛罗伦萨的控制开始减弱。随着贸易的发展，货币兑换应运而生，成为一个有利可图的独立行当。佛罗伦萨的大家族掌控自己的银行，并且率先使用支票、信用证、国库券。他们以很高的利息，为欧洲的君王们融资。

来自金融和商业的利润年复一年地悄悄累积，将佛罗伦萨变为欧洲最大的商业市场。它的毛纺业豪绅们摇身一变，成为中世纪的点石成金的米达斯王。佛罗伦萨人既无国王，亦无王宫，仅仅服从一个统治者："弗罗林阁下"——1252 年铸造的金弗罗林。那种金币的一面是佛罗伦萨的主保圣人施洗者圣约翰，另一面上是象征该市的百合花。

然而，甚至连经济繁荣也没有带来和平日子。新富豪（其意大利语为 popolo grasso，字面意义是肥人）与小民（其意大利语为 popolo minuto，字面意义是小人）联合起来，"真地"迫使贵族们——在诉讼程序中，他们被称为"野狼和贪得无厌的人"——放低身段。1250 年颁布的一条政令要求，豪强们的要塞高度必须降低一半以上，最多不能超过 98 英尺。

全城开始大量拆除，噪音震耳欲聋，护墙纷纷倒下，砖头瓦块堵塞街道。有的石头被用来修建新的城墙。各段城墙连接起来，一直向南延伸至阿尔诺河对岸，对城市起到保护作用。具有象征意义的是，权势阶层也纷纷垮台。但是，盖拉尔迪尼家族顽强不屈的精神不仅延续下来，而且变为当地新传奇的组成部分。

在全新的现代媒介谷歌电子图书——例如《埃尔萨山谷历史杂文集》——里，我发现了其中的某些故事。在那些扫描下来的书页中，我看到了一位 13 世纪的家庭英雄。他名叫切切·达·盖拉尔迪尼，佛罗伦萨一个街区的勇敢军官。冬天，丽莎·盖拉尔迪尼的亲戚们常常围坐在炉台前，互相交换故事，颂扬他的英勇事迹。

1260 年，在经历了非常罕见的十年和平之后，城市公社中的归尔夫派领袖们将目光转向吉伯林派的一座堡垒——他们长期难以取胜的对手锡耶纳。公民们按照传统，聚集在市政广场，就战争计划展开辩论，最后一致支持发动攻击。这时，切切·达·盖拉尔迪尼发言表示反对，认为那将是鲁莽、愚蠢之举。

主持会议的执政官命令他住嘴。切切继续发言，执政官宣布对他处以大笔罚金。切切支付了罚金，然后继续谴责。执政官增加了一倍罚金。切切随即付清，继续陈词。执政官再次增加一倍罚金。

切切将金币扔给执政官，然后继续具有攻击性的长篇演说。执政官厉声叫喊："如果你再不住口，我们将砍掉你的脑袋！"直言不讳的军官切切停下话头，但是嘴里依然嘟哝说：假如他长着两颗脑袋，他愿意牺牲其中的一颗，以便阻止鲁莽开战的行为。

在 30 天里，放在新市场圣玛丽亚教堂拱门上的那座名叫"晨钟"的大钟频频敲响，向敌人发出警告：佛罗伦萨人正在备战。在预定开战的那天，切切·达·盖拉尔迪尼不辱使命，领着士兵们向南挺进，直逼锡耶纳。伴随他们的是装饰一新的佛罗伦萨战车。

战车由八头身披红布的漂亮白色公牛牵引，两根长长的旗杆上飘扬着绚丽的旗帜，旗帜上绣有象征城市公社的百合花。战车的木架上，摆放着"晨钟"。钟声阵阵，引领 3000 名骑士和 30000 名步兵——每个家庭至少派出一人——前进，朝着锡耶纳开去。在战斗中，敲响的钟声可以帮助受伤的军人找到随军神父，以便在死去之前得到临终祈祷。

佛罗伦萨人预计，那场战斗不会造成太多伤亡——两名修士已经同意，打开锡耶纳的一扇城门，以便放人进来。但是，佛罗伦萨人遭到背叛：9 月 4 日，随着一阵"咯吱咯吱"的响声，巨大的城门开启，得到帝国军队增援的锡耶纳人一边呐喊，一边冲了出来，打了佛罗伦萨人一个措手不及。与此同时，曾和归尔夫派并肩战斗的那些佛罗伦萨人突然倒戈，转向吉伯林派，向自己的同胞发起进攻。其中一个人挥舞大刀，砍断了佛罗伦萨军队旗手的胳膊，战场上顿时乱作一团。

在失败的蒙塔佩蒂战役中，2500 名佛罗伦萨军人当场阵亡，其中包括切切·达·盖拉尔迪尼。涉事家族——无论豪强还是商人——无一幸免。盖拉尔迪尼家族和他们的被征服的盟友一道，被赶出了佛罗伦萨。他们收拾金银细软，泪眼模糊，逃往归尔夫派控制的要塞卢卡。在那里，他们等待时机，以便在政治局势有利时卷土重来。

在其后数十年中，双方常常爆发激烈冲突，力量对比多次改变。1289 年，盖拉尔迪尼家族和其他归尔夫派人最终击败了吉伯林派。可是，战场上取得的胜利并未阻止在城市街道中出现的大屠杀。几乎转眼之间，归尔夫派豪强们便陷入四分五裂的状态。盖拉尔迪尼家族加入了"白党"，与更加坚定支持教皇的"黑党"对垒。盖拉尔迪尼家族攻击其他豪强，频频制造混乱，在历史上因其好战态度和野蛮行径而臭名昭彰。他们恐吓平民，毒打和掠夺佛罗伦萨的工薪阶层，往往不会受到惩罚。

城市的元老们认为，需要制定更严苛的法律，以便约束无法无天的公民。1290 年至 1295 年间，一系列严厉措施——史称《正义法规》（豪强们攻击说，它们是"邪恶法规"）——相继出台，限制了执政团的权力。该法令只有一个明确目的：尽量让世人憎恨的 150 家豪强家族日子难过。确定一个家族是否属于豪强，只要考虑两个因素，一是门第和财富，二是使用暴力的危险倾向。根据以上两点判断，盖拉尔迪尼家族完全够格。

曾经被人视为幸事的贵族血统这时成为祸根。盖拉尔迪尼家族和其他遭到鄙视的豪强家族一样，再也无法获得荣誉，再也无法出任曾让他们以权谋私的高级职位。每个男性成员必须发誓忠于城市公社，并且交纳一笔保证金，作为对和平的承诺。在市政建筑外面，设置了人称"tamburi"（大鼓）的盒子。它们的别名为"buchi della verità"（真实之孔），以便收集匿名告密者的检举信件。

豪强们的政治待遇与佛罗伦萨的普通公民不同：如果没有确凿的证据，至少需要两名证人检举，才能对他们实施逮捕。一旦定罪，他们面临的惩罚比普通公民的更严厉，包括没收财产、放逐出境、判处死刑。不仅犯罪人员遭到惩罚，他的亲属还被迫就其受控的每项罪行支付高额罚金。

城市公社还建造自己的要塞，将其作为看得见、摸得着的象征，凌驾于难以控制的公民之上。它就是令人望而生畏的执政官宫，即今天的维琪奥王宫。它的塔楼包含一座古老的豪强要塞，形状如同高举的拳头，高度超过 300 英尺，是当地的最高建筑。那座要塞人称"La Vacca"（奶牛），佛罗伦萨共和国的所谓官方大钟因此得名。如果出现危机，大钟就会敲响，发出牛叫般洪亮的声音，召唤 14 岁以上的男性，到佛罗伦萨的市政中心——现在的市政广场——集合。

后来出现的一场危机势如海啸，冲击佛罗伦萨。它不仅一举击碎了盖拉尔迪尼家族的生活，而且击碎了意大利最伟大的诗人——我心目中的文学英雄——但丁·阿利吉耶里的生活。1302 年，37 岁的归尔夫派白党人但丁担任为期两年的执政官，内战一触即发。归尔夫派黑党成员扫荡佛罗伦萨，大肆屠杀白党成员，烧毁他们的家园。当时，但丁在罗马为教皇做事，逃过了那场血光之灾。但是，黑党将他和其他 350 名白党成员一起放逐。

那些被放逐者如果返回佛罗伦萨，将被立即处死。但丁再也没有返回故乡。在长达 20 年的日子里，他"仿佛是一条无帆无舵的小舟"，在意大利半岛上四处漂泊，创作他的文学杰作《神曲》。

遭到放逐的盖拉尔迪尼家族退到自己的乡间庄园，然而也没有逃过对手的愤怒攻击。家族领袖名叫纳尔多·盖拉尔迪尼，人称咄咄逼人的"莽夫"。他领着被逐出佛罗伦萨的亲属，到了基安蒂的蒙塔利亚里，住进戒备森严的家族城堡。归尔夫派黑党人追杀而来，双方猛烈交战，时间长达数月之久。后来黑党人夷平了盖拉尔迪尼家族的要塞，并且宣布那里为"perpetua inedificabilità"（永不修建）之地。

盖拉尔迪尼家族被打败之后，一些人迁居维罗纳和威尼斯，一些人留在基安蒂的埃尔萨山谷，继续捍卫自己的财产。后一批人的领袖名叫卡瓦列雷·盖拉尔杜乔·盖拉尔迪尼。他于 1331 年去世，埋葬在托斯卡纳最古老的骑士陵墓中。陵墓位于巴尔贝里诺—埃尔萨，就在古朴的圣阿皮亚诺石头教堂内。

盖拉尔迪尼家族的一个分支获得许可，在格雷韦河对岸几英里之外，修建一座别墅。双方还约定，该别墅周围不能修建防御工事。盖拉尔迪尼家族将那片没有武装的绿洲命名为五月葡萄园。

～

在一个空气清新的秋日，我和丈夫穿过柏树成荫的林道，路过一排排葡萄架和瘤节遍布的橄榄树，到了基安蒂格雷韦附近的五月葡萄园庄园。那处房产包括一座磨坊和一家橄榄油厂。早在 1422 年，盖拉尔迪尼家族就将庄园出售，买主是佛罗伦萨富有的盖拉尔迪家族（两家没有亲属关系）。其后，庄园经过数次转手，1988 年被罗马一位从事国际企业业务的律师詹尼·农齐安特买了下来。

从那以后，詹尼不惜重金，修复别墅内 80 余个房间和文艺复兴式花园，将其改造为一家舒适惬意的客栈，对外提供住宿。他还修建了一家大型酒厂，加工那座庄园生产的葡萄，使用大木桶保存曾经屡次获奖的葡萄酒。1993 年，著名导演肯尼思·布拉纳选中那个具有魔幻色彩的场地，拍摄了改编影片《无事生非》。

五月葡萄园给人遐想的一个原因是，有人认为丽莎·盖拉尔迪尼在那里出生。其实，一份契约证实，早在她出生 60 余年之前，庄园已经卖给了别人。我们和友好的主人一起，在洒着斑驳阳光的露台上享用午餐。有人甚至声称，列奥纳多就是以那里为背景，给丽莎绘制了那幅肖像。我们可以看到，在对岸郁郁葱葱的树丛中，是城堡的断垣残壁和家族礼拜堂。它们在 17 世纪经过重建，依然装饰着盖拉尔迪尼家族的盾形纹章。

～

我们沉醉于那里旖旎的田园风光。我想象，丽莎的祖先当年坐在同样的地方，默默俯瞰河谷那边，想到他们失去的一切。当时，豪强们的力量和声誉慢慢减退，收入大幅度缩水。其原因一是作为教会资助人获得的"圣俸"锐减，二是有利可图的荣誉职位带来的定期津贴下滑。有的大家族被迫出售土地，以便还债。用一位历史学家的话来说，他们中的许多人甚至沦为"羞于露脸的穷光蛋"。

佛罗伦萨给愿意顺应时代潮流的贵族提供了一个选择：某种形式的离婚。豪强可以放弃封号，放弃"grandi e possenti"（有权有势的）亲属，改换姓名和盾形纹章，变为普通平民，从而有资格获得公民享有的保护和权利，其中包括加入行会和担任公职的权利。非常富有的托尔纳昆奇家族过去利用建筑特权，利用在阿尔诺河一段水域中的捕鱼特权，积累了大量财富，此时更名为托尔纳博尼，更是赚得盆满钵满。骄傲的卡尔瓦坎蒂家族放弃自己的辉煌历史，更名为卡瓦尔莱雷斯基家族。放弃姓氏的贵族多达 100 余家。

盖拉尔迪尼家族——历史学家将其归入"最不妥协和反动的"豪强之列——根本不考虑那种做法，认为它有辱家族荣誉。那帮顽固的贵族拼命抓住历史荣耀的光环，以这样的骄傲心态自我安慰：他们"没有堕落，没有去从事卑贱的职业或行业"，没有与"既无悠久历史又无贵族血统”的家族通婚。

———

　　后来，盖拉尔迪尼家族陷入内斗，上述自我安慰渐渐淡化。我潜心研读了一位学者用意大利语写就的关于佛罗伦萨豪强的历史著作，一个句子引起了我的特别关注："I Gheradini si odiavano di cuore."（盖拉尔迪尼家族的人从心里互相憎恨。）在家族中，三个主要分支的人互相鄙视，堪称 in egual misura（针尖对麦芒）。那时，许多家族的人将怨恨隐藏心间；对比之下，盖拉尔迪尼家族的人恰恰相反，将我们可称为"家庭关系失衡"的状态提到很高程度，以致在历史上留下了记录。很快，我理解了其中的缘由。

　　到 14 世纪中叶，在盖拉尔迪尼家族成员中，一个名叫切切·迪宾多·迪萨索·盖拉尔迪尼的人心怀不满，到了忍无可忍的地步。他提交一份诉状，声明与自己的难以控制的族人脱离关系。他明确表示两点：其一，他和人称 il Pelliccia（长毛人）的弟弟乔内是正直的忠实公民；其二，明明是反复无常的族人行为不轨，政府却让他们两兄弟为此交纳数额不菲的罚款。

　　切切告诉法官，在仅仅 5 年时间里，盖拉尔迪尼家族中因违反《正义法规》受到指控者多达 10 人。在他们之中，一个人偷了一头骡子；其余的人有的参与械斗，有的毒打当地的平民。最恶劣者一天中杀了两人，其中一名受害者是执政官。政府要求家族支付巨额罚款，他的族人威胁说，要杀掉他这个变节者以及他的妻儿。

　　法庭允许他们两兄弟宣布脱离盖拉尔迪尼家族，并将他们在基安蒂的宅地名 "da Vignamaggio"（五月葡萄园）加在他们的姓氏盖拉尔迪尼之中。然而，甚至这两位自称的模范公民也没有摆脱麻烦。切切的儿子，绝非"圣人"的宾多和他的朋友一起，在乡下寻欢作乐，肆意毁坏勤劳农民的财产。但是，与他叔叔佩利恰·盖拉尔迪尼令家庭蒙羞的恶行相比，宾多的不端之举简直不值一提。

1360 年，六个豪强家族纠集几个愤愤不满、"一心作乱"的平民，组成联盟，旨在推翻城市公社的领导人。那帮密谋者招募了一名修士充当内线，要他利用在领主宫过夜的机会，打开门锁。这样，叛乱者便可夺取控制权。

他们的计划付诸实施之前，参与密谋的人员之一巴尔托洛梅奥·德·美第奇——他的家族当时刚在政治上崭露头角——向他的弟弟萨尔韦斯特罗偷偷吐露了那个秘密。萨尔韦斯特罗·德·美第奇立刻意识到，这会给整个家族带来巨大危险，于是赶到执政官那里告密。执政官表示，如果他哥哥指认罪魁祸首，就可以得到赦免。

反叛者包括五月葡萄园的"正直"公民佩利恰·盖拉尔迪尼·达·维尼亚玛吉奥，另外还有他的女婿多梅尼科·班迪尼。大多数遭到指控的人纷纷逃亡。警察逮捕了班迪尼和一名参与密谋的平民。两人遭到酷刑折磨，最后坦白交代。参与密谋的 12 个人没有出庭受审，全都被缺席判处死刑。罪名是：一、计划推翻政府；二、"漠视这座城市——它的发展基于宁静、繁荣和正义——的和平与平静状态"。在那 12 人中，一般公民被绞死，贵族有资格得到更有尊严的行刑方式——多梅尼科·班迪尼遭到斩首。

他岳父——佩利恰·盖拉尔迪尼·达·维尼亚玛吉奥——也遭到处罚：画了一幅以佩利恰为主角的羞辱性模拟肖像。按照城市公社的命令，在法院（现在的巴杰罗宫）的外墙上，画了一个被打死的恶棍，让全体市民观看和嘲笑。佩利恰遭到放逐和羞辱，在欧洲游荡多年。后来，他向佛罗伦萨领导人表示抗议，声称自己无辜，希望得到赦免。

1378 年，那幅羞辱性模拟肖像已经褪色，佩利恰获得减刑。

~

但是，赦免来得太晚，已经无法改变佩利恰的女儿迪亚诺拉·盖拉尔迪尼的命运。1360 年，就在谋反者多梅尼科·班迪尼遭到斩首的那一年，他的遗孀生下了第七个孩子。她给那个女婴取名玛格丽塔。根据家史记载，她的丈夫被杀，父亲遭到羞辱，家产悉数没收，身无分文的迪亚诺拉仓皇出逃。后来，她与盖拉尔迪尼家族的两个姐妹会合，和许多来自佛罗伦萨的政治难民一起，在阿维尼翁落脚。阿维尼翁当时是法兰西南部的商业中心，在 14 世纪的大多数时段中曾是遭到放逐的教皇的家园。

在长达数月的时间里，我查阅了佛罗伦萨的家族年谱和城市年鉴。我发现，在盖拉尔迪尼族谱中，迪亚诺拉是第一个有文字记载的女性成员，非常具有同情心。可是，假如没有我在访问五月葡萄园时偶然看到的一条线索，我可能对她全无了解。在五月葡萄园酒店（它出售香味浓郁的基安蒂葡萄酒，名叫"蒙娜丽莎城堡"）的墙壁上，悬挂着一封信件的抄写件。它出自阿米迪奥——最后一位来自盖拉尔迪尼家族的庄园主人——之手。

那是一封非正式的短信，语言温馨，日期标注为 1404 年 10 月 26 日。在信中，阿米迪奥向弗朗切斯科·迪·马尔科·达蒂尼表示问候。在意大利历史上，后者被称为"普拉托商人"。阿米迪奥表示，他自己非常繁忙，给弗朗切斯科送去了庄园酿造的桶装葡萄酒，希望对方赏光品尝。

"我的就是您的。"他写道，并且在短信的结尾处，问候达蒂尼的夫人玛格丽塔。

信件语气热情，显示了亲密关系。我见后不禁觉得，盖拉尔迪尼家族与那位中世纪巨擘达蒂尼关系密切，可能并不局限于生意往来。在基安蒂的埃尔萨山谷的数字档案中，我查阅到当地的历史文献，帮助我将相关零星信息联系起来。结果我发现，阿米迪奥是声名狼藉的反叛者佩利恰·盖拉尔迪尼的儿子，是迪亚诺拉的哥哥。迪亚诺拉的女儿玛格丽塔是阿米迪奥的侄女，1376 年嫁给了托斯卡纳的富商弗朗切斯科·达蒂尼。

后来，小"比塔"——她的家人这样叫她——可能淡出人们的视线，变为默默无闻的角色。但是，小比塔的丈夫对保存纸张怀有无法控制的冲动，不会放过自己见过的任何东西。这让我们了解到关于盖拉尔迪尼家族的这个女儿的情况，其丰富性超过同时代的任何女性。在他漫长的人生中，达蒂尼不但亲笔抄写自己撰写的信件，而且保存自己收到的信件，其中包括阿米迪奥·盖拉尔迪尼·达·维尼亚玛吉奥的信件，还有他与"直言不讳的年轻叛逆妻子"——历史学家芭芭拉·塔奇曼这样描述她——之间的信件。

玛格丽塔给丈夫写了 200 余封信件。她在其中一封中宣称："我可以感觉到，自己身上流淌着盖拉尔迪尼家族的血液。"我从那些信件中了解到，那位典型的托斯卡纳女人性格活泼，头脑敏锐，讲求实际，充满活力，信仰虔诚，意志坚强。她的信件不仅揭示了在 15 世纪的托斯卡纳身为人妻的女性的生活，而且让人体会到，心里燃烧着盖拉尔迪尼家族的激情是何感受。我推测，如果自己进一步了解玛格丽塔的情况，有可能加深对她的亲戚丽莎·盖拉尔迪尼的认识。

发现真相的途径只有一条。

第二章
没有面孔的声音

在一个雾气弥漫的上午,我对我丈夫说:"我们必须到普拉托去。"

"为什么呢?"他问道,疲惫不堪的神情完全是有道理的。

"那里有一幢房子。我想去看一看。"

"蒙娜丽莎住在那里?"

"没有。"我承认。玛格丽塔·达蒂尼于1423年去世。过了56年之后,丽莎·盖拉尔迪尼才出生。她可能从未到过佛罗伦萨以西15英里,去探访那座令人昏昏欲睡的纺织小镇。

"值得去跑一趟吗?"他问道。

"绝对值得。"我向他保证。在我将盖拉尔迪尼家族与达蒂尼家族联系起来以前,学者们早已强调说,我应该进一步了解那位异常直率的商人妻子。正是她留下的信件打破了笼罩着妇女生活的沉默。但是,这位中世纪女性最让我感兴趣的是,她和列奥纳多的那位模特一样,显示出盖拉尔迪尼家族的特征。

丽莎·盖拉尔迪尼本人没有留下任何文字，依然是一副没有声音的面孔。玛格丽塔，那位文字洋洋洒洒的写信人，是一个没有面孔的声音。在我脑海里，那声音久久徘徊，挥之不去。

后来的情况证明，事实确实如此。在普拉托市中心，在波尔切拉蒂科街与马泽伊街的拐角处，矗立着达蒂尼家的浅色石头房子。它的起居室窗明几净，放着两尊真人大小的人体模特。它们身上穿着豪华长袍的复制品，显示了那对富有夫妇曾经的装束。模特的脑袋乏善可陈，上面蒙着一块黑布。达蒂尼夫妇留下了大约 15 万份文件，500 多本账簿，300 份契约，以及数以千计的账单、收据和支票。它们构成了珍贵的文献档案。在幸存下来的 18 世纪之前意大利的单个来源的私人文献中，那批藏品数量最大。只有在他们留下的文字中，达蒂尼夫妇才能再次出现在人们的眼前。

大约 16 年时间里，达蒂尼夫妇之间信件不断。骡子驮着信件和需要洗涤的衣物，以及来自达蒂尼农庄的一筐筐面包、鸡蛋和新鲜蔬菜，往返于两人之间。这些信件常常匆匆写成或者口述而成，没有经过润色，涉及日常生活的琐事，刻画出一桩麻烦不断的婚姻生活的种种细节。

在艾里斯·奥里戈的具有划时代意义的著作《普拉托商人》中，我看到了两人之间的许多信件。我觉得，展现在自己眼前的，仿佛是一场中世纪版的电视真人秀。我窥视了达蒂尼家的厨房和衣柜，邂逅了他们的朋友和亲戚，偷听了两人关于许多永恒话题的对话，例如，不孕不育、夫妻之间行为不忠等等。我逐渐发现，弗朗切斯科·达蒂尼（1335—1410 年）和玛格丽塔（1360—1423 年）这对夫妻非常典型，也许与弗朗切斯科·德尔·焦孔多和他的妻子丽莎·盖拉尔迪尼类似，也许与他们同时代的某些夫妻类似。

达蒂尼与丽莎·盖拉尔迪尼的丈夫一样，雄心勃勃，十分贪婪，善于投机。他擅长欺骗，精于变通，喜欢吹嘘，讨价还价，将法律和戒律利用到了极限，有时甚至到了铤而走险、违法乱纪的地步。这位商人是工作狂，生活在不幸引起的焦虑和苦恼之中。他将那样的状态称为 malinconia。这个意大利语词语常常翻译为"悲伤"。但是，在达蒂尼那个时代，malinconia 一词也指"黑色幽默"、引起不断焦虑的念头或预示不幸的兆头。

我可以想象，这个背负沉重压力的商人类似于伍迪·艾伦影片中的角色。也许，达蒂尼就像那个神经过敏的华尔街交易员，常常受到死亡念头的困扰：他的电话上保存着精神病治疗师的快拨号码，口袋里装着抗酸剂，药箱里摆着抗焦虑药物佳乐定；他大声斥责助手，漏接电话之后气急败坏，一把将手机扔到房间另外一边。

"学着控制自己的脾气吧！"玛格丽塔常常劝诫容易发怒的丈夫。她根本不是脸谱化的中世纪妻子，不乏勇气和胆量，不愿扮演夫唱妻随的角色。她本来是一个性急的女孩，后来蜕变成为自信、能干的女人。如果丈夫显露行为不轨——那样的事情并非罕见——的迹象，她可以有理有据地大声痛斥。

玛格丽塔承认，盖拉尔迪尼家族的脾气爆发——那样的情形每天出现多次——时，她自己是无法控制的。但是，她决心改变自己的丈夫，改善自己的生活。于是，她以出人意料的方式做出积极应对。

弗朗切斯科·达蒂尼堪称白手起家，开始时境遇十分悲惨。1348年，黑死病爆发，他的开酒馆的父亲、母亲以及两个姐弟命归黄泉。两年之后，年仅 16 岁的他卖掉自己继承的土地，身披象征财富与权力的猩红披风，动身离开普拉托，踏上前往阿维尼翁的淘金旅程。

在那个蓬勃发展的商业中心，遭到放逐的教皇克雷芒六世地位显赫，统治着全欧洲最腐败的宫廷。他的生活极尽奢侈，使用纯金餐具，甚至连控制马匹的口衔也用黄金铸造。达蒂尼很有商业头脑，那个拜金市场需要什么，他就出售什么。店里既有武器和铠甲（对任何冲突中的敌对双方一视同仁），也有毛线、香料、银器、烛台、碗盏、盆子和亚麻，还有蓝宝石和绿宝石，甚至包括廉价的小神像。经过一定时间以后，他开设了一个钱币兑换柜台、一家酒馆、一家布店，后来甚至还有一家银行。他使用的账本扉页上，赫然印着这几个字："以上帝和利润的名义"。

达蒂尼生活在一个不加掩饰地追求物质的社会之中。用他一个朋友的话来说，他"喜欢追求女色，每天享用鹧鸪（一种价格不菲的美味），崇拜艺术和金钱，忘记了天主和自己"。在年轻时，他有一段艳遇，可能有过一个孩子，不过那个婴儿没有存活下来。

后来，年届 40 岁时，他在银行中已经有了数额可观的存款。这个完全依靠自己打拼的未婚男人决定组建家庭。他最想实现的事情是，"在爱情和愉悦中"生儿育女，以便传宗接代，让自己的财富后继有人。但是，这位精明商人对新娘非常挑剔。

他父母去世之后，一位心地善良的普拉托女人曾经收留了他。他在给她的信中说："我觉得，上帝在我出生时下令，我应娶一个佛罗伦萨女人为妻。"

玛格丽塔·迪·多梅尼科·班迪尼是叛徒的女儿和孙女，佛罗伦萨人可能没有将她视为主要的新娘候选人。玛格丽塔模样迷人，举止高雅，是家里的七个孩子之一。她显然有很强的生育能力，但是作为结婚对象却并不十分理想。她的祖父是有潜在危险的佩利恰·盖拉尔迪尼，依然流放在外，母亲迪亚诺拉·盖拉尔迪尼依靠亲戚的接济度日。显而易见的一点是，她不可能有什么嫁妆。（根据达蒂尼在遗嘱中的说法，女方可能承诺提供嫁妆，但是后来没有兑现。）

朋友们可能提醒达蒂尼，玛格丽塔的兄弟姐妹们肯定将会像水蛭一样，傍上他这位亲戚，希望得到金钱和其他好处。除此之外，玛格丽塔童年时生活动荡不安，带来的一个不良后果是，她没有受过良好教育。玛格丽塔与她的母亲和学校的大多数姑娘不同，不会读书写字。当然，盖拉尔迪尼家族的火爆脾气也是一个问题。

没有什么东西可以吓倒达蒂尼。他曾经从长计议，看到这个姑娘的其他好处：年轻，漂亮，而且拥有贵族血统。相比之下，面对同样贪赃枉法的追求者弗朗切斯科·德尔·焦孔多，丽莎·盖拉尔迪尼所能提供的与之类似，在钱财方面也乏善可陈。

16岁的玛格丽塔与那个时代的其他姑娘一样，她没有选择自己的丈夫——他是别人替她选的。在她母亲看来，这位商界巨擘可能是个不错的结婚对象。他比她年长整整25岁。根据同时代人的描述，达蒂尼身材肥硕。但是，他其实略显枯瘦，神色凝重，仿佛是一尊纪念雕像。我想象那个妙龄少女对这位新郎的看法。我能够猜到的，最多只是一个彬彬有礼的父亲形象。

1376年狂欢节期间，在阿维尼翁举行了一场非常豪华的婚礼。随后，那对新婚夫妇开始迫切盼望第一个孩子出生。几周过去了，几个月过去了，几年过去了，玛格丽塔却一直没有怀孕。那位商人的意大利朋友认为，问题在于法兰西的环境不好。他们提醒达蒂尼，托斯卡纳那个地方充满阳刚之气，有利于生儿育女。在佛罗伦萨，尼科洛·德尔·阿曼纳托·泰基尼与玛格丽塔的妹妹弗兰切斯卡结了婚。尼科洛责怪比塔，认为她应该"再努力点，不是用盖拉尔迪尼家的名义，而是用连哄带骗的方法"，将她的丈夫带回他的故乡。

一直等到 1383 年，教皇迁居罗马，达蒂尼才终于回到普拉托。他不再是那个默默无闻的本地男孩，而是那里的人见过的最为成功的人士。这位中年商业巨头将自己年轻、美貌的妻子送到一个城镇居住。正如它的名称"草地"所示，那里一片平坦，街道非常狭窄——人们心胸也有过之而无不及。

普拉托有 1.2 万居民，一个个勤劳、虔诚、古板。他们大都在棉布纺织行业工作，几乎无一例外。他们每天规规矩矩，闷闷不乐。用曾在那里住过的一位居民的话来说，"就连活在世上也让他们感到羞耻"。在那座城市的死气沉沉的高墙中，每个人的事情就是邻居的事情。但是，没有哪个人像"富翁弗朗切斯科"——小镇居民很快给达蒂尼取了这个外号——那样，引起大家的好奇心。

在达蒂尼迁入新居数月之前，流言蜚语已经传遍了大街小巷。原来，达蒂尼建造了当地最惹眼的豪华住宅。根据达蒂尼的挚友、公证人塞尔·拉波·马泽伊先生的描述，它是"世界上最漂亮的城堡"。达蒂尼的城堡与普拉托的大多数住宅不同，采用的是石头而不是木材，房顶上还修了雕梁画栋的凉廊。我走进那座城堡，仿佛看见 23 岁的玛格丽塔从一个房间游荡到另外一个房间。她惊讶不已，觉得自己是住在中世纪宅第之中的主妇。

在家里，她管理的区域包括两间厨房，一间在楼上，一间在楼下。厨房的天花板设计为拱顶（有的位置上绘着蓝色的星星，它们现在依然在金色天际里闪闪发光），地上铺着经过精心打磨的砖块，走廊里悬挂着达蒂尼家族的饰章（那位商人定制的象征他的社会地位的标志）。此外，还有一间宽敞的起居室，一个小办公室，几间客房，以及两座壁炉。主卧里摆放着夫妻两人使用的最昂贵的家具——一张手工雕刻的大床，大约10英尺宽，四面悬挂着帘子，上方是遮篷。床上放着带有条纹图案的床垫，两个绣有金线图案的枕头，另配六个绣花枕套。薄被是鹅绒的——按照当时的习俗，达蒂尼夫妇裸睡其下。

室外不是具有实用价值的菜地。达蒂尼设计了当地人闻所未闻的"游乐园"——他后来承认，那是愚蠢东西。它造价不菲，柑橘、玫瑰、紫罗兰和其他花卉竞相开放。每周都会送来奢侈品：珍馐美味，陈年美酒，豪华面料，珍禽异兽——他们曾经收到一只猴子、两只孔雀、一只海鸥，以及装在笼子里的一头豪猪。

玛格丽塔的邻居们注意到每次送来的货物，没有漏过任何细节。他们先是羡慕她丈夫炫示的荣华富贵，后来可能对那个傲慢商人逐渐心生怨恨。对他的带有异域风情的妻子，他们全无好感。

几乎刚刚迁入新居，焦躁不安的达蒂尼便离家前往比萨，为自己的贸易生意新开一家分店。大约在 1382 年，他写给她的第一封信中，他告诉玛格丽塔，分开是暂时的。他还强调说，没有她在身边，"我在此没有什么慰藉。但是，你远在别处……假如你在这里，我应该更自在一些"。

玛格丽塔充满热情，在回信发誓说，她"不仅可以到比萨去，而且愿意夫唱妇随，陪伴他到天涯海角——只要他喜欢就行"。她的真诚既让我深受感动，又令我深感担心：那个幼稚的年轻妻子可能以心碎的结局告终。她反复表示，她愿意像真正的妻子那样，生活在达蒂尼身边。可是，她的愿望始终未能实现。在随后 20 年的大多数时间，那位商人主要在比萨和佛罗伦萨两地居住。他在佛罗伦萨开了一家分店。他常常到境外的各个分店巡视，足迹远至西班牙的马略卡。他定期回到普拉托，其目的是检查自己的家产。

丈夫不在家，玛格丽塔实质上担当了"代理丈夫"的角色。她打理那幢豪宅，乡下的各个农场、花园、仓库和牲畜。她管理仆人，应对出现的各种突发事件。达蒂尼身在他乡，遥控所有事务，事无巨细，都要下达具体指令。他要求她反复朗读他的信件，仿佛他本人就站在她的背后，时时刻刻进行监督。

他写的短信如同备忘录，每个句子的语气都十分挑剔。它们全部以"记住"一词开头，几乎无一例外：

"记住使用热水给骡子清洗腿部，尤其要把蹄子洗干净。精心喂养，细心照料。"

"记住每天将那桶白酒取一点出来。"

"记住给磨坊送一袋粮食。"

而且，达蒂尼最后还以居高临下的口吻，增加一条告诫，例如："认真照办，不要惹我冒火。"在另外一张便条上，他以挑剔的笔触写道："努力成为女人，不能再像小孩。你很快就要满 25 岁了。"

1385 年，玛格丽塔真的满了 25 岁，普拉托传言满天：她怀孕了。但是，那其实是毫无根据的虚假愿望。住在佛罗伦萨的妹妹和妹夫已有五个孩子。他们给她"出谋划策，并且以半开玩笑的口气提出，愿意将自己的孩子租借一个给她。看来，她自己并不知道如何怀上孩子"。

他们建议说：将一种特效（不过没有臭味）膏药贴在肚子上。找一个童男来，让他将一条腰带捆在你的肚皮上。在这个过程中，你必须默念三遍《天主经》和《圣母颂》。然后，向普拉托人敬爱的主保圣人辛图拉圣母 [1] 祈祷。

---

[1] 又称腰带圣母。圣母玛丽亚升天时，将一条可以带来圣迹的腰带交给了一位使徒。

玛格丽塔写信时，需要给达蒂尼的各色雇员口授。她抱怨说，在每个经期中，她都得忍受痛经的折磨。现代妇科医生推测，玛格丽塔可能罹患子宫内膜异位症。那是一种常见的妇科疾病，可能引起痉挛和不育。她夜夜独守空房，那样的日子任何女人都难以想象。

随着日子一天一天过去，她的委屈有增无减。我可以听到，玛格丽塔的怨声越来越厉害。她在信中表示不满："你让我干这么多事情！就算我是男人，手下有能干的秘书，也无法一一做好。"有一次，她丈夫给她找麻烦，要她照料那头已被惯坏的骡子，她再也忍无可忍，藏在心底的火气爆发出来："愿上帝让你像照顾那头牲口一样善待我！"玛格丽塔忍不住多次用她那不容置疑的资本压过弗朗切斯科：她的贵族血统。

"我身上依然流淌着盖拉尔迪尼家族的血液，"她说，"但是，你身体里流淌着什么血呢？我不知道！"达蒂尼曾经当着他朋友拉波先生的面哀叹：他希望自己的妻子"温顺一些，要是能够和她的精明匹配就好了"。面对她的尖嘴利舌，他只好忍气吞声。

他在一封信中写道："你的话就像祈祷文，每句都正确。"

后来，出现了首次背叛之举。在达蒂尼那个时代，其他男人可能与别的女人眉来眼去，但是绝不会与一个年仅15岁的女仆有染。那名女仆12岁时就来到达蒂尼家。玛格丽塔第一次发现那个女孩肚子越来越大时，心里可能猜想，她腹中婴儿的父亲要么是村里的某个年轻人，要么是某个行为无赖的商贩——那些家伙常常引诱无辜女孩上床。

我感到疑惑，玛格丽塔是如何知道实情的？那个姑娘是否受到恐吓，最后哭哭啼啼地如实坦白？达蒂尼是否冷冰冰地向玛格丽塔证实，他就是她腹中婴儿的父亲？无论玛格丽塔是怎样知道风声的，她丈夫的私通行为肯定深深地刺痛了她的内心。

达蒂尼干净利落地处理了那件事情。那个姑娘很快与偶尔为他工作的一名商人结婚。新娘的嫁妆丰厚，还陪嫁了两个大箱子，里面装满了服装、亚麻织物和家庭用品。那个婴儿出生之后，新父亲为儿子请了几个奶妈。他让婴儿随他自己的姓，一口一个"我的小乖乖"。5个月之后，婴儿死了。按照达蒂尼的说法，死于"被诅咒的疾病"。达蒂尼遭到毁灭性打击，将小孩埋在家族坟山脚下——那是为一个男人的合法子女保留的位置。

面对普拉托街头巷尾的种种传言，玛格丽塔依然昂首挺胸，保持了盖拉尔迪尼家族的骄傲姿态。无独有偶，当关于丑闻的谴责传到佛罗伦萨，让丽莎·盖拉尔迪尼的娘家人感到震惊时，丽莎的内心也需要保持类似的坚韧。

她丈夫的私生子出生几个月之后，玛格丽塔下定决心，尝试那个时代的妇女闻所未闻的事情——学习写字。虽然她以前也想认识几个字，但是从未掌握这样的技能：首先，使用羽毛制笔，调制墨水；然后，将墨水均匀涂在纸上，一行字便映入眼帘。

她为什么想要学写字呢？玛格丽塔曾经抱怨，她不得不依赖抄写员代笔，以便与丈夫通信。但是，我怀疑，除了保护隐私之外，那一做法另有动机：她决心表达自己的内心想法，显示自己的智慧和能力，展现思想自由、言论自由的女性形象。

1388年，玛格丽塔28岁，留下了最早的"自书"信件。它证明了她所面对的艰难挑战。我见过的一篇学术文章引用的复制品说明，她为之付出了极大的努力。在那一页纸张上，字迹歪歪扭扭，难以辨认。有的单词挤在一起，有的单词分隔过远，墨迹四下散开，七零八落。

　　然而，玛格丽塔开始时看来写得很慢，每个字母似乎都花费了她很大力气。但是，笔力坚定，墨水黝黑，字母挺直。后来，随着字迹变得更加均匀，玛格丽塔的个性"和身上的盖拉尔迪尼特征"更加充分地展现出来。"不能仅仅因为我住在农村，就把我当作乡巴佬。"她在写给娘家人的信中愤愤不平地表示："干粗野事情的人才叫乡巴佬！"

　　虽然婚姻越来越糟，玛格丽塔还是在普拉托创造了令人满意的生活。她身边有一大帮与她同龄的快乐朋友。他们十分喜欢她，管她叫妹妹。此外，还有一大群笑声朗朗的农村姑娘，帮助她完成没完没了的家务。有了达蒂尼所称的"大批"女友，她可以将各种活动搞成寻欢作乐的机会，例如，命名聚会、婚礼大典、生日聚会，甚至包括教堂仪式。

　　玛格丽塔的娘家人穷困潦倒，依然问题多多。她母亲和姐弟仿佛变成饥肠辘辘的小麻雀，常常飞到她的富有丈夫的餐桌上，伺机捡拾残羹剩饭。但是，他们还抱怨说，自己从未吃饱。1386年，达蒂尼在佛罗伦萨设立一个办公室，迪亚诺拉·盖拉尔迪尼向女婿提出，希望将她名下的一幢房子租给他。迪亚诺拉开出了高得离谱的租金，并且要玛格丽塔说服达蒂尼如数支付。达蒂尼没有照办，敲定了便宜一点的地方。

　　可是，玛格丽塔的妹夫尼科洛破产时，达蒂尼出面偿还了全部债务。后来，她家里的败家子哥哥巴尔托洛梅奥开始恳求玛格丽塔，希望获得资金。玛格丽塔转而恳求丈夫，声称"他毕竟是我哥哥，我不可能不爱他"。不过，她多次写信痛斥哥哥和母亲，认为他们提出那样的要求，简直不知羞耻。巴尔托洛梅奥去世时，达蒂尼别无他法，支付了巴尔托洛梅奥欠下医生的账单，并且掏出大笔款项，为玛格丽塔娘家的所有人置办丧服。后来的情况显示，为了盖拉尔迪尼的姻亲们，弗朗切斯科·德尔·焦孔多还做了许多事情。

玛格丽塔对丈夫的慷慨之举表示赞赏，然而也对出现那样的情况表示不满。"你瞧，为了我的缘故，弗朗切斯科承受了这么多负担。"她在信中反思。可是，金钱无法恢复她对他的信任，无法阻止她和他吵闹。每当达蒂尼回家，他们两人都要大吵一场，互相谴责的声音在豪宅的每个房间里回荡。

她在一次激烈争吵之后写道："我是对的，无论你的声音多大，你都无法改变这一点。"

1392 年，57 岁的达蒂尼又有了一个私生女。他这次喜欢的是家里25 岁的女奴露西娅。

与奴隶私通？就在托斯卡纳？

我了解这一点时深感惊讶。我带着这个问题，请教了法布里齐奥·里恰尔代利。他是历史学家，供职于美国肯特州立大学佛罗伦萨分校，对这个问题进行了广泛研究。他解释说，1348 年，黑死病爆发，佛罗伦萨人口锐减。城市公社规定，公民可以拥有非基督徒奴隶。大多数女奴来自当时巴尔干半岛的国家，如斯洛文尼亚（意大利语意为奴隶地区），以及希腊和北非。她们有的通过购买，有的通过抢夺沦为奴隶。后来，她们被人转手，在威尼斯和热那亚出售，价格还不及达蒂尼的一件天鹅绒披风。

女奴们主要干家务活，但是也常常满足其"主人"的性需要。受人尊重的科西莫·德·美第奇（1389—1464 年）统治着佛罗伦萨，仿佛是一个没有加冕的君主。他与一名家奴私通，生下一个儿子，名叫卡罗。那个男孩在佛罗伦萨的美第奇宫殿里长大成人，后来进入僧侣行列，最后成为普拉托城的主教。

结果，玛格丽塔的丈夫以个性最鲜明然而又最公开的方式，让她蒙受羞辱。她私下可能勃然大怒，痛哭流涕。但是，盖拉尔迪尼家族的自豪感发挥了作用，不让她在公开场合流露自己内心深处的感情。在一段时间中，她可能没有搭理达蒂尼，既不给他写信，也不和他说话。

达蒂尼是深谙实用之道的商人，做事一贯高效，很快从自己的手下中挑选了一个人，让其充当露西娅的丈夫。而且，他还给露西娅自由之身，并且提供一笔重金，作为她的嫁妆。那个女婴出生之后，夫妇俩给她取名吉内芙拉。他们按照当时的惯例，把婴儿送到乡下，请了一名奶妈照顾。在通常情况下，奶妈照顾婴儿的时间为一年半至两年；但是，那个女婴与奶妈一起度过了大约 6 年时间。玛格丽塔肯定不希望见到那个婴儿，肯定不愿搭理自己毫无忠诚可言的丈夫。

在过去几百年中，某些丈夫对妻子不忠的情况没有多大改变。达蒂尼与之前和之后的许多玩弄女性的男人一样，试图采用赠送昂贵礼物的方式，平息自己妻子的愤怒。玛格丽塔的衣橱中，服装和饰品琳琅满目，包括水獭帽子、丝绸帽子、绽放缎子光泽的高档丝绸（按照当时的反奢侈法，诸如此类的东西属于禁品）、银质扣子和腰带（也在禁止之列）、象牙梳子、两把孔雀羽毛扇子。此外，还有用蓝色锦缎和塔夫绸定制的上装，有的装饰着貂皮，有的装饰着白鼬皮。玛格丽塔还拥有十几枚戒指——那时，无论男女人，大都喜欢那样的东西，有时一根指头上甚至会套上两枚。

在 1392 年——吉内芙拉出生那年——的一份目录上，一个项目吸引了我的目光：它是一份披风订单，使用的是当时最昂贵的厚质丝绸，而且饰以天鹅绒饰图案。达蒂尼特别叮嘱："做工和质量尽可能上乘。"费用不在考虑之列。只要能够重获妻子的芳心，无论多么昂贵的东西，达蒂尼都愿意掏钱。

玛格丽塔要求的并不仅仅是服饰。她希望到佛罗伦萨去居住。1395 年，达蒂尼终于松口。接着，他转而开始在比萨和普拉托两地逗留更多时间。面对那样的局面，玛格丽塔怒不可遏。

"哪天，我将收拾行李，上路回家。"她在信中威胁。这样的文字竟然出自她那个年代的女人笔下，就连玛格丽塔最热情的维护者拉波先生也认为，那样的举动过于冒失，超过了达蒂尼的宽容限度。拉波提醒自己的终生好友达蒂尼，玛格丽塔"这个女人耐受能力很强，精神动荡不安，大多数女人难以望其项背"。也许，这是她拥有的盖拉尔迪尼特质所致。

然而，1395 年，她 60 岁的丈夫得了重病，玛格丽塔尽心照料他。达蒂尼的身体健康恢复了，但是忧郁症却越来越重。

"早已命中注定，从出生之日开始，我从来不知道哪一个整天是幸福的。"他曾经如此悲叹，并且担心自己将来会受到更大折磨。让达蒂尼良心备受困扰的不是私通，而是高利贷。他和许多放债者一样，觉得自己出卖了上帝独有的东西——发放贷款与收回本金和利息之间的时间，犯下了对抗自然之罪，将会受到惩罚。

为了挽救自己的灵魂，达蒂尼一是向本地教会和慈善机构慷慨捐赠；二是参加忏悔者的朝圣活动。他身穿白色长袍，头顶尖帽，艰难地挪动步伐，穿过整个托斯卡纳。其他富人也依赖类似做法，希望挽救自己的灵魂，其中包括丽莎·盖拉尔迪尼的丈夫。无独有偶，弗朗切斯科·德尔·焦孔多也两次受到发放高利贷的指控。后来，他被迫承诺，自己独自提供资金，装饰佛罗伦萨的一家修道院和一座教堂里的小礼拜堂。

1397 年，入侵大军从米兰攻入托斯卡纳，一路上抢掠财物，烧毁房屋，屠宰牲畜，杀戮农民。一时间人人自危，纷纷吟诵祷文。达蒂尼担心生意遭殃，自己依然待在佛罗伦萨，指令在普拉托的玛格丽塔保卫家园。在可能是她一生中最英勇的时段里，玛格丽塔保持镇定，有效组织，赢得了一向吹毛求疵的丈夫难得表示的赞扬。

"你动员家里的全部力量，不辱使命，让我感到欣慰。"他在信中写道，"在需要的时刻，聪明的人可以显现才能。"危险过去了，然而达蒂尼家的生活也出现了巨大变化。1398 年，达蒂尼的私生女吉内芙拉的奶妈领着那个 6 岁大的孩子，来到普拉托。

"她非常胆小，我们十分爱她。因此，我们恳求您，对她温和一些。"奶妈给玛格丽塔写了一封信，以令人深感触动的口吻请求。我想象，玛格丽塔当时 38 岁，已经接受了自己没有生育能力这个事实。她从内心上接受了奶妈的那些话，欢迎那个小女孩的到来，后来还深深喜欢上丈夫的孩子。与之类似，丽莎·盖拉尔迪尼结婚时，也得到了一个继子。

在其后数年里，她给吉内芙拉购买衬衣、鞋子、披肩。她还把自己定做的一件紫色外衣送给吉内芙拉，并且特地配上银纽扣。有一次，小女孩喉咙痛，玛格丽塔要她丈夫不要担心，之后她甚至懊悔，本来应该直接告诉他："我知道，你心里肯定觉得，假如她确实是我自己的孩子，我会照顾得更好些。其实，我将她视如己出。"

后来，玛格丽塔的妹妹弗兰切斯卡大病一场，于是玛格丽塔让她的侄女蒂娜（卡泰丽娜）到达蒂尼的城堡。两个年轻人精神饱满，兴高采烈，似乎缓解了达蒂尼的忧郁状态。在他的账本上，记录了一笔购买手鼓的支出。他的一名秘书花了一整天才弄明白："原来，他购买手鼓，是为了讨得两个姑娘的欢心。"

达蒂尼花了 1000 弗罗林作为嫁妆，为女儿的未来奠定良好基础。当时，那笔钱款数额巨大，超过佛罗伦萨许多富商的女儿出嫁时得到的陪奁。他挑选自己最信任的合作伙伴之一的儿子，作为女儿的夫婿。

婚礼于 1406 年举行。吉内芙拉打扮得漂漂亮亮，头戴精心制作的花环，身穿普拉托人从未见过的光彩照人的豪华服装。那一身长袍用的深红色锦缎面料，小领用白色貂皮缝制，配上一条镀银腰带，头戴名为"花冠"的高高的精美头饰。在豪华婚宴结束时，玛格丽塔抱着一名男婴，送到新娘怀里，然后在她的一只鞋子里，放了一枚金弗罗林。那是托斯卡纳的古老习俗，寓意是人丁兴旺，财源滚滚。在丽莎·盖拉尔迪尼的婚礼上，她的母亲也会那样做。

随着年龄逐渐增加，玛格丽塔和那时的许多妇女一样，对宗教活动的兴趣越来越浓——丽莎·盖拉尔迪尼后来也是如此。玛格丽塔还恳求达蒂尼：从虔诚的笃信中寻找慰藉。但是，他没有理会。在人生的最后几年中，他在豪宅里款待名流，依然痴迷于钱财和生意。他1410 年 8 月 16 日去世。临终时，他的妻子不在身边，陪伴他的是最亲密的老友塞尔·拉波。拉波后来写道："他觉得很奇怪，自己居然不得不死去。"

达蒂尼立下遗嘱：第一，将豪宅和全部财富——"总计 7 万弗罗林"（超过现在的 1000 万美元）——留给他为遗弃儿童创立的基金会。第二，他决定给妻子——"他亲爱的女人"——每年 100 弗罗林，外加一处环境宜人的房产。那幢房子有两间卧室（一间供她的女仆使用），她需要的家用物品一应俱全。第三，夫妻两人的价格不菲的服装将用于"慈善，以便让我们的灵魂得到慰藉"。第四，他的女儿吉内芙拉继承 1000 弗罗林，另外还有她可能生下的女儿们的嫁妆费用。

达蒂尼的遗孀在 50 岁时，终于摆脱了丈夫的支配。那段时间没有留下任何信件。我们不知道她后来的生活状况，甚至不知道她住在何处。有人声称，她成了天主教的多明我修会的居家修女。但是，大多数历史学家们认为，玛格丽塔迁居佛罗伦萨，与吉内芙拉见面，与她的丈夫和女儿住在一起。

在达蒂尼死后的几十年中，玛格丽塔耗尽金钱，享受了最奢侈的生活。1423 年，瘟疫爆发，玛格丽塔 63 岁，身无分文，境况可怜，在新圣母玛利亚教堂医院去世。医院位于佛罗伦萨，是一家专收贫困病者的慈善机构，常常人满为患，两名病人被迫挤在一张床上。她没有遵照达蒂尼的遗嘱，陪伴在他的身边，而是决定埋葬在新圣母玛利亚教堂墓地，与盖拉尔迪尼家族的祖先同眠。

从根本上说，这个不同寻常的女人按照自己的意愿，决定了最终的安眠之处。丽莎·盖拉尔迪尼后来也是如此。

从玛格丽塔去世到丽莎出生，中间大约相隔半个世纪。在一个小镇上，三个大家族的后代繁衍生息——盖拉尔迪尼、达·芬奇、德尔·焦孔多。那个地方的人骄傲地自称，它就是"新罗马"。在 15 世纪，佛罗伦萨吸引了最杰出的发明家和思想家，沐浴在自己创造的绚丽光辉之中。全城共有 108 座教堂，"唱诗班歌声悠扬，牧师会堂、餐厅和图书馆美轮美奂。尖塔矗立，钟声回荡"。此外，城里有 50 个广场，数百家店铺（270 家羊毛店，83 家丝绸店，84 家木雕制品店，54 家石雕制品店），33 家银行，23 处豪宅或宅第——"里面住着领主、官员、法官、管家、供应商、公证人、政府雇员及其眷属"。

"威尼斯人、米兰人、热那亚人、那不勒斯人、锡耶纳人，"一名书记员以奚落的口吻写道，"试图将他们的家乡比作这座城市。"但是，它们全都无法望其项背。

在佛罗伦萨，一个新的金融和政治王朝上升到权力之巅。它就是美第奇家族。他们被称作上帝的银行家，代表其最大客户罗马教廷，从欧洲各个国家收取钱财。他们聚敛的财富超过了欧洲大多数君主。在科西莫·德·美第奇的精明统治下，佛罗伦萨一跃变为欧洲最富裕的城市。"一轮富裕的太阳，"一个日记作者写道，"照亮了黑暗的——几乎堪称赤贫的——乡村僻壤。"

丽莎的祖父名叫诺尔多·迪·安东尼奥·盖拉尔迪尼，1402年出生在基安蒂，肯定一直急于迁入这个光焰照人的城市之中。1434年，"在本家女子玛格丽塔·达蒂尼去世11年之后"，他与弟弟皮耶罗联手，迈出了可能让叛徒佩利恰·盖拉尔迪尼觉得不可思议的一步：两个曾经令人恐惧、那时依然可怕的豪强，接受了科西莫·德·美第奇发出的邀请，加入了平民行列，开始享受佛罗伦萨公民拥有的全部权利。

在佛罗伦萨，20%的公民控制着80%的财富。尽管自己的政治地位变了，诺尔多·盖拉尔迪尼一直未能如愿以偿，分享那座城市的经济精英们沐浴的繁荣之光。尽管他在乡下拥有多块田地，他依然不得不苦心经营，试图维持"或者说看似维持"家族的贵族血统荣誉感要求的那种生活水准。

在佛罗伦萨城里，诺尔多给妻子丽莎（她的名字将传给他们的第一个孙女）和四个孩子仅仅购置了一处房产。那是一座风雨飘摇的棚屋，在一条狭窄的街道上。街道名叫帕廖内韦基奥（今天的普尔加托里奥街），距离盖拉尔迪尼家族的那座中世纪碉堡不远。他在自己的税务报表中抱怨说，附近的一家洗毛作坊常常发出阵阵恶臭。那气味令人难以忍受，他们一家不得不离开简陋的小屋，迁入租来的房舍。

一天傍晚，我在那里散步时发现，现在闻到的是浓重的烟味——每当休息时，附近的餐厅招待员便聚集起来，在那条走不通的巷子里吞云吐雾。

诺尔多·盖拉尔迪尼与玛格丽塔·达蒂尼一样，也住进了新圣母玛利亚教堂的那家慈善医院，最后在悲惨的状态中死去。他立下遗嘱，将家族拥有的农场之一捐给那家医院。也许，此举是为了表达感激之情；也许，他像弗朗切斯科·达蒂尼一样，希望借此救赎自己的永恒灵魂。他将其余财产留给了长子，名字十分好听的安东马里亚·迪·诺尔多·盖拉尔迪尼。从此以后，家族的财富和命运全都落在了他瘦弱的肩上。

达·芬奇家族是托斯卡纳的另外一个家族，来自芬奇小镇，一无悠久传统，二无贵族血统。唯一让他们感到自豪的是，几代人都从事法律职业——那时称为公证人。其中之一曾经担任名声显赫的公证人职位，为佛罗伦萨的主要管理机构——执政团——服务。他的孙子不但沿用了他的名字（皮耶罗），而且继承了他的职业，最终获得了公证人的荣誉称号——塞尔。

在其职业生涯起步阶段，塞尔·皮耶罗·达·芬奇（1427—1504 年）经常在托斯卡纳的农村巡回，记录契约，收集遗嘱，草拟合同，处理商业和法律方面的其他事务。但是，他雄心勃勃，决心实现自己更大的抱负，即便他和一名地位低下的女仆私通，即便有了私生子也未能阻挠他的步伐。1452 年 4 月 15 日，那个名叫卡泰丽娜的乡下姑娘给他生下一个儿子。两人给儿子取名为列奥纳多。不久以后，塞尔·皮耶罗搬到佛罗伦萨，娶了一个社会地位与自己相配的新娘。她出身公证人家庭，年方 16 岁，名叫阿尔别拉·阿马多里。

　　塞尔·皮耶罗的父亲是地主，可能为卡泰丽娜提供了一份嫁妆，将她许配给当地的一个窑工。根据税务报表的记载，在几年之内，卡泰丽娜又生下几个孩子。年幼的列奥纳多被登记为"私生子"，与他的爷爷奶奶和叔叔弗朗切斯科住在一起。

　　在那些年代，意大利人常常接纳私生子。那种做法十分普遍，被当时一位外国访客视为国家特征之一。但是，"杂种"系非婚生子女，往往遭到惩罚。例如，列奥纳多既不能上大学，也不能从事医生或律师之类的职业。当然，他也不可能像他父亲和曾祖父那样，从事公证行当。

　　在佛罗伦萨，人们爱打官司，公证人和律师的数量大大超过医生，两者的比率为10∶1。塞尔·皮耶罗·达·芬奇很快出人头地，在法院（现在的巴杰罗宫）附近开设了一家事务所。短短几个月内，他便前往拉尔戈街（现在的加富尔街）的美第奇宫殿，进行正式拜访。他在公证方面驾轻就熟，工作时间长达60年。其间，他的业务从单纯的记录，逐步转向会计、律师、投资掮客以及形形色色的"中介活动"。在商业和官场两个领域中，他牵线搭桥，如鱼得水，客户包括佛罗伦萨最富有的商贾、最有影响力的家族和最著名的宗教机构。"如果命运要你去找法律方面的行家里手，"佛罗伦萨的一位诗人以赞美的口气写道，"就去见皮耶罗·达·芬奇吧！"

　　1464年，塞尔·皮耶罗的第一任妻子阿尔别拉生产时死亡。据说，她生前非常喜欢满头金发、脾气温和的列奥纳多。1473年，塞尔·皮耶罗的第二任妻子弗兰切斯卡·兰弗雷迪尼也遭遇了同样的残酷命运。根据司汤达的说法，她也将他的儿子"视如己出"，喜爱有加。

　　列奥纳多儿时生活在芬奇镇。他学习意大利语，可以背诵圣经和但丁的《神曲》中的许多章节。而且，他还研习了数学和自然科学的基本原理。但是，他从未掌握作为文艺复兴时期受过良好教育者的标志的拉丁语，也未学会使用右手写字——当时的导师如遇左撇子学生，一般都会提出那样的要求。

从孩提时代开始，大自然就是列奥纳多的最好课堂。在我的心目中，他童年时衣服口袋里塞满石头、树叶和羽毛，独自游荡，但是从未觉得孤独。"当你独自一人时，你拥有完整的自我。"他在笔记本中写道，"哪怕只有一个人与你同行，你也仅有一半自我。"

那个少年充满好奇心，在树林和田野里游荡，常常提出各种各样的问题，有的涉及动物，有的涉及小溪，让仅仅比他年长 16 岁的叔叔难以招架：鸟儿怎么飞翔？为什么溪水从岩石上落下时会形成漩涡？为什么马儿——他一生中最喜欢的动物之一——飞奔时，蹄子好像没有着地？他毕生都在寻找答案，将自己看到的、引起遐想的东西画下来。

列奥纳多的叔叔弗朗切斯科可能将那个孩子的画作交给他父亲欣赏。在 15 世纪 60 年代的某一天，塞尔·皮耶罗带着儿子画的速写画，到了佛罗伦萨，让生意最好的艺术作坊老板鉴定。作坊的师傅安德烈亚·德尔·韦罗基奥立刻发现，列奥纳多拥有令人感到震惊的潜质。他随即要求塞尔·皮耶罗，尽快将孩子带来接受培训。

转瞬之间，列奥纳多的人生首次出现了重大转机。那个少年将要离开芬奇镇，前往意大利的商业之都和文化枢纽，开拓自己的未来。他再也不会返回那个小镇了。

当时的佛罗伦萨，毛纺织业欣欣向荣。在许多从事那个行当的家族中，德尔·焦孔多家的四兄弟最为著名：他们是安东尼奥、巴尔托洛梅奥、阿马迪奥、焦万瓜尔贝托。他们的纺织生意兴隆。在最繁华的伯圣玛丽亚大街上，他们拥有两家商铺，外加其他几处商业地产。他们财富总值为 5000 弗罗林，包括手中的现金和大量的上等面料。在很多年时间里，四兄弟和各自的妻子领着大约二十个孩子，住在位于德尔阿莫街的一座宽敞豪宅之中。那里本来有两栋独立的房子，他们从著名的人文主义者、建筑师莱昂·巴蒂斯塔·阿尔贝蒂手中购得，后来加以改建，合为一处。

如果追溯家史，德尔·焦孔多家族与佛罗伦萨的许多新贵一样，几代之前也出身卑微。四兄弟的祖父身强力壮，非常勤劳，以制作木酒桶为生。那个小镇人口不多，但是每天却要喝掉 7 万夸脱葡萄酒。雅各布·迪·巴尔托洛梅奥（约 1357 年出生）制作佛罗伦萨人的日用品酒桶，积累了一小笔钱财。雅各布年轻时制作酒桶所用的木板和铁环，整天调侃不断，笑容满面。他的店铺在韦基耶蒂街上，从来都不清静。顾客们称那个愉快的店主为"焦孔多"（快乐的人）。那个绰号后来变为家族姓氏，代代相传，历久弥新。

精明的酒桶工匠雅各布有理由微笑。首先，他投资房地产，在自己居住的那个以劳动者为主的地段购买了第二幢房屋。接着，他把它租给一名织布工匠，利用所得租金，在附近的托斯卡纳乡村购买了几处农庄——其中一处包括一座漂亮的别墅，是他从一家急需现金的贵族手里收购的。后来，他利用赚取的财富，出资购买入门证。那是一种类似执照的东西，让两个儿子——扎诺比和保罗——摇身一变，加入著名的丝绸行会，跻身欣欣向荣的商人阶层。

1463 年，巴尔托洛梅奥·德尔·焦孔多——雅各布的雄心勃勃的孙子之一——迁出了在德尔阿莫街上的祖屋。他购买了三幢中世纪风格的小屋，地点就在美第奇宫附近的圣洛伦佐广场旁。接着，他加以改造，打造了一座符合成功商人地位的新居。那条街道名叫德拉斯杜法，当年有一家吵闹的妓院，卖笑者在那里厚颜无耻地揽客。那时，它与佛罗伦萨的许多地段一样，豪宅、农舍式房屋、修道院、织布厂、药店、小教堂、商店和酒馆混在一起，缺乏优雅氛围。

如今，德拉斯杜法街虽然有所改观，依然称不上什么高尚去处。

我第一次到圣洛伦佐广场时，映入眼帘的是美第奇教区教堂对面拥挤不堪的街市。小商贩比比皆是，我很难找到那条小巷的入口。各式货摊临街摊开，堆放着皮革制品，钱包、腰带、鞋子、箱子，应有尽有。我绕过装着手袋的纸盒，路过一排排挂着皮上装的架子，刺鼻的皮革气味扑面而来。这里依然是佛罗伦萨的繁忙市场，讨价还价的声音此起彼伏，买卖活动持久不断。我意识到，巴尔托洛梅奥·德尔·焦孔多当年置身其中，肯定有怡然自得之感。

1465 年 3 月 19 日，那位商人的第三个儿子出生，取名为弗朗切斯科·迪·巴尔托洛梅奥·迪·扎诺比·德尔·焦孔多。他家迁到德拉斯杜法街之后，这是出生的第一个孩子。弗朗切斯科看来继承了曾祖父雅各布的抱负和头脑，但是却没有祖父那种友善的性格。他雄心勃勃，不仅增加了德尔·焦孔多家族的利润和政治声誉，而且通过与古老的盖拉尔迪尼家族的一个女儿通婚，让自己的家族沾上些许贵族气味（按照佛罗伦萨人当时的一致看法，如果没有贵族风范，人们无论贫富，统统被划为"普通"公民），社会地位也随之提升。

有一次，我和一位朋友小聚。我一边品尝葡萄酒，一边向他讲述那位性格快乐的酒桶工匠和他的子孙的故事。他微微一笑，告诉我一则托斯卡纳格言：一桶葡萄酒创造的奇迹远远超过整个教堂的圣人。德尔·焦孔多家族的那个天性快活的先祖雅各布如果在天有灵，听到后肯定会开怀大笑，觉得他自己的经历证明，这一格言千真万确。

第三章

『寻求快乐者……』

在佛罗伦萨逗留期间，我在伦加诺·德拉·泽卡·韦基亚（老造币厂附近的一条滨河街道）上租了一套公寓。一个星期天的早上，外面锣鼓喧天，小号齐鸣。我从睡梦中醒来，从一个窗户冲向另外一个窗户，希望弄清那欢快的声音从何而来。看来，游行队伍正在离开阿尔诺河，走向圣十字教堂。我飞快披上衣裳，脚踏拖鞋，加入兴致勃勃的人群，穿过附近的地段。

一个旁观者告诉我，乐手们来自托斯卡纳的各个地方，前往圣十字广场，参加一场地区性竞赛，希望赢得奖金。我到了圣方济各大教堂，顺着前面的台阶拾级而上，希望找到一个较好的观看位置。这时，一支支乐队高举代表各自城镇的旗帜，高视阔步，开始列队表演。我的眼前彩旗飘扬，此起彼伏。想象力带着我的思绪穿越时空，重返佛罗伦萨人在这个广场举行的另外一场激动人心的表演现场。

1468 年 2 月 7 日，洛伦佐·德·美第奇主持了一场带有仪式性质的马上长枪比武，一是庆祝刚刚取得的一场胜仗，二是庆祝他与一位罗马公主订婚（她没有出现在莅临观看的贵宾中）。他是科西莫·德·美第奇的孙子，当时年仅 19 岁，虽然没有封号，其实已具王子风范。

他的父亲名叫皮耶罗·德·美第奇，人称"痛风"——实际上，该病不久就让他一命呜呼。这一天，皮耶罗携带妻子一起，来到尚未完工的圣十字教堂门前，坐在贵宾席上。卢克雷齐娅·多纳蒂——坊间传言说，那位已婚美女是他们的儿子的情人——的座位可能离我所在的位置不远。根据法兰西的骑士传统，洛伦佐接过她的头巾，系在自己的长矛上。

在很久之前的那个上午，人群蜂拥而至，坐在广场四周的板凳上。在广场附近的房屋里，人们伸长脖子，翘首观望。长方形广场上铺着一层厚厚的白沙，用栏杆分隔成赛道。这样，参赛者就可以骑马迎面飞驰，举起长矛，刺向对手。来自城里知名家族的年轻男子们纷至沓来，骑马慢跑进入广场，其中不乏帕齐、皮蒂、韦斯普奇、托尔纳博尼等望族的后裔。他们一个个精心打扮，身上装饰的昂贵宝石、丝绸、天鹅绒和白鼬皮交相辉映，闪闪发亮。根据一位观察者的夸张说法，那个场面非常漂亮，光芒万丈，"足以盖过太阳"。

时辰一到，鼓号齐鸣，一匹白色战马冲进场内。人们一眼看出，上面坐着的正是洛伦佐·德·美第奇。他虽然天生容貌丑陋，但是却气势不凡，身穿一件镶嵌猩红花边的白色丝绸披风，头戴一顶装饰着红宝石、钻石和珍珠的天鹅绒帽子。在盾牌中心，人称"书本"的著名美第奇钻石闪闪发光——据说，它的价值相当于现在的 100 万美元。

他的头顶上，一面漂亮的白色塔夫绸军旗猎猎作响。旗帜上的图案是一棵月桂树（月桂树的意大利语词汇是 lauro，与洛伦佐一词谐音），配有金线绣成的维吉尔的诗句："天空太阳高挂，地上彩虹飞架。天地之间的草地上，一位女士亭亭玉立，身穿……绣着金花和银花的长袍。"那面旗帜出自安德烈亚·德尔·韦罗基奥的艺术作坊。那些艺术家和工匠之中不乏奇才，深受美第奇家族的青睐。

我们几乎可以肯定的是，该作坊的掌门人最具天赋的徒弟，那个名叫列奥纳多的清瘦少年，当时就站在欢呼雀跃的观众之中。

对那个年轻人来说，他在芬奇小镇度过的乡村生活一定显得非常遥远，已经依稀难辨。黎明的佛罗伦萨，随着一阵咯吱咯吱的响声，装饰着铁钉的巨大城门慢慢打开，列奥纳多便被卷入熙熙攘攘的街市生活之中。传令者骑在马背上，吹起洪亮的小号，然后高声宣布流放令、罚款令和官方的其他政令。吟游诗人婉转吟唱。工头们招募奶妈和临时工。使者骑马飞奔，递送一包包紧急文书。神父、主教、僧侣和修士们三三两两，从教堂里出来，走向修道院。农民们拉着小车，有的装着刚刚收获的圆白菜，有的装着嗷嗷叫唤的肥猪。

商人们运来来自各地的货物：科尔多瓦的皮革、西班牙的铠甲和钢刀、东方的香料、马略卡岛的藏红花、撒丁岛和西西里岛的小麦、伊维萨岛的食盐、加泰罗尼亚的柑橘和椰枣。商品琳琅满目，种类应有尽有。它们不但可以填饱那座城市 5 万居民的肚子，而且可以满足他们对物质的欲望。狗、羊、猪、鹅满街乱窜，偶尔还有不听使唤的倔驴。

洛伦佐·德·美第奇多才多能，不仅是政治家、学者、运动员，而且精通剑术，擅长写作，精通乐理，吟唱诗歌，收集古董。1469年，他继承父业，开始管理那座城市。他治下的黄金时期，佛罗伦萨交上了前所未有的好运，取得令人瞩目的辉煌成就。佛罗伦萨人钟情于美，可以将所有的东西都变为艺术作品，其中包括露在鞋子外面的一个脚趾，衣袖上镶嵌珠宝的滚边，手工雕刻的短剑护套。

那时，人们的平均寿命很短，只有 35 岁至 40 岁，但是在生活中得到了充分享受。那个时代崇尚及时行乐，洛伦佐几乎将寻欢作乐之举提升到艺术高度：有时候，他组织大规模的火把游行和节日庆典；有时候，他在市政广场上举办"猎狮"活动，安排骑手策马奔驰，从一个城门冲出，奔向另外一个城门。

"寻求快乐者，让他如愿以偿。"洛伦佐在他最著名的颂歌中写道。

列奥纳多·达·芬奇年轻、帅气、天赋非凡，有充分理由符合这一点。

甚至在佛罗伦萨人发现他的巨大天赋之前，列奥纳多就以自己非常出众的相貌，给每个见过他的人留下深刻印象。年轻的列奥纳多身材高挑，金发飘飘，眼睛碧蓝，皮肤白皙。16 世纪的艺术史家乔治·瓦萨里写道，列奥纳多"展现了非凡的身体之美，无论怎样赞扬也不会过分"。而且，他待人友善，人格魅力超过外在美貌。他可以一边熟练地演奏七弦竖琴，一边以"出类拔萃的和谐"声音吟唱，让朋友们听得如痴如醉。

列奥纳多还加入了文艺复兴说唱乐艺术家——人称"急口诗人"——组成的一个非正式团体，以猥亵的讽刺风格即兴赋诗。他将笑话记在笔记本上，撰写富于幽默的文章，其中一篇题为《为什么狗狗喜欢互闻屁股？》（其原因是：气味让它们知道，对方是否是有权有势的富人用肉喂养的）。

列奥纳多一直以"塞尔·皮耶罗"称呼他的严厉父亲，父子关系看来既不轻松，也不愉快。塞尔·皮耶罗本来可以履行法律程序，改变列奥纳多的私生子地位，但是他从来没有采取那样的行动。在瓦萨里的《艺苑名人传》中，一则轶事以有效的方式提示，在达·芬奇与父亲之间，存在某种紧张状态。

有一次，芬奇镇的一个农夫请塞尔·皮耶罗安排，在他制作的一面圆形盾牌上绘画。那位公证人将绘画任务交给自己的儿子。列奥纳多决定，在上面构思一个别出心裁的图案，让见到盾牌者胆战心惊的图像。首先，他悉心探究了一堆死去的爬虫、蜥蜴、毒蛇、蝙蝠以及——一个刻意恶搞的少年可以想到的——其他动物。然后，他将它们的肢体残片组合起来，创作出一种光怪陆离、丑陋不堪的混合体。"从黑暗的岩石裂缝中，一个非常可怕的怪物钻了出来……它张开血盆大口，两眼凶光毕露，鼻孔直冒毒雾。嘴里喷吐的毒气将空气点燃，让人不寒而栗。"

列奥纳多把盾牌摆放在画架上，然后将窗户关起来，让一抹光亮射入，直接照在那个令人厌恶的图像上。然后，他叫塞尔·皮耶罗走进房间。父亲一眼看到图像，以为自己遇到了活生生的怪兽，吓得往后一跳。

"这件作品起到了预期的作用。"列奥纳多说，脸上或许闪过一丝满意的微笑。

塞尔·皮耶罗拿走了盾牌，丝毫没有将它交给农夫的想法，后来用一幅廉价的画作交差，敷衍过去了事。塞尔·皮耶罗作为父亲虽然不算称职，但是颇有生意头脑。他以 100 金达克特的价格，将列奥纳多的那件作品卖给了佛罗伦萨的几个商人。那几个商人更加精明，转手作价 300 金达克特，将画作卖给了米兰公爵。

那时，乔托、布鲁内莱斯基、多那太罗、马萨乔和其他许多大师的作品价格飞涨。他们的伟大创意和宏大理想不胫而走，四处流传，就像脑血氧一样，让年轻的列奥纳多受到熏陶。在韦罗基奥的艺术作坊里，列奥纳多发现，那些创意和理想以看得见、摸得着的形式，一一浮现出来。

那个作坊规模不大，但是创作了许多艺术作品，包括绘画、雕像、镀金篮子、木箱、盾形纹章、铠甲、枝状大烛台、铜钟、床头板。此外，还有客户定制的其他东西。有一次，他们铸造了一台重达2吨的铜质地球仪。伴随着嘹亮的小号和歌队的吟唱，它被安放在大教堂的圆顶上面。我曾经到过圣安布罗焦教堂附近，参观了附近工匠聚居区中幸存下来的建筑。它们现在大多数被自助洗衣店和停车场占据。我查看过那些建筑，大致了解了艺术作坊当初的模样。

一个铺面临街，里面就像洞穴，噪音震天，灰尘弥漫，散发着油漆气味。学徒们有的围着画架，有的坐在板凳上，有的守着制作陶器的转盘，有的站立在磨刀石和干燥炉前。架子上摆放着各种各样的东西，有草图和计划，也有正在制作的作品模型。母鸡在脚下走来走去——它们生下的蛋与颜料混合，调配成绘制壁画的材料。

在这里，在长着薄嘴、利眼的师傅的注视下，列奥纳多学习到艺术家需要的种种技能：用鹅毛制笔、雕刻木头、绘制人像、掌握透视和比例、锻打金属、打磨石头、灰泥铸模、雕刻大理石、黏土雕塑、选择颜料。在这里，他还要精心制作绘画用的木版基底，学习化学、冶金和工程的基本原理。在这里，他也吸收了那一代人的创新精神——他们最早从我们现在所称的科学视角理解艺术。在这里，他养成习惯，总是随身携带记录本。它比扑克牌稍大一些，他可以将自己观察和接触的东西，随时以草图形式记录下来。

按照韦罗基奥的要求，列奥纳多需要首先用带有金属笔尖的铁笔练习多年，然后才能使用画笔。他奉命照办，在使用铁笔过程中表现出非凡才华，让他的老师感到震惊。根据瓦萨里在书中的记载，在韦罗基奥所画的《基督受洗》（现藏于佛罗伦萨的乌菲兹美术馆）中，列奥纳多添上的天使两眼炯炯有神，绘画技法精湛，超过了韦罗基奥本人。韦罗基奥"从此再也没有接触颜料。他心中愤愤不平：一个年轻小伙子对色彩有如此独到的理解，竟然超过了他自己"！

列奥纳多意识到，这就是事物的自然规律。"小徒如果不能超过师傅，"他写道，"他就不是好学徒。"

1472年，列奥纳多与桑德罗·波提切利和佩鲁吉诺一起，加入了艺术家行会。该行会名叫圣路加协会——据说，那位使徒绘制了圣母玛丽亚的肖像。不久之后，20岁的列奥纳多在一幅阿尔诺河谷的素描背面，写下一行歪歪扭扭的文字，以罕见的方式表达了他的情感："Sono contento"（我快乐）。

根据一份官方文件的记载，1472年，安东马里亚·迪·诺尔多·盖拉尔迪尼满28岁，是一名贵族。由此推断，他学习了拉丁文，并且在诉讼活动中偶尔充当仲裁者时使用。而且，他还至少学习了一些数学知识，足以让他应对自己的资产交易。

按照当时的"绅士惯例"，他没有从事其他职业。与大约三分之二的佛罗伦萨精英家庭的成员类似，安东马里亚的主要收入也是来自地租。他的房地产包括一处乡村别墅（碉楼）。它位于波焦的一座名叫圣多纳托的小村庄，在佛罗伦萨以南大约20英里。

我没有找到安东马里亚本人的肖像。不过，威尼斯艺术家丁托列托 1568 年为弗朗切斯科·盖拉尔迪尼绘制了肖像。安东马里亚如果与他相像，无疑是活脱脱的贵族形象：长着高颧骨，尖鼻子，傲慢的嘴巴，蓄着精心修饰的山羊胡须，身材魁梧，腰板笔直。作为一位具有很高文化修养的绅士，安东马里亚应该像人文主义者莱昂·巴蒂斯塔·阿尔贝蒂所说的那样，在至关重要的三个方面展示出伟大才华："漫步城市，骑马，演讲。"

以上技巧可能发挥作用，让安东马里亚实现家族的夙愿，获得经济方面的保障——一桩有利的婚姻。在豪强遭人痛恨的时代，古老的盖拉尔迪尼家族受到鄙视。然而幸运的是，安东马里亚遇到一个良机：一个中产阶级人士急于给自己的平民族谱镀金，希望借此改变身份，这使安东马里亚成为非常合格的追求者。当时，商人和银行家认为，自己就是佛罗伦萨的新贵。但是，贵族血统是无法用金钱买到的东西，他们一个个对它垂涎三尺。

1465 年，21 岁的安东马里亚结婚，新娘名叫丽莎·迪·乔瓦尼·菲利波·德·卡尔杜奇，来自佛罗伦萨一个十分富裕的家庭。她在生产时去世。那时，那样的悲剧非常普遍。在托斯卡纳的女人中，四分之一遭遇那种悲惨的命运，其中包括富人、穷人、有权有势者、虔诚信教者的女儿和妻子。有的父母失去出生以后自己便精心看护的孩子，有的丈夫失去曾经希望组成家庭并且创造未来的伴侣。当然，年轻的鳏夫们应该——并且实际上接受规劝——再次结婚，在人生道路上继续前行。

1473 年，安东马里亚看上了佛罗伦萨"最美丽的花朵"之一——卡泰丽娜·鲁切拉伊。几百年以前，盖拉尔迪尼家族骄傲自大的豪强们曾经嘲笑她的祖先，将他们称为暴发户，觉得他们摆弄花哨之物，建造豪华居所，以便炫耀刚刚获得的财富。但是，到了安东马里亚这一代，就财富或豪宅而言，能够与鲁切拉伊家族相比的人寥寥无几。

一天，我首次前往新维尼亚路上雄伟的鲁切拉伊宫，出席一个图书报告会。当时，我想到了安东马里亚。其原因不仅在于，我发现在街道对面，有一家时髦的盖拉尔迪尼商店（它与丽莎的后代没有任何关系），出售该品牌的高端手袋。鲁切拉伊宫的楼梯十分气派，悬挂着巨大的盾形纹章。我走上二楼，心里感到疑惑，安东马里亚当年是否和我一样，也感到十分震撼呢？

我徜徉在雕梁画栋的宽敞大厅里，与另外一个客人聊天。她用意大利语问，我是否发现，那幢建筑的首位建筑师正是著名的人文主义者莱昂·巴蒂斯塔·阿尔贝蒂？

"没有。"我回答说。

她告诉我，阿尔贝蒂不仅设计了整座建筑，而且还接受了鲁切拉伊家族的聘请，为该家族的新圣母玛利亚教堂创作了颇具几何立体感的正立面。他们还一再要求，在彩色的大理石正面墙壁上，使用高达3英尺的字母，雕刻鲁切拉伊的名字。从她讲话的口气判断，她显然认为，那是凡夫俗子的愚蠢之举。

"你知道他们家怎样发财的？"她问道。

我再次摇头。她粲然一笑，露出调皮的神情，热情地讲述了一个佛罗伦萨商人的故事。他名叫阿拉曼诺，13世纪初叶从中东返回故乡。她说，有一天，阿拉曼诺正在撒尿，突然发现尿液溅到之处，青苔改变了颜色。那种青苔叫莜栗瑟拉，原产于加那利群岛，变色之后的颜色比鲜红深一些，比紫色更丰富，比玫瑰更亮丽。

阿拉曼诺将那种植物带回佛罗伦萨。他的聪明的亲属们找到了一种方法，使用尿液中的化学物质，制造一种名叫"奥瑞彻"的颜料，给织物上色。那种深红成为最独特、最昂贵的色调，受到红衣主教、国王甚至还有教皇本人的青睐。阿拉曼诺的亲属们小心翼翼地保守那个秘籍，创建了一个非常赚钱的垄断企业。那个家族人称"奥瑞彻"，其姓氏后来经过演变，最后成为鲁切拉伊。

———

到了 15 世纪，在佛罗伦萨的富豪中，家族掌门人乔瓦尼·迪·保罗·鲁切拉伊（1403—1481 年）排名第三。他也是该市最大方的慈善家之一。大把花钱与大把赚钱一样，也让他感到自豪。

"在这个世界上，男人干的事情主要有两件。"他曾经宣称，"一是生儿育女，二是修建房屋。"鲁切拉伊家族人丁兴旺，共有 26 个小家，在两个方面都非常成功。乔瓦尼还深谙联姻之道，灵巧地牵线搭桥，其本事与托斯卡纳人照料果园和葡萄园的功夫不相上下。1466 年，他让自己的一个儿子顺利打入美第奇家族的婚姻网络，从而与佛罗伦萨最排外的家族拉上关系，弥合了两个家族之间的裂痕。

1466 年，乔瓦尼·鲁切拉伊修建了一座大房子（现在是新维尼亚路上一家时尚商铺），精心装饰，以供他儿子贝尔纳多与洛伦佐·德·美第奇的妹妹南尼纳婚礼使用。在房子的漂亮凉廊下，举办了"最豪华、最丰盛的婚宴"。500 位客人翩翩起舞，盛宴不是一场，而是两场。午宴加晚宴，一共享用 20 道菜品。婚礼竭尽奢华，是一代人见过最昂贵、最铺张的庆典之一，几乎违反了反奢侈法的所有条款。宾客人数超额，菜品数量超标。整个费用令人咋舌，高达 1185 弗罗林。后来的情况说明，他的投资得到了很好的回报。

"自从我成为皮耶罗·迪·科西莫·德·美第奇（南尼纳和洛伦佐的父亲）的亲戚之后，"乔瓦尼·鲁切拉伊写道，"我深感荣幸，受人尊敬，得到赞扬。"其实，得到好处的，并非仅他一人。

1473 年，乔瓦尼的儿子贝尔纳多·鲁切拉伊为他的一个堂弟求助，要求姻兄洛伦佐·德·美第奇出面帮忙。他的堂弟马里奥托·迪·皮耶罗·鲁切拉伊（1434—1520 年）希望，自己能在执政团中获得一个执政官职位，以便改善女儿们的婚姻前景。洛伦佐让他如愿以偿。

堂兄贝尔纳多出面求情两周之后，马里奥托便走马上任，行使为期两个月的执政官权力。同年，这位备受尊敬的公仆如愿以偿，让自己的女儿卡泰丽娜与他选中的男子安东马里亚·盖拉尔迪尼订婚。后来，他还多次得到重用，在托斯卡纳各地担任诸多政府职务。鲁切拉伊家族曾经利用一种植物大发横财，"撒尿"浇成了一个商业帝国。安东马里亚·盖拉尔迪尼追求鲁切拉伊家的千金，此举将在对方的门庭上，添上一抹贵族光彩。

当然，从那一桩婚姻中，安东马里亚也能获得许多潜在好处。进入鲁切拉伊家族之后，权力大门可能会打开，债务可能被免除，肥缺可能被指派。他的婚礼没有美第奇家的那么盛大，但是也可让那对年轻夫妇觉得非常快乐。

随着卡泰丽娜很快怀孕，未来更是一片光明。听到这个消息之后，安东马里亚和他的大家族非常开心。但是，那一阵兴奋转瞬即逝，很快变为悲伤。卡泰丽娜在分娩时去世。那个姑娘曾经每天穿着豪华时装，如今裹着朴素的白色细平布长袍，进入永恒的死亡之海。当时的法律规定，不能给死者佩戴任何饰品，既不能使用丝绸、白银，也不能使用黄金，甚至时髦的缎带也在禁止之列。

又一个年轻妻子死了，这可能让安东马里亚悲痛欲绝。他的一个同龄人遭遇了类似痛苦之后，曾经写信告诉洛伦佐·德·美第奇："我最可爱的妻子，遭遇了苦难和没有料到的命运，悲伤和痛苦让我心情沉重。我不知道自己究竟身在何处。"安东马里亚脸色阴沉，第二次穿上大披肩。那是一种丧服，下摆及地，兜帽盖住整个脑袋。

在新圣母玛利亚教堂的鲁切拉伊家族礼拜堂里，安东马里亚站在亲戚中间，也许根本不知道，未来将会出现什么不可思议的变化。在接下来20年中，鲁切拉伊家族的成员将会再次碰头，悼念马里奥托的另外一个女儿。在卡泰丽娜·鲁切拉伊·盖拉尔迪尼死去两年之后，卡米拉·鲁切拉伊出生。她与未曾谋面的姐姐一样，突然暴病而亡，扔下一个仅仅18个月大的儿子，以及悲痛欲绝的鳏夫——弗朗切斯科·德尔·焦孔多。

1473年，丽莎·盖拉尔迪尼的未来丈夫像任何8岁的佛罗伦萨男孩一样，有时候行为不端。弗朗切斯科·德尔·焦孔多和两个哥哥一起，常常在陋巷中疯跑，在阿尔诺河里游泳、捉鱼。有时候，他参加野蛮的街头游戏，和别的男孩打斗，常常弄得鼻青脸肿。按照一位编年史家的说法，他们所玩的游戏包括现代足球的一种雏形，"不过使用更多的是拳头，而不是两腿"。

冬天，每当暴风雪给城市披上银装时，弗朗切斯科和佛罗伦萨的其他男孩一样，一边欢呼，一边冲出家门、学校和作坊。他们动手堆雪狮，有的仿照狮子街的"笼里的活狮子"，有的仿照城市公社的标志马尔佐科。它是一头蹲着的尊贵雄狮，一只爪子放在一面盾牌上。打仗时，佛罗伦萨军队抬着马尔佐科的石头雕塑，并且常常强迫遭到失败的对手亲吻它的臀部。有时候，市民们给马尔佐科雕塑戴上花冠，将其作为一种象征：自由是佛罗伦萨公民接受的唯一君主。

对弗朗切斯科和他的兄弟这样的商人子弟来说，学习如何成为佛罗伦萨的良民意味着，学习如何成为遵纪守法的生意人。家庭导师很可能教德尔·焦孔多家的男孩们阅读、写作和基础算数。大约 10 岁，他们进入算术学校，学习使用算盘。那是计算器的原型，是货币兑换和其他金融交易中不可或缺的工具。德尔·焦孔多家的兄弟们常常到家族经营的商铺里去，向父亲和叔叔学习，对贸易有了更深刻的理解。在佛罗伦萨，那是常见的做法，但是令外来者深感震惊。

"最高阶层的公民管理国家。他们进入丝绸作坊，制作丝绸，让人们观赏。"来自威尼斯的访客马尔科·福斯卡里惊叹不已，"他们的孩子整天待在作坊里，身穿工作服，搬运装着丝绸的口袋和篮子。"

学徒期结束以后，列奥纳多继续和韦罗基奥一起工作。大约在 1474 年（这个时段与他职业生涯中许多日期一样，依然存在争议），那位年轻的艺术家开始独立绘制肖像，创作了第一幅艺术杰作。被画对象名叫吉内芙拉·德·本奇（约 1457—1520 年），佛罗伦萨的另外一位真实存在的女子。她比丽莎·盖拉尔迪尼年长大约 20 岁，家里非常富有，尊享特权。她的祖父在其朋友科西莫·德·美第奇拥有的银行中担任经理。她的父亲是银行家，而且还是人文主义的知识精英和艺术品资助人，拥有的财富仅次于美第奇。

在家族金碧辉煌的豪宅中，吉内芙拉·德·本奇和六个兄弟受到一流教育，内容包括文学、数学、音乐、拉丁文，也许还有希腊语。吉内芙拉 10 岁时父亲去世。她进入佛罗伦萨最好的修道院之一——穆拉特修道院——继续深造，成了一名寄宿制学校的学生。那里的修女因为两个方面的才能声名远扬，一是非常精湛的刺绣，二是天使般的歌喉。

大约 16 岁时，吉内芙拉离开那所修道院，嫁给了一名布商。年轻的人文主义者，其中包括洛伦佐·德·美第奇，曾经写诗赞颂她的美貌。她也吸引了一名狂热追求者的关注。她是否喜欢他呢？我们不得而知。他名叫贝尔纳多·本博，已婚，是威尼斯派驻佛罗伦萨的大使。在美第奇举行的一次马上长枪比武会上，他第一次邂逅那位年轻美女。

本博的妻儿住在佛罗伦萨，他在别处还有一个情人和一个孩子。但是，本博公开追求吉内芙拉。在文艺复兴时期，那是一种地地道道的柏拉图式消遣活动，在社会上并非罕见。他——而不是吉内芙拉的丈夫——可能聘请列奥纳多为她作画，以便留住她的青春魅力。（有的人认为，多年之后，丽莎·盖拉尔迪尼的一名追求者同样难以自拔，可能也要求列奥纳多为她画像，作为表达敬意之物。他不是别人，正是洛伦佐·德·美第奇的小儿子。）此外，本博还聘请美第奇文学圈子的成员，专门为吉内芙拉创作了 10 首诗歌。

与她同时代的大多数女性不同，吉内芙拉自己也创作诗歌。但是，只有一个神秘的片段幸存下来："我祈求怜悯，我是一只野虎。"列奥纳多的画作以非凡的方式，捕捉到那只雌虎的神秘特征：她完美的脑袋微微上扬，厚眼睑下长着猫一样的双眼，目光冷艳而坚毅，脸上露出沉思的神情，皮肤光滑，堪称完美。她脸色苍白，缕缕卷发——它将要成为他的画作的特殊标志——散落下来。背景是杜松。杜松的意大利语单词为 ginepro，与她的名字 Ginevra 谐音，或许暗示她的容易生气的脾气。在肖像背面，列奥纳多要了一个小花招，画了一个标志。它由月桂和棕榈组成，包围着一片杜松叶子，以诗意方式，表现了本博缠住吉内芙拉的情形。此外，肖像的背面还有题词：VIRTUTEM FORMA DECORAT（她以美饰德）。

一个是吉内芙拉·德·本奇，另一个是丽莎·盖拉尔迪尼，她们共同为列奥纳多的画作增添了光彩。当我想到她们时，首先引起我注意的是两人之间的差异。虽然她们都嫁给了事业成功的商人，但是在吉内芙拉的人生中，她的丈夫几乎不值一提。有人注意到，丽莎·盖拉尔迪尼照顾继子，自己也生了六个孩子；吉内芙拉与她不同，选择不生孩子。一位绅士曾经写了一张便条，称赞吉内芙拉的诗歌，但是指责说：她"过于傲慢……拒绝让我们这些凡夫俗子看到她的后代"。

那位美女举止清高，面色苍白，可能要么罹患慢性病，要么出现了某种崩溃状态，最后，她不得不离开佛罗伦萨。洛伦佐·德·美第奇曾经提到她的眼泪，哀叹她的"该死的疯狂状态"，并且称赞道：她逃离了那座"罪恶之火遍地燃烧的"的城市。

多年之前，在华盛顿特区的国家美术馆，我首次看到了吉内芙拉的肖像。它是美国保存的唯一一幅列奥纳多的画作。我欣赏画作的风格，不过对其主角没有兴趣。但是，随着对吉内芙拉的了解不断加深，在她的冷冰冰的面容背后，我发现了某种迹象，不屈不挠的精神依稀可见。也许，那种精神与玛格丽塔·达蒂尼的颇为相似。有些女性主义学者认为，她可能代表了一代独立思考的文艺复兴时期的新女性。

她的丈夫 1505 年去世之后，吉内芙拉据说当了"第三级教士"，或称居家修女。她大约在 1520 年去世，"获得"——或者说穿上——了传统的修女服装。那是一种殊荣，仅仅给予虔诚的非神职人员。而且，她被安葬在穆拉特女修道院里。我不禁感到疑惑，她和丽莎是否还有更多的共同之处，超过了我原来的想象？列奥纳多用画笔展现的这两位年轻的佛罗伦萨女性先后做出选择，在修道院中长眠。这是否仅仅出自偶然？

两件作品的被画对象差别很大，技法上却有明白无误的相似之处。在两件作品中，列奥纳多打破了传统肖像画的清规戒律。他摒弃了过去那种程式化作品常用的侧面姿势，以四分之三侧视的方式，展现了两位真实的女性。她们不是佯作端庄地看着地面，而是毫无掩饰地凝视观察者，似乎要看透对方的心底。这两位女性肯定拥有时髦的长袍和引人注目的珠宝，但是却穿着朴素——甚至可以说灰暗——的服装，出现在作品之中。在吉内芙拉的肖像中，列奥纳多将不同色彩混合起来。那种技法被称作 sfumato（晕涂），字面意思是"化为烟雾"，具有很强的暗示作用。在《蒙娜丽莎》中，他对它的使用达到了炉火纯青的境界。而且，他还将两位女性放在梦幻般的背景中，既暗示了物理意义上的深度，又暗示了心理层面的深度。

1475 年，列奥纳多的父亲，当了两次鳏夫的塞尔·皮耶罗·达·芬奇已经 48 岁。他娶了第三任妻子，新娘是年仅 17 岁的玛格丽塔·朱利。次年，当了 24 年独子的列奥纳多有了一个同父异母弟弟，失去了对父亲的财产的继承权。心理学家们提出，也许甚至更加令人不安的是，列奥纳多可能觉得，自己失去了在塞尔·皮耶罗的人生中的受宠地位。

几年之内，那位获得成功的公证人住进了皇帝党路上的一座豪宅，位置就在丽莎·盖拉尔迪尼的祖父家附近。豪宅中的房间很快被一一填满。列奥纳多没在父亲的家里住多少年。如果他看到婴儿一个接着一个出生，有可能沮丧地摇头。在未来的数十年内，他发现自己身陷痛苦的诉讼之中，与那些同父异母弟妹们，与其他年龄堪称孙辈的人对簿公堂。

1476 年，列奥纳多遭遇了第一场官司。佛罗伦萨的刑警队——修道院道德保护会和巡夜公署——声称，有人将一份匿名检举信投到大鼓之中，于是出面调查。设置那些大鼓的初衷，是为了约束盖拉尔迪尼家族成员那样的豪强。列奥纳多和三个年轻人（其中一个与洛伦佐·德·美第奇有关系）一起，被控与一名 17 岁学徒发生性关系。根据举报人的说法，那个名叫雅各布·萨尔塔雷利的学徒"追求许多不道德的东西，同意满足那些人的要求，做出了可耻的事情"。

在文艺复兴时期的佛罗伦萨，男性之间的性行为非常普遍——德语中的"Florenzer"（佛罗伦萨人）就是表示同性恋的俚语。在那个城市中，阳刚之气颇盛。对女性之美和男性之美，人们表示出不加掩饰的欣赏。他们既喜欢敞胸服装露出的象牙白酥胸曲线，也喜欢短裤勾勒的肌肉突出的腿部。现在的人普遍认为，那时的许多艺术家和人文主义者都是同性恋者，他们的作品有时候揭示了这一点。米开朗琪罗年轻时，创作了诱惑力十足的酒神雕像。一位佛罗伦萨人望着它，情不自禁地感叹："在雕刻过程中，手持凿子的博纳罗蒂简直罪孽深重。"

不过，城市公社设立了一个审判法庭，名叫巡夜公署。专门寻找并且起诉鸡奸者，当时欧洲其他地方也设有几个类似机构。1452—1502 年，遭到匿名举报的男性年平均数为 400 人，其中 55 至 60 人被判犯下鸡奸罪。实施的惩罚形式各样，初犯遭到罚款，屡犯者被当街鞭笞，第五次违规者会被活活烧死。

列奥纳多和他的三个朋友们可能被关了一段时间，不过唯一的相关证据是列奥纳多所画的一幅速写：上面有一个装置，可以从牢房里面打开牢门。据说，那是他"坐在臭气熏天、爬满臭虫的稻草上想象出来的东西"。两个月之后，法庭撤销了对几个年轻人的指控，理由是没有证人。也许，有人使用某种手段，控制了事情的进程，要么是觉得尴尬的塞尔·皮耶罗，要么是有权有势的美第奇家族的成员。

列奥纳多是否是同性恋呢？我们知道，他终身未婚，亦无子女。而且，他周围不缺模样英俊的年轻男子，常常得到清秀美男的厚爱。

对于其他情况，我们几乎一无所知。这位艺术家小心翼翼，将他的私生活的细节掩盖起来。许多历史学家和心理学家试图解开这个谜团，然而却无法揭下那一张难以参透的面纱。

在早期传记作者笔下，这位艺术家是无性恋者。"列奥纳多只给美女画画，但是根本不会结婚。"其中的一位写道，"除了所画的作品，他没有留下任何子女。"有的人引用列奥纳多本人的说法，将其作为他禁欲的证据。"应该严格区分交媾行为与实现该行为的器官。"列奥纳多曾经写道，"假如脸蛋不迷人，装饰不美丽，欲望不强烈，人类将会断子绝孙。"

也许，问题不在于列奥纳多的性取向，而是在于，他的性取向是否影响了他的艺术创作？我曾经带着这个问题，征求住在旧金山湾的一位同性恋艺术家的看法。他停顿片刻之后回答说：

"对于《蒙娜丽莎》这样的作品，可能会有影响。"他不紧不慢地说，"在列奥纳多的眼里，她并不是发泄性欲的对象。他与其他男人不同，从另外角度观察她。他可以审视丽莎·盖拉尔迪尼，画她的肖像，不是将她作为客体或者理想，而是一个完全真实的人。也许，这就是其中的一个原因。"《蒙娜丽莎》反映了他对一个真实存在的女人的看法？我之前从未想到这一点。

在他的一生中，两个因素已经让列奥纳多备受耻辱：一是私生子的污名，二是缺乏古典教育。面对鸡奸指控，他可能深受伤害。无论出于个人选择，还是环境所迫，他看来变得越来越孤僻。在那时留下的文字中，列奥纳多曾经在心中悲叹："我活着，没有任何朋友。"

到了15世纪70年代中期，洛伦佐·德·美第奇有理由在他的一篇圣歌中，反思另外一个方面的问题："明天将会怎样？谁能知道呢？"从最乐观的情况看，未来也是难以预料的。事实已经证明，那位喜欢招摇的王公在金融方面笨拙无能，造成了灾难性结果。坏账让家族损失了数以千计的弗罗林，家族银行的几个分行都面临资本不足的问题。教皇西克斯图斯四世取消了美第奇家族在梵蒂冈的账户，切断了他的生财之道。于是，洛伦佐与他的争吵公开爆发。

1478 年，与美第奇竞争的帕齐家族带头发难。他们与一些心怀不满的佛罗伦萨人商议之后决定，应该发动政变，推翻美第奇家族。教皇西克斯图斯四世表示支持，他提出的条件是，不能让老百姓生灵涂炭。比萨的大主教弗朗切斯科·萨尔维亚蒂本来就十分鄙视美第奇家族，趁机积极谋划，制订了一项厚颜无耻的暗杀计划。

安东马里亚·盖拉尔迪尼远离佛罗伦萨的政治内斗，肯定对那样的密谋一无所知。那位鳏夫心里考虑的只有自己的家事，娶了第三任新娘。她名叫卢克雷齐娅·德尔·卡恰，21 岁，已经接近当时女子出嫁的上限。她来自基安蒂的名门望族，其领地与盖拉尔迪尼家族的接壤。安东马里亚当时 32 岁，前两段婚史都以悲剧收场。尽管如此，他可能给她提供了最佳——如果说不是最后——的结婚机会。

安东马里亚结婚之后，和新婚妻子住在臭气熏天的斯瓜扎街上的一幢租金低廉的小屋中。他根本没有想到，一场灾难正在慢慢逼近。帕齐家族策划的阴谋将会引起战争，在佛罗伦萨的历史上造成无法预测的后果，不仅给他的家庭经济带来毁灭性打击，并且殃及盖拉尔迪尼家族的未来。

1478 年 4 月 26 日早上，洛伦佐·德·美第奇走进圣母百花大教堂——佛罗伦萨的宏伟教堂——之后，在高高的星期日弥撒祭台右侧落座。他的弟弟朱利亚诺晚些到达，站在祭台后面大约二三十码的地方。朱利亚诺是精力旺盛的单身汉，头一天晚上狂欢了一夜，本来可能打算睡懒觉。但是，他的两个朋友猛敲房门，后来实际上将他从床上拉了起来，催促他穿上衣服。来者一个是人称小弗朗基的矮子银行家弗朗切斯科·德·帕齐，一个是一事无成的赌徒贝尔纳多·迪·班迪诺·巴龙切利。三人沿着街道急行，帕齐伸出一只手，挽住朱利亚诺腰部，看一看他的男式紧身上衣下是否穿了护身铠甲。他没有穿。

献祭礼拜仪式最神圣的时刻到了，手摇铃响了起来，主持人将要出现。洛伦佐和朱利亚诺听到这个信号之后，慢慢低下头。这时，四名杀手拔出了短剑。

"你这个叛徒！"贝尔纳多大叫一声，将自己手中的尖刀刺进了朱利亚诺的胸膛。矮子弗朗切斯科·德·帕齐挥舞大刀，猛砍朱利亚诺，动作十分疯狂，甚至伤了他自己的大腿。站在洛伦佐身后的两名祭师拔出短刀，冲向洛伦佐。但是，洛伦佐在运动方面训练有素，敏捷地转身躲开。尖刀擦身而过。他随即脱下披风，一只手让它旋转起来，就像形成一面保护自己的盾牌，另一只手拔出佩剑。他的朋友冲了上来，簇拥着他进入圣器收藏室，立刻封上房门。

"为了人民和自由！"帕齐大叫一声，期望没有回过神来的教友们积极响应，加入造反者的行列。但是，当洛伦佐再次露面时，在场的佛罗伦萨人高声叫喊："Palle! Palle!"[1] 弗朗切斯科·帕齐逃到叔叔的家里。疯狂的人群捉住他，顿时一阵拳打脚踢。他赤身裸体，鲜血长流，被人赶着，到了维琪奥王宫。在那里，萨尔维亚蒂大主教——他之前带领一帮雇佣兵冲进市政厅，与执政官们对垒——已被控制起来。

———

大钟敲响，恰似奶牛发出哞哞的叫声，佛罗伦萨的所有男人听到

---

[1] 红球，红球——那是美第奇家族盾形纹章上的圆球的名称。

召唤，三三两两地涌入市政广场。塞尔·皮耶罗·达·芬奇冲出家门，从皇帝党路出发，一口气跑了几个街区。列奥纳多可能和其他几位艺术家一起，也来到现场。安东马里亚·盖拉尔迪尼花了更长的时间，从阿尔诺河对岸赶来。广场上人山人海。一个刽子手抓起绞索的一头，套在弗朗斯西科·德·帕齐的脖子上，然后举起另一头，绑在维琪奥王宫窗户的结实的金属横梁上。转眼之间，那个矮个子银行家的身体开始在半空中悬荡。

萨尔维亚蒂大主教很快加入了他的行列，身上依然穿着紫色圣袍。目击者报告说，那个高级教士靠近帕齐时，猛地张开嘴巴，咬住了对方的赤裸身体。那个举动要么是为了发泄愤怒，要么是企图挽救自己的愚蠢之举。绞绳慢慢收紧，他一直没有松口。他一命呜呼，断气时嘴里衔着帕齐身上的一大块肉。当时，艺术家米开朗琪罗·博纳罗蒂年仅 3 岁。他后来回忆说，父亲让他坐在肩膀上，以便让他清楚地看到两具悬荡在空中的尸体。

一帮乌合之众怒气冲天，拖着其他密谋者游街示众，切开他们的鼻子，砍下他们的双手，割掉他们的阳具。有一次，维琪奥王宫的窗户上悬挂着 16 具尸体。另外一次，在王宫门外的广场上，68 具遭人肢解的尸体慢慢发胀，腐烂。一共有 270 名佛罗伦萨人命丧黄泉。帕齐家族的族长被处决，被扔进了一个大洞。后来，他的尸体被人挖掘出来，抛入阿尔诺河。洛伦佐没收了帕齐家族的财产，取消了那个姓氏，甚至禁止任何人提及它。

列奥纳多可能希望，他可以在巴杰罗宫的墙上，画出巨幅“羞辱性模拟像”：参与帕齐密谋的八名主要成员全在上面，其中的七名脖子上套着绞索，躲过一劫的贝尔纳多被倒挂起来。结果，与其他许多高价定制一样，那个项目交给了深受美第奇青睐的桑德罗·波提切利。

教皇西克斯图斯四世看到自己的大主教遭到厄运，迅速做出了毫不留情的回应。教皇将洛伦佐称为"来自地狱的小畜生"，下令将他和所有佛罗伦萨人逐出天主教会，悉数没收美第奇家族在罗马的全部财产，其中包括该家族拥有的那家银行。根据教皇宣布的教廷官方规定，任何人在任何地方购买佛罗伦萨的布匹，都将被视为道德沦丧者，甚至接受或兑换佛罗伦萨货币的人也不能幸免。托斯卡纳的主教们公开分庭抗礼，颁布了自己的法令，将教皇逐出天主教会。

教皇西克斯图斯四世认为，应该采取一次性了结的果断措施，推翻不可一世的美第奇政权。鉴于梵蒂冈的军队势单力薄，他决定与那不勒斯国王斐迪南一世联手。斐迪南的儿子阿方索指挥由教皇部队和那不勒斯部队组成的联军，开进佛罗伦萨以南的基安蒂。入侵者烧毁地里的庄稼，抢掠百姓财物，屠杀大小牲口。他们开进盖拉尔迪尼家族的领地，洗劫磨坊，偷走粮食。

"由于战争的缘故，"安东马里亚·盖拉尔迪尼怒气冲冲，曾经在税务报表上写道，"我没有收入。我家的房屋被焚，财产被毁，帮工走了，牲畜跑了。"

那年晚些时候，安东马里亚的妻子怀孕，让他担心的问题又添一个。如果孩子存活并且是个姑娘，他将面对令人难堪的局面：在她出生时，他没有足够的钱财为她留出一份嫁妆。

最初，我无法理解那种情形带来的问题。我当时觉得，即便女孩无法出嫁，"老姑娘"肯定可以一直待在家里。"那可不行。"来自佛罗伦萨的一个古老家族的朋友解释说：在文艺复兴时期，老处女是没有任何社会地位的。

如果当父亲的无法提供嫁妆，无法"给予女儿面子"，无法履行神圣不容置疑的责任，那么，女儿就会失去现有的社会地位，陷入地狱的边缘。没有哪个新郎会娶她，没有哪个家族会欢迎她。她自己的家庭也不能供养她。如果家里有嫁不出去的女儿，那将有损于亲戚的颜面和地位，即便她躲到父亲住宅的顶楼上也无济于事。一位历史学家率直地指出，在"体面人"的圈子中，家庭成员并不包括没有出嫁的20岁以上的女性。

"如不结婚，就当修女！"托斯卡纳人这样劝导自己的女儿。在一段时间中，修道院是为最不受人待见的姑娘们保留的去处。她们有的长相丑陋，有的孱弱多病，有的畸形残废，有的失去生活能力。用一位教士的话来说，她们是"社会渣滓和呕吐之物"。但是，到了15世纪末，修道院变为垃圾场，供体面人家抛弃没有嫁妆的老处女。精英家庭宁可将自家的女儿关进修道院的高墙之内，也不愿意让她们屈尊下嫁。根据有些统计数字，在上层人家的女孩中，多达一半的人最后进入50余家修道院。它们的名声参差不齐，有的注重精神修养，有的环境淫秽不堪。

尽管他的女儿脸蛋迷人，身材苗条，安东马里亚·盖拉尔迪尼可能担心：如果没有嫁妆，她不得不步他妹妹的后尘，在修道院的高墙后面，默默无闻地度过余生。就丽莎将要遇到的命运，他的想法简直大错特错。

第二编　佛罗伦萨

（1479—1499 年）

第四章

文艺复兴的女儿

　　1479 年 6 月中旬的一天，一位接生婆[1] 使用加过温的白葡萄酒，轻轻地清洗安东马里亚和卢克雷齐娅·盖拉尔迪尼夫妇的新生女婴，然后用一块白色亚麻布襁褓，将她紧紧地包裹起来。婴儿的父亲伸出双手，接过那个珍贵小包，映入眼帘的只有她那玫瑰花蕾般的粉红色小脸。与佛罗伦萨所有笃信天主教的父亲一样，35 岁的安东马里亚将要履行一项神圣职责：立刻将他的新生儿送到圣乔瓦尼洗礼堂（圣约翰洗礼堂），以免她遭到危险或被魔鬼攫去永恒的灵魂。

　　从阴湿的斯瓜扎街出发，步行到佛罗伦萨的精神中心，通常需要20 至 30 分钟。这一点我知道。我在不同季节和不同时段走过那条路。

---

[1] 在意大利语中，接生婆被称为 levatrice，本义为"举起者"，因为她"举起婴儿，助其见到亮光"。——译注

但是，在那个最令人自豪的日子，安东马里亚脚下的并不是寻常的散步道路。在那个年代，分娩常常给母亲和婴儿带来致命危险，迫使他们在死亡的边缘上徘徊。所以，佛罗伦萨人怀着非常喜悦的心情，迎接每个生命的诞生。

新生儿的家庭成员与亲戚、朋友和邻居一起，身着色彩绚丽的锦缎长袍和披风，高举猎猎作响的旗帜，兴高采烈地陪伴最年轻的公民，踏上崭新人生的第一段旅程。精疲力竭的产妇留在家里，受到月嫂[1]的悉心照顾。

首先，安东马里亚将引领喜气洋洋的队伍，路过马焦街上宽敞的毛线作坊，在织布机的轰鸣中，走向肮脏的圣雅各布镇——那里被称为卑鄙之地。然后，队伍将会走上旧桥，穿过熙熙攘攘的市场和商铺。在那里，几位家庭主妇正在采购动物内脏。她们一边吵吵嚷嚷地讨价还价，一边回过头来，冲着游行队伍微笑。肉店老板手举着锋利的大刀，大声表示祝贺。有些祝福者即兴加入欢庆的人群。

他们一行过了阿尔诺河之后，出现在安东马里亚眼前的，是盖拉尔迪尼家族的那座中世纪碉堡。当时的伯圣玛丽亚和现在一样，也是主要的商业街。他路过德尔·焦孔多兄弟的布店。在那里，14 岁的弗朗切斯科正在学习经商的基本知识，以便打理家族的丝绸生意。那个少年后来将要成为他的女婿。

～

前方，圆顶的圣母百花大教堂隐隐出现。那座宏伟建筑用砖砌成，辅以白色的支撑拱架，就像一座隆起的圆丘，俯瞰城市街道构成的网结。当时，它的正面装饰尚未完工。在它对面，矗立着圣约翰洗

---

[1] 在意大利语中，guardadonna 一词的字面意思是"夫人看护者"。——译注

礼堂——佛罗伦萨最古老、最神圣的纪念碑。安东马里亚·盖拉尔迪尼和其他佛罗伦萨人都知道，圣约翰洗礼堂本来是一座神庙，供奉着战神玛尔斯，后来经过改造，成为天主教堂。我从当地的一些历史学家那里了解到，虽然古罗马人可能在附近安葬死者，那地方其实别有用途。

住在佛罗伦萨的天主教徒将新生婴儿悉数送到那里，以便接受洗礼，那个做法一直延续到 20 世纪。对他们来说，那是一个赞美生命的神圣场所。那幢建筑在 12 世纪至 13 世纪间落成，其八角形状代表 8 天：在头 6 天里，上帝创造了天地和所有居住其中的生灵；第 7 天，上帝休息；第 8 天是未来的永恒之日。

随着佛罗伦萨的兴盛，古老的洗礼仪式逐步演变，给人提供另外一种超出正常界限的炫示机会。有的公民渴望得到更好的社会地位，或购买大量蜡烛，或聘请若干教父和教母，或赠送许多奢侈的礼物。在那种情况下，城市的元老们对种种奢靡做法进行限制，其中包括在洗礼宴会提供的菜肴数量。有的佛罗伦萨人愤慨不已，驳斥那些法规，认为它们侵犯了自己强调家族荣誉的权利，通常对相关限制持视而不见的态度。

安东马里亚·盖拉尔迪尼的新生女儿躺在一位教母的怀里。根据教会的建议，她很可能有两位教母，一位教父。女婴的灵魂尚未接受洗礼，所以她不能进入圣约翰洗礼堂的神圣殿堂。在洗礼堂大门的台阶上，一位神父口中念念有词，要求不净的灵魂及时逃避，以便给圣灵腾出位置。女婴的教父和教母与她的家人一样，属于婴儿的至亲，高声说出了婴儿的第二名字或称中间名字——卡米拉。

盖拉尔迪尼家族的人神情庄重，鱼贯进入宽敞的大厅。与许多人家相比，他们那一行人还算数量适度。大厅是一个令人敬畏的场所，既彰显了上帝的恩典，又展示了佛罗伦萨的财富。天花板在头顶上闪闪发光，图案用金粉绘制，然后贴了玻璃马赛克。那是一幅巨大的意大利-拜占庭风格的艺术品，中央是作为天国之王和最后审判者耶稣的形象。在他的左侧，一个恶魔面目狰狞，头上长角，耳朵里钻出毒蛇，正在吞噬罪人。在他的右侧，虔诚的灵魂翩翩翱翔，纷纷升向天国。

那里还展示了一件遗物——耶稣的十字架。据说，它是查理曼大帝赠送的礼物。在银光闪闪的祭台顶端，银质枝状大烛台亮光闪烁。那里保存着佛罗伦萨最大的军事宝物，其中包括伴随军队的战车，以及从敌人手中缴获的战旗。那座教堂还有市政功能，佛罗伦萨人在那里给诗人加冕，给地方法官授权，为奔赴战场的将士祝福，向载誉而归的军人表示敬意。

在八角形的大理石圣水盆前，盖拉尔迪尼家族的最小成员的教父和教母以婴儿的名义，抛弃魔鬼撒旦，宣誓笃信上帝。在那座森严的大厅里，神父将圣水洒向婴儿。她的灵魂带着这份祝福，摆脱但丁所说的"没有受到折磨的黑暗"，摆脱弥漫着无尽叹息的地狱边缘，进入上帝的天国。也许，在当时的佛罗伦萨居民眼里，天国是唯一胜过自己城市的地方。

神父问，这个孩子叫什么名字？教父和教母念出她的名字"丽莎"。安东马里亚的母亲几年之前去世，这个名字表达了对她的敬意。

相关史料详细记录了丽莎接受洗礼的情况。不过，我心里依然有一种强烈的冲动，希望亲眼看到具体的文献。

"不必浪费时间去翻阅佛罗伦萨的洗礼登记簿。"一位档案保管人员建议说，"您回国之后，可以上网查询。"

我返回加利福尼亚之后，带着些许惶恐和忧虑，开始了那项挑战——我在意大利使用数字档案的经历仍旧令人生畏。我坐在自己的电脑前，忧虑感越发加剧。我手指颤抖，搜寻"Opera di Santa Maria del Fiore di Firenze"（佛罗伦萨圣母百花大教堂）。我几次点击鼠标，看到了大教堂的"数字资源"以及"洗礼登记"。我屏住呼吸，将光标移至 1497 年 6 月的登记簿，点击左键，希望看到那个月接受洗礼的人员名单。

我仿佛念了一遍咒语，屏幕上很快出现了一页名字。字迹很小，用花体字写成——当初在佛罗伦萨国家档案馆，我曾经见过那样的字体。在大写的"1479 年 6 月 15 号星期二"那一项的第 6 行，我看到了这些字样：圣潘克拉齐奥的安东马里亚·盖拉尔迪尼家的丽莎·卡米拉。圣潘克拉奇奥在佛罗伦萨，是盖拉尔迪尼家当时居住的地段。

我从椅子上一下跳起来，激动得手舞足蹈。530 余年之后，在距离佛罗伦萨 6100 英里之外的地方，在一个她出生时尚未发现的国度里，我找到了丽莎·盖拉尔迪尼来到这个世界的原始记录！

那个真实的女人栩栩如生，仿佛就在我的眼前。

❧

丽莎的名字进入了佛罗伦萨的公民档案，不过其途径可能不太正式。与数百年前许多初为父亲的人的做法一样，安东马里亚·盖拉尔迪尼可能会选择一颗代表女孩的白色豆子，而不是代表男孩的黑色豆子，扔进一个指定的容器中。地点可能要么在洗礼堂内，要么在它的附近。有时候，婴儿的父亲可能不愿公开宣布，自己家里添了一个女儿。在那个父权社会中，如果生了儿子，家里人更开心一些。儿子长大成人之后可以传宗接代，继承家族的生意或者接手家族的农庄。而且，儿子还可以娶一个嫁妆丰厚的大家闺秀为妻，一来光宗耀祖，二来增添财富。

然而，在佛罗伦萨，许多父亲留下的信件和回忆录显示，他们十分喜欢小女孩。安东马里亚曾经失去了两个妻子和婴儿，有过伤心欲绝的经历。他俯身看到这个刚刚接受了洗礼的女儿时，心里肯定有前所未有的感觉。至少在那一刻，宽慰和喜悦占据上风，冲淡了他对自己的经济状况和她的前途的焦虑。也许，这位新爸爸甚至无法找到适当的词语，表达自己的内心感受。

"如果没有亲身感受，谁能体会到父亲对孩子的爱有多么巨大，多么强烈？"在他的经典著作《论家庭》中，人文主义者莱昂·巴蒂斯塔·阿尔贝蒂写道，"父亲对子女的爱时时刻刻，不可动摇，广博深厚，非其他情感可以匹敌。"

安东马里亚一家人每天庆祝，可能持续了数周时间。在卧室里，新生婴儿的母亲卢克雷齐娅接受亲朋好友的祝福。来访者有的将硬币塞进婴儿丽莎的襁褓中，希望给她带来财富。有的带来一块珊瑚或者一颗狗牙。那两样东西可以避邪，她把它串在她佩戴的金项链上。妇女们聚在一起闲聊，不吝其辞地称赞母亲和婴儿。男人们——他们大都穿着做工考究、款式简单的老式贵族长袍——聊一些严肃话题。

那一年的情况非常糟糕。洛伦佐·德·美第奇领军征战，与教皇西克斯图斯四世和那不勒斯军队对垒。佛罗伦萨的商业遭到重创，国库几乎枯竭。在整个欧洲，佛罗伦萨各大家族开设的银行纷纷歇业。在佛罗伦萨城里，纺织行业也关闭工场和库房，物资供应短缺。

甚至富人也难逃受苦的厄运。1473年，富翁乔瓦尼·鲁切拉伊曾经宣称，自己拥有6万弗罗林的应税财产；仅仅过了6年，他便濒临破产。从乡下传来的消息甚至更糟。教皇的军队占领了基安蒂。他们就像饥饿的蝗虫一样，将附近的庄园洗劫一空。安东马里亚·盖拉尔迪尼的麦田无人耕种，牲畜无人照管，葡萄无人采摘。

～

　　我阅读了一位名叫卢卡·兰杜奇（1436—1516 年）的人撰写的日记，从他的翔实记载中，了解到当时的日常情况。在一个名叫坎托德托尔纳昆奇的地方，他开了一家药店，门面就在鲁切拉伊的宅第附近（他为它支付了多年租金）。他待在店里，以旁观者的敏锐目光，审视来来往往的公民。而且，他还使用精辟的语言，记录了他们的言论和日常活动。我觉得，在文艺复兴时期，那种做法相当于现在的社交媒体推特。

　　"基安蒂遭到掠夺。"兰杜奇在 1479 年的一则记录中写道。入侵军队围城 17 个月，随后征服了盖拉尔迪尼庄园附近的埃尔萨谷口村。这样一来，附近的更多田地被迫荒废。但是，后来出现转机，让人产生一线希望。洛伦佐·德·美第奇采取大胆行动，亲自前往那不勒斯，与斐迪南一世——他的儿子阿方索率领军队入侵了托斯卡纳——举行面对面谈判。

　　几周之后，"一名信使手持橄榄枝，来到佛罗伦萨"。那一举动显示，和平谈判已经开始。当洛伦佐携带停战协议返回佛罗伦萨时，全城万人空巷，迎接凯旋的英雄。

　　"人们燃起篝火，敲响大钟，热烈庆祝。"兰杜奇写道。过去，佛罗伦萨的大多数精英人士将洛伦佐·德·美第奇称为"豪华者"；这时，他成为独一无二的豪华君主。

～

　　对洛伦佐来说，复仇带来更大的满足感，超过了他取得的外交胜利。借助美第奇家族企业的巨大影响，他展开追捕行动，决心将帕齐密谋的参与者之一贝尔纳多·迪·班迪诺·巴龙切利提拿归案。在

1478 年 4 月的那个致命的上午，那名杀手刺杀朱利亚诺·德·美第奇之后，转身冲向洛伦佐。但是，美第奇银行佛罗伦萨分行行长弗朗切斯科·诺里挺身而出，阻挡杀手，结果腹部受伤。

在随后出现的混乱和大屠杀中，贝尔纳多跳上自己的快马，飞驰而去，尽可能逃到远离佛罗伦萨的地方。最后，他到了君士坦丁堡。洛伦佐的盟友奥斯曼帝国的苏丹下达命令，将他抓捕，押回佛罗伦萨。1479 年 12 月 28 日，刽子手用绞索套住他的脖子，将他悬挂在维琪奥王宫的一扇窗户上。

在列奥纳多的笔记中，我们发现了一幅画着那具尸体的速写，旁边还有这几行字：

> 一顶棕黄色小帽。
> 一件黑色哔叽面料的紧身衣。
> 一件黑色裹边无袖短上衣。
> 一件蓝色外衣，狐狸胸皮镶边，无袖短上衣的领子装饰着黑红相间的彩点天鹅绒。
> 贝尔纳多·迪·班迪诺·巴龙切利。
> 黑色男士紧身裤。

此时，年轻的艺术家已经长大，从美少年变为成熟男人。他时年 27 岁，模样俊秀，常常身穿他最喜欢的粉红、玫瑰红和紫色长衣。他的两腿仿佛挣脱了衣服的束缚，肌肉隆起，轮廓分明，哪怕按照后来的时尚标准，依然显得修长。在早期的一位传记作者的笔下，列奥纳多"身材匀称，举止优雅，五官端正，十分抢眼"，"一头秀发精心梳理，恰如金丝卷卷，散落胸前"。

　　列奥纳多的父亲塞尔·皮耶罗再次丧偶，这时抚养着四个儿子和一个女儿。他可能特地安排，让列奥纳多接手一些有利可图的定制活计，其中包括维琪奥王宫礼拜堂的一件祭坛画。但是，列奥纳多最终没有完成。从他职业生涯之初开始，这位艺术家就名声在外：常常不能按时交出承诺完成的作品。当然，这既不是因为他缺乏能力，也不是因为他没有雄心。

　　在他的笔记中，列奥纳多抄写了但丁的这些诗句：

> ……在这个地球上，耗尽生命而没有成名者
> 没有留下任何个人痕迹
> 仿佛散在空气之中的烟雾
> 或者漂浮水面之上的泡沫。

　　列奥纳多下定决心，不能让他的人生仅仅成为烟雾或者泡沫。"我希望创造奇迹。"他曾经写道。但是，他的创造性设计不乏奇思妙想，往往异常复杂，在技术层面上要求很高，他根本无法完成。艺术史家瓦萨里解释说："他想象丰富，策划的东西常常难度很大，十分微妙，是人的手无法完全实现的。"

　　列奥纳多可能依然觉得，他自己颇像一个生在小镇的男童，虽然经过精心打扮，穿上了大城市的雅致服装，但是从未赢得佛罗伦萨傲慢的人文主义精英们的认可。他们觉得，他可能不乏天赋，然而没有受过多少教育，常常显得无知，甚至无法使用拉丁语交谈。那时，列奥纳多可能觉得自己备受冷落，心中不禁深感厌烦。

　　后来，教皇西克斯图斯四世与洛伦佐·德·美第奇达成和解。教皇要求获得佛罗伦萨最佳艺术家的名单，希望他们参与梵蒂冈礼拜堂的装饰工程。后来根据他的指令，那座教堂被命名为"西斯廷"。根据

豪华者的推荐，波提切利、佩鲁吉诺和一帮不太出名的画家打点行装，启程前往罗马，完成有利可图的艺术定制。引人注目的是，有一个人留了下来。他就是列奥纳多·达·芬奇。

豪华者对这位艺术家另有任用，将他派往米兰。在维斯孔蒂公爵治下，米兰在数百年中是一个危险的敌对国度。1450 年，一个军阀夺取了那个城邦国家的控制权。他名叫弗朗切斯科·斯福尔扎。斯福尔扎这个姓氏源于 sforzare 一词，意思是力量。当时，科西莫·德·美第奇是佛罗伦萨的领袖，精心培育一种双方都有利可图的友好关系。

到了 1481 年，出现了一场权力之争。弗朗切斯科·斯福尔扎的私生子卢多维科（1452—1508 年）苦战之后取得胜利，成为米兰的代理摄政王。洛伦佐·德·美第奇聘请列奥纳多担纲，创作一件特殊礼物，赠送给那位城邦国家的统治者。它是一台银质七弦竖琴，马头造型，也许表示敬意，也许作为两国之间友谊的象征。根据瓦萨里的记载，列奥纳多弹奏一曲，"露出神圣之情"，然后亲自护送到米兰。

斯福尔扎身材魁梧，下巴宽大，绰号摩尔人，见到礼品之后十分着迷。但是，更着迷者是列奥纳多：米兰是一座繁华的大城市，居民超过 8 万，活力四射，充满生机勃勃的思想创新精神。在卢多维科的庇护之下，那个公国吸引了各种各样的人才，学者、科学家、建筑师、诗人、艺术家和音乐家济济一堂。他们对列奥纳多深表佩服，公认他在诸多领域中的非凡天赋，绘画仅仅是其中之一。

列奥纳多觐见公爵，当面请求，希望得到重用。他给公爵留下的印象是，自己并非仅仅是技艺寻常的画师。他高调宣称，自己是一位军事工程师，掌握独门绝技，可以在地下开凿隧道，而且"噪声很小，可以形成弯曲的路径"。此外，他还掌握制造大规模杀伤武器的独门秘籍。那样的装置可以"使用炮火，攻击敌人的纵深防线，摧毁最强大的对手"。

接着，列奥纳多谈到，在和平时期，他也可在诸多方面发挥能力。给人的感觉是，这些几乎是他后来想到的东西："我可以使用大理石、青铜和黏土制作雕塑，可以创作任何种类的绘画作品。"他建议，为那位公爵的父亲制作一座巨大的青铜塑像，树立一个令人震撼的纪念碑。"它将成为不朽的光辉和永恒的荣誉，成为对令尊大人的神圣回忆，对辉煌的斯福尔扎家族的神圣回忆。"

列奥纳多虽然没有立刻赢得斯福尔扎的青睐，在那里谋得一官半职，但是内心确信一点：他的命运存在于米兰。后来，大约在1482年，他决定离开佛罗伦萨。洛伦佐·德·美第奇并未出面挽留。

1482年，丽莎·盖拉尔迪尼3岁。她与其他出身上层家庭的小姑娘一样，在可以数数之前，首先学习了如何行屈膝礼。经过无数指责和提醒之后，她还掌握了优雅用餐的技巧：一是用右手的三根指头捏住刀叉；二是拿起餐桌台布的边沿，轻轻擦拭嘴唇。

丽莎使用玫瑰花沐浴，浑身涂抹精油，闻起来就像花朵，看上去就像小大人。除了内衣之外，她穿着她母亲的服装的缩小版，它们的名称清一色带着"小"字：小居家服、小宽袖工作服、小夹层背心、小腰带、小兜帽、小斗篷。她也可能像我的女儿一样，喜欢不停地转圈，让裙子飘荡起来。

上了袜底的长袜保护她的两腿，各种各样的帽子保护她的头部。有时候，她穿着布拖鞋或者皮拖鞋，她的鞋子可能不带高跟。在那个年代，小女孩穿高跟鞋被视为不雅。有时候，她换上木底的凉鞋或者短靴。秋冬两季上街时，她穿上木屐，以免泥水弄脏衣裳。

小丽莎常常抱着一个婴儿耶稣的塑像。它用赤陶土制作，身穿天鹅绒和锦缎衣服。按照神父们的说法，那是"表示虔诚的玩具"，小女孩们十分珍爱。她们长大结婚时，往往将那样的偶像藏进陪奁箱，搬到丈夫的家里。

丽莎和其他孩子一样，常常使用的玩具包括小球、木马、小钹、小鸟玩偶、镀金小鼓，五花八门，应有尽有。在那时的佛罗伦萨，小孩被称为 putti。这个词语的本意是爱神，表示绘画或雕塑中的可爱婴儿。一位神父曾经警告父母们，不要让孩子接触筹码，以免他们形成贪婪或投机取巧的心态，染上赌博恶习。丽莎的母亲遵从神职人员的建议，常常带着女儿去教堂。在那里，孩子学习如何"以体面和庄重的姿势站立"，如何背诵《圣母颂》。

1483 年，丽莎年满 4 岁，弟弟焦万瓜尔贝托出生。接着，弗朗切斯科、吉内芙拉、诺尔多、卡米拉和亚历山德拉也相继出生。于是，她成了家里的大姐姐。每添一个孩子，安东马里亚·盖拉尔迪尼身上的压力增加一份。他不得不想方设法增加收入。家庭的经济来源一是他管理的位于基安蒂的六处田地，二是他和别人合租的新圣母玛利亚教堂医院的田地。他的主要收入来自小麦、葡萄、橄榄以及牲畜。根据经济学家朱塞佩·帕兰蒂的说法，那些进项"入不敷出，难以让他过上体面生活"，难以达到一般地主的水平。

～

家里的孩子越来越多，经济压力越来越大。尽管如此，与佛罗伦萨的其他有孩子的家庭相比，盖拉尔迪尼家的生活状态可能差别不大，甚至与最富裕的人家也差不了多少。例如，1479 年，洛伦佐·德·美第奇的长子、7 岁大的皮耶罗给父亲写了一封信，提及洛伦佐的六个孩子的情况。我们从中可以一瞥洛伦佐的家庭生活：

"我的父亲殿下，"他在开头时写道，"我们全都平安，努力学习。乔瓦尼开始学习拼写。看到这封信件，您可以判断我学习写作的情况……朱利亚诺［婴儿］整天笑呵呵的，没有其他想法。卢克雷齐娅缝补、唱歌、阅读。马达莱娜脑袋撞了墙壁，但是没有受伤。路易莎开始学习说话。孔泰西纳整天吵吵嚷嚷……家里一切都好。我们十分想您。"

在美第奇那样的富裕家庭中，家庭教师给子女们讲授语法、数学、逻辑学、文学和拉丁文。人文主义者认为，那些知识是"女孩魅力的点睛之笔"。丽莎所受的教育可能比较有限：阅读（主要是圣咏集和具有启迪意义的书籍，例如《圣母口袋书》）、写作、简单算数、诗歌（需要背诵）、歌唱。另外，她还需掌握一样乐器，例如七弦竖琴。与各个阶层的女孩一样，她每天要花几个小时学习缝纫和刺绣。在那时，人们认为女红一来可以展示技能和文雅，二来是一种健康的替代品，以免魔鬼在人闲暇时伺机捣乱。

在那时的佛罗伦萨，丽莎那样的孩子还要学习某些不证自明的真理。这样的东西被人广泛接受，没有任何怀疑或讨论的余地：太阳围绕地球旋转。他们居住的星球是圆形的，与但丁在《神曲》中描述的一模一样。男人天性强悍，热烈；女人天生懦弱，冷淡。而且，在身体、精神和道德三个方面，姑娘和妇女在本质上肯定低人一等，因此一辈子都需要男性的引导。

如果说佛罗伦萨人将自己的儿子们训练成凶猛无畏的斗士，就像他们的吉祥物狮子一样，那么，他们的女儿们被培养为举止优雅的淑女，宛如他们的国花百合。他们认为，百合花雅致、纯洁、美丽，集中体现了那个城市最看重的女性特征。

丽莎常常听到告诫，不能急速奔跑，应该缓步行走，挺胸、抬头，目光向下。在成长的过程中，女孩子应该学会如何举手投足，让每个举动都不乏女性的甜美。例如，尽可能以最迷人的方式轻轻撩起长袍前襟，以便展示优雅的双腿，而且还要不时敞开披风，"恰如孔雀开屏"。此外，她还要学习跳舞，有时是严肃而庄重的孔雀舞，有时是生气勃勃、伴随跳跃动作的捷格舞。在 5 月佳节，丽莎穿上漂亮的春季礼服，头戴花冠，和城里许多姑娘一起，手持郁郁葱葱的树枝，在天主圣三广场上翩翩起舞。

丽莎的母亲担任她的启蒙老师，教授家庭生活的方方面面，包括如何烹饪、清扫、记账，如何与商贩讨价还价，如何管理仆人。她在家里身为大姐姐，其他妹妹几乎帮不上忙，肯定承担了绝大部分家务，例如除尘、打蜡、扫地、帮厨。

丽莎承担的责任越来越多，享有的自由可能也越来越大，超过佛罗伦萨其他精英家庭的女儿。她们中的一些人常常处于密切监视之下，除了参加宗教活动之外，很少有机会走出家门。只有夏天到来时，姑娘们才能到家族拥有的庄园去。有时候，她们听着知了的刺耳鸣叫，在种着向日葵的田野里嬉戏喧闹；有时候，她们围着篝火欢快地歌唱，看着萤火虫在附近忽闪忽亮。8 月 10 日，她们参加圣洛伦佐节，对着坠落的星星许下心愿。

我徜徉在佛罗伦萨具有历史意义的中心地段，脑海中浮现出这样的情景：小丽莎被关在土墙和豪宅的大门里面。那些门洞非常宽大，足以让马车通过。她和佛罗伦萨的其他人一样，学会了根据教堂钟声来确定时间。大钟定时敲响，非常洪亮，全城的人都根据它来制定精确的作息时间表。她冒险走进熙熙攘攘的人群，城市的气味扑面而来。

马粪气味、干草气味、很少洗浴的身体散发的体臭、肉铺飘出的淤血的腥味混在一起，她不禁皱了皱鼻子。

她的母亲可能警告过丽莎：有人从楼上的窗口放下晃晃荡荡的尿罐，然后摆在街道上，一定要注意观察。（市民被弄脏衣服之后，常常提出索赔要求。）无论她走到何处，耳边都传来吵吵嚷嚷的佛罗伦萨人的声音：有的讨价还价；有的传播流言；有的赌咒发誓（实际上，那堪称当地的一种艺术形式）；有的交换俏皮话；有的抱怨说，维琪奥王宫前面常常有人"发表高谈阔论的长篇演说"。

丽莎走过给人不幸预感的巴杰罗宫，转道前往祖父母居住的皇帝党路。她看到了这样的场景：一个重罪犯头戴接受惩罚的纸帽，骑在毛驴上，身体正面向后，被人押往露天市场，在那里遭到嘲笑和鞭笞。她偶尔也看到，男修士们头上套着黑色兜帽，神情严肃，嘴里念念有词，领着一个被判死刑的囚犯，沿着马尔孔腾蒂大街（人称可怜人大街），走向绞刑架。在圣十字教堂前，她看见饥肠辘辘的穷人穿着肮脏的紧身短上衣，排起长队，眼巴巴地等待一碗热汤和几片面包。

佛罗伦萨人寻欢作乐，几乎从不停下。聚会、节日、话剧演出、比赛、仪式和游行轮番上演，让年轻的居民们眼花缭乱，应接不暇。有人表演吞剑，有人表演杂技，有人训棕熊，有人讲故事。巡回演出的艺人敲击铁罐，表示演出即将开始。丽莎看到那样的场景，露出惊叹不已的神情。在宗教节日期间，常常上演圣迹剧，让她看得目瞪口呆：有时候，一位天使身穿雪白长袍，从教堂天花板上滑下来，给人来自天堂之感；有时候，一名殉教者的双手被人砍下，然后神奇地重新接上。

1488 年，丽莎 9 岁那年，中东的一位苏丹送给洛伦佐·德·美第奇一件非凡礼物，全城的人竞相观看。那是一头长颈鹿，"体型高大，非常漂亮，十分讨人喜欢"。卢卡·兰杜奇如是报告。不幸的是，那头身体瘦长的动物竟然一头撞上了圈舍的大梁，弄断脖子，一命呜呼。1489 年，人们开始挖掘斯特罗齐宫的地基，修建佛罗伦萨的最大宫殿。时年 10 岁的丽莎领着弟弟妹妹，像其他许多小朋友一样，将勋章、鲜花和硬币扔进基坑。他们见证了那幢纪念碑式建筑动工的历史。兰杜奇曾经预测，斯特罗齐宫将"举世无双，永世长存"。

就在丽莎·盖拉尔迪尼玩小孩游戏时，弗朗切斯科·德尔·焦孔多先后奔赴罗马和里昂。他的家族在那里开设了银行，他到那里去，学习国际贸易令人听而生畏的复杂操作方式。佛罗伦萨拥有全球最精明的商业巨子，可以——而且确实理所当然地——宣称，只有接受了最佳训练的人才能正确地判定、监督、跟踪和调整价格、关税、汇率、存货和商路。同理，只有练就最坚定的精神的人才能克服不断出现的危险、战胜海盗，保护马帮，逃过瘟疫，击退劫匪，躲避政治动乱，避免银行倒闭，从海难中死里逃生，面对其他形形色色的天灾人祸。

格雷戈里奥·达蒂[1] 曾经提到其他佛罗伦萨商人，并且深有感触地写道："如果一个人没有经商，没有在世界上投资，没有看过异国他乡，没有带着赚得的财产回国，他将被视为一无所成。"

弗朗切斯科和他的亲戚们肯定跻身成功人士之列。在德尔·焦孔多家族中，接近 80 人曾在佛罗伦萨最高权力机关中任职——在佛罗伦萨的整个人口中，能够拥有那种特权的大约为 5%。弗朗切斯科像其他 10 位亲属一样，戴着执政官的闪闪发光的金项链，身披量身定制的深红豪华丝绸长袍，走进维琪奥王宫，开始为期两个月的执政团任期。

---

[1] 格雷戈里奥·达蒂（1362—1435 年），佛罗伦萨商人兼日记作者，最著名的作品是《格雷戈里奥·达蒂日记》。——译注

他登上权力之巅的经历不是一次，而是两次。

在当年的佛罗伦萨，人们像瘾君子一般追逐利润和美丽。弗朗切斯科取得那样的成就，其间肯定绞尽脑汁。

~

我曾经问自己的一位佛罗伦萨朋友：欧洲有那么多城市，为什么她的家乡有幸成为文艺复兴的摇篮？她一言不发，从披在肩上的围巾里抽出一根，放在我的眼前。

"毛线。"她回答说。

毛线是让佛罗伦萨人获得财富的第一种纤维，数百年中一直在市场中占据主导地位。后来，那座城市的人迷上了丝绸。早在摩西诞生前一千多年，丝绸就受到中国皇帝青睐。它轻柔如微风，光滑如花瓣，灿烂如阳光，动起来光泽飘逸。可能在 12 世纪，天主教传教士将家蚕藏在空心手杖中，首次偷运到意大利。还有一个说法是，一位中国新娘将家蚕藏在裤子里，带到了意大利。佛罗伦萨的一流纺织工——他们之中的许多人来自卢卡，曾在各种政治动乱中遭到驱逐出境的厄运——使用无数超细纤维，织成图案精美的塔夫绸、花缎、锦缎和天鹅绒，让生丝变为具有质感的纺织品。

佛罗伦萨丝绸象征着那座城市本身具有的雅致和精美，成为文艺复兴时期最受追捧的奢侈品，价格昂贵，甚至超过宝石。无论欧洲的宫廷和教会，还是中东的苏丹，一个个竞相购买那些纺织品。佛罗伦萨的丝绸产业迅速发展，市值高达 40 万弗罗林（6000 万美元）。

我十分好奇，很想看一看德尔·焦孔多的丝绸铺是什么样子。于是，我访问了佛罗伦萨古丝绸厂。它坐落在阿尔诺河南岸古老的织布地段，四周花园环绕，展厅和工厂融为一体。我走进房门，浓烈的生丝气味扑面而来，充斥我的鼻孔。四周全是丝绸成品，从地面一直顶着天花板。一片红色、紫色和靛蓝，让人眼花缭乱。它们的名称稀奇古怪，我不禁念了出来：粉色蓝宝石、阿波罗之发、鸽子之喉、粉红桃花。

即便使用现代技术，也无法完全复制这些色彩斑斓的手工织物。工厂厂长萨比内·普雷奇说罢，随手抓起一块丝绸。它上面有两种不同色调的丝线。随着她的手臂前后晃动，面料改变颜色，仿佛被施加了光影魔法。我不得不控制突然出现的冲动。否则，我会伸出手去，与它来一次亲密接触。

普雷奇说，德尔·焦孔多丝绸店的客户喜欢丝穗面料和加厚天鹅绒。前者是一种加厚塔夫绸，现在多用于制作帷幔。后者使用上等金箔或银箔装饰，有的呈"镂空"状，可以透过光亮，有的结合修剪和未修剪的丝绒，在缎面上"构成图案"。

当时，那些丝绸面料尽管价格不菲，但是肯定供不应求。一方面，仆人和奴隶们衣不蔽体；另一方面，富裕的佛罗伦萨人穿着锦衣绣服。女式晚礼服折褶重叠，后摆及地，一件大约需要 35 臂长（1 臂长约 2 英尺）面料。1 臂长的豪华面料价格不少于 5 弗罗林。一件款式简单的居家服也需要 8 臂长面料。现在，那么多面料足以制作一件舞会长裙。

随着时间的推移，文艺复兴时期制作的大多数服装已经不复存在，但是在当时画家留下的作品上，我们依然可以看到佛罗伦萨丝绸的踪影。艺术家们"再现了"圣母、圣人、贵族和富裕资助人的形象。他们有的身穿豪华的绫罗绸缎，有的身穿精美的天鹅绒的服装。普雷奇解释说："面料的文物价值很高，让那些绘画作品更加珍贵。"

在附近的一家工厂里，手动织布机仍在使用，发出有节奏的心跳般的声音。她让我看了一台仍在运转的圆柱形整经机。那台设备是根据列奥纳多——在他的笔记本上，他画了各种各样的图案——所画的草图制作的。我了解到，那位多才多艺的艺术家设计了织物。我不禁猜测，在佛罗伦萨客居期间，列奥纳多可能向纺织工匠请教，也许曾向德尔·焦孔多丝绸商店的工匠请教。出现那种情形的概率不大，但是绝非完全为零。

———

1482 年，列奥纳多离开佛罗伦萨，他的行李中甚至连一本书也没有。根据他的日记，他抵达米兰——那个地方吸引了意大利南部著名大学的许多学识渊博的学者——几个月之后，他本人一共有 5 本书。后来，他拥有一间小小的书房，藏书为 200 本。那么多图书足以与大学教授的媲美，更不用说保存在一个曾经自称"目不识丁"的艺术家手中了。

列奥纳多总是非常好学，兴趣涉及许多新领域，包括解剖、建筑、天文、地理、数学、机械、自然历史、光学。20 世纪著名批评家肯尼思·克拉克爵士曾以赞赏的口吻说，他是"历史上最不可思议的人"。但是，列奥纳多很快遇到一道看来无法逾越的障碍。他缺乏正式教育，对科学和学术领域中广泛使用的语言拉丁文，几乎一窍不通。于是，他开始了被一位历史学家视为"倔强的文化解放尝试"，学习自己需要懂得的语言，以便掌握更多知识。

那位已经 30 来岁的学生不惜劳神费力，收集源于拉丁语的意大利语单词，然后一个一个地抄写在笔记本上。他曾经说，《提福兹欧手稿》——他的最早手稿——是"我的单词本"。甚至接近 40 岁时，他依然努力掌握动词的变化。例如，他像学童一样勤奋，逐字抄写"amo, amas, amat"（爱）。他学习的决心非常坚定，这让我想起另外一个人：在学习文化的过程中，玛格丽塔·达蒂尼也表现出类似的执着。

与通常的情况一样，列奥纳多当时还在完成其他任务：绘画、教学、制作地图、参加一项建筑赛事、设计舞台布景，以求获得斯福尔扎宫廷的青睐。经过一段时间之后，列奥纳多如愿以偿，一是成为宫廷画师，二是担任"公爵特聘工程师"。第二个职位需要他干许多事情，大到监控船舶航道，小到保证宫廷内居住区的热水供应。

在老法院——教堂附近的公爵宫旧址——的一个侧厅里，当时设立了专门的住房和工作间，列奥纳多和他的随员随时待命。在那里，他制作布景、浮标、旗帜和服装，进行科学实验，画出了最初的飞行器草图，设计了米兰大教堂的穹窿。后来，他开始制作弗朗切斯科·斯福尔扎的骑马泥塑像。卢多维科父亲的那座雕像巨大无朋，超过古希腊以来的所有作品。

相比之下，卢多维科·斯福尔扎最初提出的要求简单许多：为他的情人切奇利亚·加莱拉尼画一幅肖像。

列奥纳多在佛罗伦萨可能从未遇见过像切奇利亚·加莱拉尼这样的女人。

加莱拉尼的父亲曾经担任锡耶纳驻米兰大使，在她 7 岁时去世。加莱拉尼儿时天性聪颖，和她的六个兄弟一起，接受了非常良好的教育。10 岁时，她被许给了一个出身名门望族的男子。嫁妆如期支付，两人正式订婚。但是，婚礼没有举行，婚约后来解除。

切奇利亚·加莱拉尼在诗歌、音乐和歌唱三个方面颇有造诣。而且，她非常健谈，妙趣横生，并且可以用拉丁文发表演说。她引起了卢多维科·斯福尔扎的注意。他一挥御手，将那个少女安置在具有田园风光的爱巢中。没过多久，少女来到宏伟的斯福尔扎城堡，住进一套房间。到了 1489 年，那个年方 16 岁的女孩身怀六甲，一跃成为"统治米兰宫的女人"。

于是，卢多维科公爵面临一个复杂的局面：原来，他已与贝雅特丽齐·德斯特订婚，女方的父亲费拉拉公爵是他的重要盟友。他觉得，那个年轻的女人"还算讨人喜欢"。这是一种客气说法，意思是"乏善可陈"。在那种情况下，他一再推迟婚礼。宫里的贵族和夫人们认为，那是"他的心上人"一手造成的。

在那段时期，面对卢多维科公爵造成的三角恋，列奥纳多不得不依靠自己的巨大魅力和审慎，既要为切奇利亚绘制肖像，又要为几场婚礼策划豪华庆典，其中包括 1491 年举行的卢多维科公爵和贝雅特丽齐的婚庆。

列奥纳多沿用了为自称雌虎的吉内芙拉·德·本奇绘制肖像的方法。他再次采用了非传统的四分之三侧视角度，让切奇利亚的审视目光投向画框之外，仿佛看到她的情人正在步入房间。她表现了大胆的时尚感，既没有显得矜持，也没有显得单调。艺术评论家认为，黄金额前饰、没有撩开的面纱、黑色束发带、下垂的项链，这些物件暗示了一个情妇受到约束和奴役的地位。

切奇利亚与冷艳的吉内芙拉不同，内心深处燃烧着强烈的性爱欲望。她的右手抚摸着一只油光水滑的白貂，摆出了一个令人觉得不可思议的暗示姿势：白貂象征着卢多维科公爵——他有许多称号，其中包括白貂荣誉骑士团成员。此外，它还妙语双关，点了切奇利亚的名字——在希腊语里，白貂一词的发音类似 Cecilia（切奇利亚）。在切奇利亚的手中，白貂两眼透出警惕目光，具有威胁性的爪子按在她的红色袖子上。这样的处理也捕捉到与她相好的那个男人的本质：在性欲和社会这两层意义上，他都是掠食者。

在列奥纳多的笔下，这幅肖像几乎以照相的方式，捕捉到这个女人生活中一个生气勃勃的瞬间，其表现形式别具一格，与那时的画风迥然不同。米兰的宫廷诗人们对此赞美有加："列奥纳多的天才和妙手"以非常专业的方式，再现了"美丽的切奇利亚，/ 她的可爱目光 / 让阳光也黯淡下来"。

我认为，切奇利亚的故事让我们从另外一个角度审视丽莎·盖拉尔迪尼的人生。在意大利的城邦国家中，国王、公爵和亲王占据统治地位，女性（当然，那样的人非同寻常，为数不多）可以继承或获得权力和影响力。她们有的直接继承遗产，有的借助她们的父辈和配偶施以影响。但是，在男性占据主导地位的佛罗伦萨共和国，情况完全不同。一位历史学家写道：那个城市不乏艺术天才、商业巨子和才华横溢的人文主义者；然而，"对女性来说，它却是西欧最不幸的地方"。

佛罗伦萨的妇女是二等公民，既无权购置地产、参加选举、担任公职、上大学攻读医学或者法律，也无权加入行会、经营生意、独立生活。她们甚至不能跨进政府或司法机构的大门。如果妇女作为证人或被控犯罪，她们必须在法院门外呈交证据。

对丽莎·盖拉尔迪尼那样的佛罗伦萨妇女而言，她们的命运完全取决于男性，从出生一直到死亡。第一个男性是她父亲，其主要责任是找到一个可能改善家庭环境的配偶；第二个男性是她的丈夫，其主要责任是抚养家族的继承人。夏娃的女儿们被视为"会走路的子宫"，相继扮演处女、妻子和母亲以及满脸皱纹的丑老太婆等角色，根本无法摆脱那种原罪带来的阴影。

有的诗人和哲学家们欣赏女性的才华和智慧，但是即使他们也认为，妇女的地位肯定在男人之下。人文主义者马尔西利奥·菲奇诺擅长撰写言情作品，欣赏女性的魅力。不过，他也以鄙夷的口气，将女人称为"尿壶，需要时把它挪过来，用了后放到一旁"。

有的学者从现代角度回顾历史，谈到生活在意大利文艺复兴时期的女孩，勾勒出一幅凄凉的图画。与男孩子相比，女孩子遭到轻视，被当作"下等"怀孕的产物。她们被人遗弃在育婴堂的概率更高，在许多税务报表和人口普查文件中没有记载，断奶时间更早且方式更突然（其目的常常是为了省钱），灾荒年间得到的食物也更少。

贫困制约着许多女性的生命。贫穷妇女营养不良，目不识丁，衣着褴褛，有的在家里和织布机前辛苦忙碌，有的和丈夫一起，在田地里埋头耕种。许多女孩早产，许多女孩夭折。如果她们的家庭遭遇困难破产，她们可能很快沦为奴仆或娼妓。

中产阶级妇女头上的压力稍轻一些。她们被局限在家庭的小圈子之内，一辈子操持家务，相夫教子。富裕家庭的女孩实际上被关在家里。闺房房门上锁，以便保护她们的贞洁。有的女孩小小年纪便给许配别人，充当兵卒角色，以便实现父亲雄心勃勃的计划。有的女孩被送进女修道院，以免成为社会的麻烦或者经济负担。大多数出身上层阶级的女人与比自己大一倍的男人结婚。在她们中，最后成为寡妇的比例几乎达到四分之一。

在 1977 年发表的一篇著名论文中，历史学家琼·凯利－加多问道："妇女是否拥有文艺复兴呢？"没有，她得出结论说，即便有，她们也失去了权利，在法律、社会、道德、性行为和生理方面均是如此。在这篇引起争论的文章发表之后的数十年中，学者们形成了比较积极的看法。即便女性在社会上的生存状态没有什么大的改变，"她们的自我意识也发生了某些重要变化"。

丽莎的自我意识如何呢？生在男性统治并且为男性服务的社会中，作为女性的她感受如何呢？安杰拉·比安基尼是受到尊重的作家和文学批评家，是研究当代意大利文学的女性大师。根据我们两人的一个共同朋友的建议，我向她提出了这个问题。

在她位于罗马的塞满图书的公寓中，那位已过耄耋之年的老人和我一起，谈起了她的非虚构作品之一——《亚历山德拉与卢克雷齐娅：1400 年代佛罗伦萨女性的命运》。该书呈现了两位生活在文艺复兴时期的非凡女性：一位名叫亚历山德拉·马钦吉·斯特罗齐，以她写给被流放的儿子的数百封信件而著名；另一位名叫卢克雷齐娅·托尔纳博尼·德·美第奇，是洛伦佐·德·美第奇的母亲、令人仰慕的诗人和目光敏锐的政治观察家。（她的公公科西莫·德·美第奇认为，卢克雷齐娅是"家里唯一的男人"。）两人身为妻子、母亲（亚历山德拉生了八个孩子，卢克雷齐娅生了六个孩子）和寡妇，在佛罗伦萨形成了不同寻常的影响力。但是，她们均未超越性别造成的局限。

"她们不是女性主义者。"比安基尼说道，脸上露出了沉思的神色，"她们不想改变世界。"在文艺复兴时期，妇女没有那样的冲动。佛罗伦萨的男人和女人认为，在社会等级结构中，他们各自占有永恒不变的位置。对他们来说，女性主义、妇女权利以及男女平等这样的词汇毫无意义。丽莎·盖拉尔迪尼身为女孩，并不渴望变为阿尔诺河中的鱼儿；同理，她也不愿与弟弟们交换人生位置。

比安基尼承认，从女性主义的角度看，文艺复兴时期的佛罗伦萨妇女看起来类似于"奴隶或无姓无名的物品"。但是，这个观点忽视了她们的独特性和个性，忽视了她们对所在时代施加的无法言喻但非常重要的影响。比安基尼强调说，在丽莎那个时代，妇女是其生活的社会的产物。为了认识丽莎，我必须进入她们那个世界。

按照我们对"解放"这个词汇的理解，文艺复兴时期的妇女并未得到自由。但是，她们坚强有力，构成了当时最重要的社会制度的核心。妻子和母亲们不仅撑起了半边天，而且起到黏合剂的作用，将佛罗伦萨社会的各个侧面结合起来。她们给那时的男人们留下深刻印象，其影响至今依然不能磨灭。

"大多数人想到文艺复兴时，脑海里出现的是什么呢？"比安基尼问道。不是巨擘，不是政治掮客，不是早已被人遗忘的自以为是的文人雅士。在我们的集体想象中，奉为神圣的形象是女性的面孔。她们出现在佛罗伦萨艺术家的绘画作品和雕塑作品中，像丽莎·盖拉尔迪尼一样栩栩如生。

"去看看吧！"比安基尼劝导说。

我听命行事。根据比安基尼的建议，我返回新圣母玛利亚教堂，再访盖拉尔迪尼家族曾经拥有的礼拜堂。它的主礼拜堂金碧辉煌，资助者是富裕的托尔纳博尼家族。几幅壁画装饰着它的墙壁。它们出自多梅尼科·吉兰达约（1449—1494 年）之手，表现圣母玛丽亚和施洗者圣约翰的生活场景，是 15 世纪编年史中最令人震撼的视觉形象。

吉兰达约的父亲是金匠，曾为那个城市的姑娘和妇女们创作了非常美丽的花环。他的姓氏是绰号，来自意大利语 ghirlande（花环）的谐音。吉兰达约年轻时，每次看到路过父亲作坊的人，都会提笔画出速写。只需寥寥数笔，他便以灵巧的方式，捕捉到每个人的突出特征。后来，他成为多产画师，从不拒绝任何人提出的定制要求。他解释说，这是因为他不愿看到有谁带着失望之情，离开他的作坊。

吉兰达约创作了细节真实的壁画，一件件就像摄影作品，知名度因此达到顶峰。壁画表现的情节源自圣经故事。但是，他选择当时的佛罗伦萨作为背景，让它们沐浴在一片金光之中。（吉兰达约非常热爱自己的故乡，他曾经表示，只要他离开佛罗伦萨，总会"思念圣母百花大教堂"。）

在他的油画作品中，商人精心打扮，贵族珠光宝气，身穿天鹅绒披风，头戴精心制作的帽子，在佛罗伦萨昂首阔步。他们的妻子和女儿们——那些女性姓甚名谁，丽莎瞟一眼就可认出——在大厅里翻翻起舞。她们穿着图案精美的及地长裙，脑袋、肩膀、脖子和手指头上都装饰着宝石。每一根线条，每一件饰品，无不证明她们的荣誉、美德和尊严。

在比安基尼的敦促之下，我凝视那些女人的面孔：尊贵、骄傲、镇定，表现出一种她所说的神秘内在性。时至今日，那样的东西依然让人感到紧张和不安。实际上，她们根本不是任何人的牺牲品，根本不是男性注视之下的被动生灵。恰恰相反，用她的话来说，她们是"那个世纪的伟大特征"的组成部分。更确切地说，正是她们体现了那种伟大特征。

在新圣母玛利亚教堂，吉兰达约完成了光彩照人的系列壁画，随即写下以下题词："在 1490 年，这个最美丽的城市以其富足、权力和财富名扬天下，以其军事胜利、艺术成就和高贵建筑名扬天下，享有了不起的繁荣、健康和和平。"

佛罗伦萨人以自满心态，分享对自己城市的那份自豪感。当时没有谁会想到，那个泡沫即将破灭。美第奇银行业务惨淡，已经濒临倒闭。仅仅过了几年，佛罗伦萨便失去了豪华者洛伦佐，随后被一批狂热修士左右。面对外国侵略者，他们一弹未发，乖乖打开城门，拱手交出要塞。

1490 年，11 岁的丽莎活泼可爱，未来似乎一片光明。她根本没有想到，政治动乱即将出现，自己的人生将会遭受连续冲击。尽管如此，她将要结婚——根据当时严格的商业标准，她将结成良缘——并且很快成为母亲。此外，年轻的丽莎甚至梦中也无法想象，自己将以文艺复兴的女儿们创造美的独特方式之一，激发画家的灵感，帮助画家创作出不朽的艺术杰作。

第五章
金钱与美丽

9月的一个夜晚，空气中弥漫着温柔气息。我步入佛罗伦萨的斯特罗齐宫，嘴里默默念叨："此时此刻，我最接近一场文艺复兴式盛宴。"

旌旗挂在阳台上，旗面垂落下来，彩旗在头顶上高高飘扬，火炬和蜡烛亮光闪耀。葡萄酒在杯盏之间流淌。条桌用数不胜数的鲜花和水果装饰，大盘大盘的食物摆在上面，包括嘴里衔着苹果的整只烤乳猪。佛罗伦萨人三三两两聚在一起，一个个身穿镶嵌着珠子的华服，脖子上珠宝耀眼，脚下（当然）穿着漂亮的鞋子。

庆典活动标志着，一场盛大的艺术与艺术品展示即将开始，主题是推动文艺复兴的两大力量：金钱与美丽。它反映了一个常常被人忽视的事实：在佛罗伦萨，金钱所起作用更大，超过了伟大艺术品资助人的美誉。如果没有那个城市的商人和银行家们提供的资助，艺术家们创造的美根本不可能存在。

"来啦!"我旁边的男士惊叹。我们慢慢靠近展室入口的石阶梯。"佛罗伦萨人创作的最漂亮的作品!"

一枚金弗罗林出现在大家眼前。它 5 分硬币大小,用玻璃盒子装着,聚光灯端端照在上面,亮光闪烁。这枚硬币光焰照人,含 3.53 克 24 开黄金(按照今天的兑换率,价值为 135—150 美元)。但是,在数百年时间里,弗罗林支配着整个西方世界。

在它们的故乡,使用弗罗林可以购买任何东西:一头骡子 50 弗罗林,一个奴隶 60 弗罗林,一幅教堂祭坛画 90 弗罗林,一件松鼠皮镶边的男士披风 177 弗罗林,一座豪宅 3 万弗罗林。一切均可标价,甚至未来的丈夫也是如此。

"娶妻的男人想要金钱。"一个古老的托斯卡纳方言如是说。在安东马里亚·盖拉尔迪尼那个时代,女孩的父亲们心知肚明,新郎及其家人的要价越来越高。嫁妆数额飞涨,1350 年平均为 350 弗罗林,1401 年平均为 1000 弗罗林,15 世纪最后 25 年中高达 1400 弗罗林。贵族家庭的人焦虑不已,生怕自己的女儿遭遇下嫁命运,支付的嫁妆可能高达 2000 弗罗林(按照现在的兑换率,那笔费用相当于 27 万—30 万美元)。

女孩的父亲们变得绝望。"在我们的公民生活中,难度最大的事情莫过于让自己的女儿嫁一个好人家。"历史学家弗朗切斯科·圭恰迪尼抱怨说。许多家庭无力支付过高的嫁妆,就连薪资丰厚的高级公务员、律师和大学教授也有捉襟见肘之感。如果家里有一个以上的女儿待嫁,经济压力更大。

那个城市的人实际上曾经首创银行业,后来找到一个巧妙的解决方法：设立储蓄基金，人称 the Monte delle Doti（字面意思是嫁妆基金）。市民将钱款存入该基金，作为初期投资。随着时间的推移，那笔存款以连本带利的方式逐年增值。

在一次聚餐会上，我认识了一位意大利经济学家。他向我解释了那个制度的运行方式：在女儿（平均年龄）5 岁或以下——最多不超过 10 岁——时，父亲存入一笔钱。按照不同时期的物价，金额从 60 到 100 弗罗林不等。佛罗伦萨政府有时使用该基金还债，有时将其当作营运经费。后来，政府根据存款时间，支付不同的利息。以一笔数额为 100 弗罗林的存款为例。经过 15 年之后，它可变为 500 弗罗林的嫁妆；7 年半之后，本利相加的金额为 250 弗罗林。

"听起来就像老式的圣诞节俱乐部。"我说，愉快地回想起自己儿时的情景：6 月在银行存 20 美元；6 个月之后，我可以得到很大一笔钱，用于圣诞节购买礼物。

"可能吧。"那位经济学家说，脸上露出困惑不解的神情，对我所说的情况不甚了了。

佛罗伦萨人的嫁妆理财方式于 1425 年创立，其后多年经过诸多变化，以便适应不同的偶发状况。如果一个女孩夭折，嫁妆基金在一年零一天之后支付本金。如果女孩"抛弃世俗婚姻"，进了修道院，"与天国配偶结婚"，"并且发誓终身隐居"，那么，嫁妆基金将数额小许多的"修道院"嫁妆，付给她所在的修道院。

在当时佛罗伦萨的女孩家长中，将近五分之一的人投资嫁妆基金，其中三分之二来自上流社会阶层，例如，托尔纳博尼家族，斯特罗齐家族。没有记录显示，安东马里亚·盖拉尔迪尼在丽莎的名下存过钱。也许，安东马里亚相信，随着和平的到来，自己可以扭亏为盈，从乡下田产中获得现金。也许，他心里担心，佛罗伦萨一直花钱打仗，可能出现违约情况，届时无法兑现承诺（那样的情况常常发生）。

我个人觉得，那是盖拉尔迪尼家族的自豪感在作祟。那个豪强家族自以为是，抵制了种种压力，一直不与普通百姓为伍，根本不屑与平民分享钱财。对安东马里亚来说，与其他许多问题一样，拒绝投资的决定事关家族荣誉。尽管如此，随着丽莎进入青春期，他可能开始担心了。

女孩快要进入青春期时，富裕的父母便常常通过中间人——职业婚介或家族的亲戚——出面，开始向有意求婚的家族发出各种信号。丽莎满了 15 岁或 16 岁时，安东马里亚和其他许多父亲一样，希望最终确定她的未婚夫。如果姑娘 17 岁尚未结婚，她可能面临被人视为"灾难"的风险。

这个现实十分残酷，与爱情毫无关系。在佛罗伦萨，最重要的问题是金钱。如果安东马里亚囊中羞涩，丽莎可能不得不依靠自己的美貌——它比弗罗林价值更高，不过波动也更大。

丽莎·盖拉尔迪尼可能并非天生丽质。作为文艺复兴时期的女孩，她肯定要学习如何打扮，让自己貌美如花。生活在那个文化中的人认为，丑陋反映邪恶、罪孽和下等社会地位。在这种情况下，一个女孩的外貌至关重要，不能随便交给基因或运气去决定。美貌是内心善良的看得见的表现形式，必须起到诱饵作用，以便吸引男性，让对方看到隐藏在女孩内心和头脑之中的品质。

佛罗伦萨人痴迷于此，在诗歌、散文和专著中详细说明了理想美人的精确标准：前额光滑，尽显尊贵，宽度超过高度，两眼（大而有神，以黑色为佳，眼白稍稍显蓝）之间的距离比例得当；脸庞明亮，清秀，下巴呈圆形（最好带着"漂亮的酒窝"），樱桃小口，嘴唇红润。脖子细长，皮肤白皙；双手圆润，散发光泽；乳房坚挺，浑圆，乳头呈玫瑰色；身材苗条，腰肢灵活。

一部广为人知的专著罗列了 33 项"完美"女性特征，其中包括：

三长：头发、双手和两腿

三短：牙齿、耳朵和乳房

三宽：前额、胸部和臀部

三窄：腰部、两膝和"大自然表现女性最迷人之处的部位"

三大（但比例匀称）：身高、胳膊和大腿

三细：眉毛、手指和嘴唇

三圆：脖子、胳膊和……

三小：嘴巴、下巴和双足

三白：牙齿、喉咙和双手

三红：面颊、嘴唇和乳头

三黑：眉毛、眼睛和"你本人应该知道的部位"

丽莎是否符合上述要求呢？如果尚有差距，她的母亲、教父和婶婶们就会想方设法，改变可以改变的因素，其中包括谨慎使用 trucco。在意大利语中，这个词汇一语双关，表示"花招"和"化妆"两个意思。她们相信，桃仁粉、豆粉、樟脑、硼砂或白色郁金香的混合物可以起到仙丹妙药的作用，使姑娘皮肤白里透红。那种颜色象征贞操、纯洁和优雅，让女孩的脸庞娇柔，宛如月亮。另外，在女孩的脸上抹一点胭脂，也可让她面如桃花。

接着，需要对眉毛加以处理，有的部位大量拔除，有的全部拔光，有的拔除少许，让它们形成两道细细的弧形。在整个艺术史上，对于丽莎·盖拉尔迪尼的眉毛，人们可能进行了最细致的分析。瓦萨里是描绘这幅肖像的第一人。他赞扬了列奥纳多处理她的眉毛的方式。他的画中是绘有眉毛的，但是现有作品中，蒙娜丽莎并没有眉毛。（法国的一位研究者利用超分辨相机进行拍摄，发现了一根眉毛。这显示，丽莎的肖像最初是有眉毛的，不幸的是，它们可能在其后数百年的清洁过程中消失了。）她的睫毛至今依然是一个谜。文艺复兴时期的妇女认为睫毛不美，要么不加修饰，要么完全拔除。

丽莎的头发颜色比较深，并非文艺复兴标准中的理想金发。那时的人为了达到理想效果，不惜劳神费力，一是使用漂白剂，二是在露台上暴晒——当然，女孩暴晒会戴上宽边女帽，遮盖娇柔的脸蛋。但是，有的历史学家们探寻了 15 世纪最后 10 年的时尚风气，了解到这个事实：那时，佛罗伦萨的经济每况愈下，一个狂热的修道士开始大肆鼓吹，反对"虚荣之举"。于是，我们今天在丽莎肖像上看到的那种自然发色开始流行起来。

金钱能够买到可以炫示的美丽，文艺复兴时期的佛罗伦萨人很会打扮，很少有人可以企及。那时的人无论男女，全都喜欢厚重的天鹅绒，喜欢配着银质饰品的锦缎。他们披着饰有金银的围巾，披风使用昂贵的外国白貂、猞猁或黑貂毛皮裹边。在富裕家庭中，用于置办服装的费用平均占家产的四成。一些个人账簿证实，男人和女人一样，也会不惜重金，购买定制衣裳。最昂贵的服装染成深红色。佛罗伦萨人认为，那是"最高贵、最有影响的颜色"。

随着生意的发展，德尔·焦孔多家族扩大自己的丝绸作坊，增加新品种，推出各种成品，例如经过装饰的台布。而且，他们还设立更多的零售商店，将贸易扩展到罗马、欧洲其他地区和奥斯曼帝国。那里是最昂贵的手工丝制品的最佳市场。美第奇家族成为德尔·焦孔多的顾客。德尔·焦孔多家族也使用美第奇家族银行，进行金融交易。美第奇家族银行的分行多达 16 家，遍布欧洲各地，西至伦敦，东至君士坦丁堡。

随着家族生意不断扩大，年轻的弗朗切斯科·德尔·焦孔多超越哥哥，接管了整个控制权。朱塞佩·帕兰蒂用了大量时间，浏览德尔·焦孔多家族留下的收据、委托书、合同以及其他商务活动记录。他认为，弗朗切斯科是典型的佛罗伦萨商人，"头脑聪明，思维敏捷，进取心很强"。

弗朗切斯科的书法强劲有力，证明了他的个性。但是，一系列诉讼档案揭示，在他性格中，存在着比较阴暗的一面。在一场庭审中，治安官员八人委员会认为，弗朗切斯科·德尔·焦孔多"总是强词夺理"。我们几乎可以确定，那是一个带有保留性质的陈述。在帕兰蒂的笔下，弗朗切斯科·德尔·焦孔多"大胆，自信，从不循规蹈矩，对抗执法人员……具有很强的商业头脑，良心上缺乏顾忌，常常接近法律底线"。

在那个城市中，公民以修养、富裕和自由争论而自豪。弗朗切斯科的商业伦理遭人质疑，做事总是带着特定目的。不过，这并未影响他在生意方面取得的成功。同理，它们也没有损害他作为潜在丈夫的魅力。那名富裕的年轻商人出身平民家庭，但是可以向佛罗伦萨最抢手的少女求婚。

1491 年，弗朗切斯科 26 岁，与 16 岁的卡米拉·鲁切拉伊结婚。新娘家是德尔·焦孔多丝绸公司的长期客户之一。我开始时以为，他的选择没有什么特别之处。在佛罗伦萨，家族之间存在千丝万缕的联系，就像他们纺织的图案精美的产品中的根根丝线。我研究安东马里亚·盖拉尔迪尼的婚史之后了解到，鲁切拉伊家族的人生育能力很强。后来，我看到了弗朗切斯科·德尔·焦孔多的发妻的全名：卡米拉·迪·马里奥托·鲁切拉伊。

1473 年，就在近 20 年之前，不幸的卡泰丽娜·迪·马里奥托·鲁切拉伊嫁给了安东马里亚·盖拉尔迪尼。卡米拉·鲁切拉伊与卡泰丽娜·鲁切拉伊之间，是否存在关系呢？

在一本 19 世纪的家谱中，我发现了鲁切拉伊家族的族谱图。上面记录了卡泰丽娜·鲁切拉伊的出生和嫁给安东尼奥的情况，但是没有关于卡米拉的任何记载。我上网查询，再次进入佛罗伦萨圣母百花大教堂的数字档案。在那里，我找到了卡米拉·迪·马里奥托·鲁切拉伊接受洗礼的记录，时间是 1475 年 4 月 9 日，在她姐姐去世之后两年。那时，她们的父亲马里奥托 41 岁。5 年之后，马里奥托在税务报表中声称，他家里有 14 名受抚养的家属，包括卡米拉和一个比他的最小的孙子还小的新生儿子。

那个关系出人意料，将鲁切拉伊、盖拉尔迪尼和德尔·焦孔多三个家族联系起来，让我很感兴趣。在丽莎·盖拉尔迪尼的一生中，两个男人起到最重要的作用，一个是她的父亲安东马里亚·盖拉尔迪尼，另一个是她的丈夫弗朗切斯科·德尔·焦孔多。他们两人分别娶了鲁切拉伊家的两个姐妹。在文艺复兴时期的佛罗伦萨，社会圈子相互重叠，他们两人的情况可能出于偶然。但是，它厘清了我心中的一个小谜团。

在佛罗伦萨的供大于求的婚姻市场中，像丽莎那样没有嫁妆的姑娘找到丈夫的机会几乎为零。所以，我心里一直在问，面对一个基本上无法嫁出去的女儿，安东马里亚最终是如何为她找到新郎的？

这个问题的答案可能存在于将两个家庭连接起来的亲戚纽带之中。

安东马里亚·盖拉尔迪尼与弗朗切斯科·德尔·焦孔多一样，遭到妻子早逝的厄运。但是，他们两人其实进入了同一个婚姻圈子。在佛罗伦萨人的家族关系中，姻亲十分重要。

1492 年春天，就在弗朗切斯科·德尔·焦孔多和卡米拉·鲁切拉伊结婚后一年，整个佛罗伦萨笼罩在可怕的预兆之中。母狼对着月亮嗥叫。天空中奇怪亮光忽隐忽现。那座城市备受珍视的两头狮子在笼中互相撕咬，最后一命呜呼。就在那天夜里，闪电击中了大教堂拱顶上的灯笼，支撑它的一个大理石圆球坠落，砸坏了下面的人行道，碎片散落一地。

"它是朝哪个方向坠落的？"洛伦佐·德·美第奇受到痛风的折磨，已经无法动弹，甚至连笔也拿不起来。

"西北。"有人告诉他，就是他家的那个方向。

"这就是说，我要死了。"他说。

疾病已经蹂躏了洛伦佐的身体，"不仅蔓延到动脉和静脉，"他的朋友人文主义者波利齐亚诺写道，"而且损害了器官、内脏、骨头，甚至还有骨髓。"他的医生尝试了外国疗法，让他服用珍珠粉和宝石粉末调成的制剂，结果无济于事。1492 年 4 月 8 日，洛伦佐进入死亡的无尽之海。医生陷入绝望，投井自杀。

他的长子皮耶罗继承王位，权力过渡顺利。"大多数人和亲王们表示热情祝贺。"历史学家圭恰迪尼写道，"哪怕皮耶罗才华平平，欠缺深谋远虑，他也不会垮台。"

皮耶罗很快垮台了，在位时间很短，超出任何人的预期。洛伦佐·德·美第奇去世时，皮耶罗刚满 20 岁。没过多久，他便被人称为"不幸者"。如果他父亲在天有灵，听到这个绰号也不会感到惊讶。

豪华者曾以领袖的冷静方式，仔细考察了三个儿子，分别做出以下评价：将要继承他位置的皮耶罗愚蠢；将要成为教皇的乔瓦尼聪明；与丽莎·盖拉尔迪尼同年出生的小儿子朱利亚诺可爱。一位家庭教师认为，小儿子"充满活力，精神抖擞，恰如一朵玫瑰……性格善良，心若明镜……喜笑颜开，两只眼睛带着梦幻色彩"。

朱利亚诺与丽莎·盖拉尔迪尼儿时是否认识呢？在他父亲在位期间，如果那个长着梦幻眼睛的男童进入关系交错的社会圈子，偶遇丽莎·盖拉尔迪尼，她可能给他行屈膝礼，他也可能弯腰示意，从此有了一面之交。双方的家庭都与鲁切拉伊家族联姻：朱利亚诺的姊姊南尼纳嫁给了贝尔纳多·鲁切拉伊；丽莎的父亲娶了贝尔纳多的表姐卡泰丽娜。有的小说家声称，丽莎·盖拉尔迪尼与洛伦佐·德·美第奇的女儿们年龄相仿，和她们产生了友谊。小说家还说，在丽莎·盖拉尔迪尼和朱利亚诺之间，存在着少男少女的秘密恋情。当然，诸如此类的说法是他们发挥想象的产物，而不是有理有据的历史事实。

丽莎肯定见过洛伦佐的三个儿子。1492 年，乔瓦尼满 13 岁，被任命为最年轻的红衣主教。美第奇家的三兄弟——可爱的朱利亚诺、倒霉的皮耶罗和胖乎乎的乔瓦尼——常常在节日庆典上露面，参加豪华者在位最后几年的盛大游行。丽莎遵从淑女的举止规定，见到他们——或者其他任何男性——时垂下眼帘。不过，她可能暗中偷窥朱利亚诺。那个少年气宇不凡，不仅继承了父亲的巨大魅力，还继承了他的同名叔叔的英俊相貌。

朱利亚诺是否注意到丽莎呢？如果丽莎像瓦萨里描述的一样，确实美貌出众，所有小伙子都会另眼相看。在文艺复兴时期，情郎们沉浸在人文主义的浪漫氛围之中，非常乐于爱慕长得漂亮的少女，哪怕远远相望也行。无论朱利亚诺和丽莎是否在情窦初开时相遇，朱利亚诺后来既认识了丽莎的丈夫弗朗切斯科·德尔·焦孔多，又与列奥纳多·达·芬奇建立了联系。

～

1492 年，豪华者的时代结束，另外一个时代随即开始。意大利探险家克里斯托弗·哥伦布发现了他认为的印度海岸之外的海岛，从而开创了大探险时代。那时，德尔·焦孔多家族的丝绸商人们也在寻求新的地平线。

1492 年 10 月 26 日，弗朗切斯科领着哥哥和两个合伙人，建立一家新的合伙公司，"专门从事丝绸贸易，批发兼零售。他们最初在佛罗伦萨和里昂开业，后来在他们可能希望的任何地方设点"。在公司的组建文件中，他们以典型的佛罗伦萨人的目光，兼顾宗教虔诚和商业利润，祈求"全能、永生的上帝，祈求荣耀的圣母，祈求所有的圣人保佑自己，让自己开门大吉，生意兴隆，马到成功"。

几个合伙人将生意分为佛罗伦萨和里昂两地，发誓"夜以继日，实现公司目标"。弗朗切斯科信守了诺言。伴随着算盘的啪啪响声，伴随织布机的低声吟唱，那个热情的商人接待客户，监督生产，检查账目，核收付款，商谈合同，监控运货大篷车和船只的行踪。

没过多久，弗朗切斯科的个人幸福便与他的事业成就齐头并进。1493 年 2 月 24 日，他的妻子卡米拉将一个健康儿子"带到人间"。夫妻俩十分开心，给孩子取名巴尔托洛梅奥，以纪念弗朗切斯科去世不久的父亲。命名庆典结束之后，他们一家人在墙上悬挂绣帷，给道喜者分发糖果。庆祝活动持续数周。

在德拉斯杜法街上，祝贺者摩肩接踵，熙熙攘攘，人人手里端着装满礼物的盘子。遵照佛罗伦萨名门望族的传统，弗朗切斯科和卡米拉挑选一种独特的面料设计，冠以长子的名字，供他终身享用。

一年半之后，卡米拉撒手人寰：1494 年 7 月 24 日，这位年仅 19

岁的母亲去世，死因可能是流产，也可能是那时无处不在的传染病之一。事实再次证明，权力或特权都无法保护年轻的妻子。葬礼在新圣母玛利亚教堂的鲁切拉伊家族礼拜堂举行，出席人员很多，包括那个城市中最重要的家族和商业伙伴，例如，塞尔·皮耶罗·达·芬奇和安东马里亚·盖拉尔迪尼——那位贵族也娶了鲁切拉伊家的新娘，同样经历了丧妻之痛。

洛伦佐·德·美第奇的离世影响巨大，产生的震荡持续数年。出现了一件不可思议的事情：美第奇家族的银行资金短缺。洛伦佐欠缺警觉，数百万弗罗林有的花光，有的丢失，有的借给了无力或不愿偿还的君主。秘密账本显示，洛伦佐大量转移资金，其中包括国家的资金和一个家族的基金。他去世时，美第奇家族的许多账本上赤字频现。洛伦佐家族欠了德尔·焦孔多家族大约 4000 弗罗林。那笔欠款数额巨大，弗朗切斯科坚决讨还。

金钱问题也继续折磨安东马里亚·盖拉尔迪尼。他就像在玩"跳房子"游戏，租来的房屋越来越破。1494 年，他的姻亲——家境殷实的德尔·卡恰家庭——做出安排，让他们的女儿一大家人住进了一位富有鳏夫的豪宅。这位鳏夫独自住在布翁凡蒂街（现在的佩皮街），离德尔·卡恰家的宅子不远。1485 年，塞尔·皮耶罗·达·芬奇第四次结婚，住在不远的地方，抚养着数量仍在增加的子女。

15 岁的丽莎是盖拉尔迪尼家的大姐姐，千方百计管教整天吵吵嚷嚷的弟弟和妹妹。尽管如此，鳏夫房东仍然不乐意出租房屋，哪怕他收取了高昂的租金。他在税务报表里抱怨不受欢迎的房客入侵了他的空间，"造成了巨大不便"。

佛罗伦萨很快将面临规模更加巨大、情况更为严峻的入侵。欧洲

的君主们再次玩起了危险的王位游戏。1494 年，那不勒斯国王斐迪南
一世去世，其子阿方索继承王位。法兰西的新国王查理八世根据世袭
权力，决心攫取斐迪南一世的王位。西班牙的铁腕人物罗德里戈·波
吉亚已于 1492 年登上了圣彼得大教堂的宝座，阿方索国王决定向他求
助。年轻的皮耶罗·德·美第奇慢慢向他们二人靠拢。

　　在米兰的斯福尔扎城堡，卢多维科·斯福尔扎保持警觉，密切关
注那个带有潜在威胁的新联盟。

　　对于公爵的宫廷画师和工程师列奥纳多·达·芬奇来说，这是充
满奇迹的几年。没有什么看上去是不可能的。抱持着极致的自信心，
这位彻底的文艺复兴人已准备好去处理任何项目。

　　那段时期，列奥纳多忙着筹备他为公爵父亲策划的青铜骏马雕像。
他遍访米兰的大小马厩，寻找最高贵的骏马，细心描绘它们的眼睛、
蹄子和腿部。1493 年，斯福尔扎公爵的女儿与神圣罗马皇帝马克西米
利安结婚。在婚庆期间，列奥纳多展示了一座骏马泥塑模型，其高度
超过 20 英尺。公爵征用了大约 80 吨青铜，以便铸造那座史无前例的
巨大单体塑像。该工程的技术难度很大，让人望而生畏，其他艺术家
甚至不敢进行尝试。

　　列奥纳多管理着一大批艺术作坊的学徒和外聘的工匠。他欣赏身
体之美，喜欢风格独特的服饰，讲究良好的行为举止，喜爱良种骏马。
这些爱好恰与当时的宫廷风尚相合。出入宫廷，列奥纳多也颇觉闲适
顺意。瓦萨里写道："列奥纳多没有多少财富，但是他身边一直不离仆
人和马匹。他非常喜欢养马，喜欢各种动物。"列奥纳多对大小动物都
很喜爱，后来甚至成了素食主义者。在那个年代，人们喜欢吃肉，素
食主义者堪称凤毛麟角。

列奥纳多还是才华横溢的即兴演奏家，常常举办令人意想不到的音乐会。在一场演出中，艺术家们的扮相恰如旋转的行星，让整个宫廷的人兴奋异常。卢多维科的妻子贝雅特丽齐公爵夫人十分喜欢那些表演。根据她秘书的记录，那次演出延续了一个月之久。艺人们"朗诵了田园诗，表演喜剧和悲剧，而且还弄出其他别出心裁的节目"。那些节目展现了列奥纳多具有的无可比拟的天赋。

列奥纳多精力旺盛，几乎到了疯狂的程度。他孜孜不倦地继续研究，探索了光、水、空气、梦、精神失常的奥秘，甚至还讨论了灵魂的本质和定位问题。他根据古罗马建筑师维特鲁威提供的几何学知识，计算出人体的理想比例。他依然保留着当年那个芬奇镇少年的冒险精神，梦想人可以像雄鹰一样翱翔天空，于是绘制了可以挣脱地球引力的"飞行机器"的草图。他始终坚持了 saper vedere（懂得如何观察）这句口头禅，并且在他的笔记本上，留下了大量清单、图解和精辟评述。

客居米兰期间，列奥纳多写得最多的是一个年仅 10 岁的少年。他名叫吉安·贾科莫·卡普罗蒂·达·奥雷诺，大概在 1490 年来到列奥纳多家当仆人。他喜欢搞恶作剧，被列奥纳多称为萨莱或萨莱诺。在托斯卡纳方言中，"萨莱"或"萨莱诺"这个绰号是"小魔鬼"的意思。萨莱小偷小摸，列奥纳多的钱、列奥纳多学生们的银笔、斯福尔扎的一名马夫的钱包，诸如此类的东西全都变成他的囊中之物。在一场宴会上，那个淘气少年"吃了双份菜肴，捉弄了四个人，打碎了三个瓶子，偷走了席上的葡萄酒"。

"小偷小摸，信口雌黄，性格顽固，贪得无厌"，列奥纳多在笔记本上罗列了萨莱的一些缺点。然而，列奥纳多并未斥责或驳斥那个任性少年。列奥纳多对萨莱溺爱有加，不仅为他添置价格不菲的粉色和玫瑰色紧身短上衣，而且还给他买了一套弓箭以及别的玩具和饰品。

有一次，列奥纳多情不自禁，为那个少年绘制肖像。在瓦萨里的笔下，萨莱"举止优雅，模样俊俏，长着一头卷发，他的主人十分喜爱这美丽的卷发"。

～

那时，一个更加神秘的女人走进了列奥纳多的生活，她的名字叫卡泰丽娜。关于那个女人，列奥纳多在笔记上仅仅留下寥寥数语："7月16日——1493年7月16日——卡泰丽娜来了。"有的人认为，卡泰丽娜是他的母亲，那时年龄应该是66岁。有的人提示，卡泰丽娜可能是他的一名女佣，一个替代母亲的人物。由于某种未知的原因，可能是年龄、名字或者外貌的缘故，她让列奥纳多想起了自己的母亲。

到那时为止，列奥纳多终于在财务方面得到了保证，也许派人接来自己可能独居的母亲，希望在她晚年时给予一些慰藉。大约一年之后，卡泰丽娜去世。列奥纳多详细记录了卡泰丽娜的葬礼开销，包括付给抬灵柩者、挖葬坑者和四位神父的费用。此外，还有购买蜡烛的3镑费用。有的传记作者认为，那些钱如果出自雇主，他算是相当慷慨；如果出自儿子，他就显得吝啬了。

另外一个悬案围绕名为《费罗尼埃夫人》（即《金属器具商的美丽妻子》）的作品展开。这幅作品所用的画板取自列奥纳多绘制切奇利亚肖像时使用的那棵树。最初，艺术史家们认为，这幅肖像上的模特是法兰西国王的一名情妇——她碰巧嫁给了一位金属器具商。后来，她被重新确认为卢克雷齐娅·克里韦利。卢克雷齐娅已婚，是米兰的贝雅特丽齐公爵夫人的侍女，后来成为公爵的新情妇。

这幅画显示了列奥纳多画作的许多标志性特征，例如，展示四分之三侧面的姿势，饰有缎带的精美服饰。后一点证明了画家展示面料的奇妙方式。但是，有的艺术史家依然对此心存质疑。我在卢浮宫博物馆看到这幅作品时，吸引我注意的是被画者的坚毅目光。列奥纳多和他选择的作画对象具有何种魅力，可以让人过目不忘呢？这究竟源于列奥纳多观察女性的独特方式，还是源于女性观察他的独特方式呢？

博物馆看到这幅作品时，吸引我注意的是被画者的坚毅目光。列奥纳多和他选择的作画对象具有何种魅力，可以让人过目不忘呢？这究竟源于列奥纳多观察女性的独特方式，还是源于女性观察他的独特方式呢？

在 15 世纪最后 10 年中，一种新的声音开始在佛罗伦萨回荡，那是具有人格魅力的天主教多明我会修士吉罗拉莫·萨伏那洛拉（1452—1498 年）发出的声音。萨伏那洛拉修士身体枯瘦，两颊深陷，长着长长的鹰钩鼻子，年轻时曾经师从在费拉拉的德斯特庄园担任医生的祖父。据说，他迷恋当时流亡费拉拉的斯特罗齐家族的一个私生女，但是遭到那个年轻女子的冷冷拒绝。她嘲笑说，即便斯特罗齐家族的私生子也不会放下身段，嫁给来自萨伏那洛拉家族的男人。

有人认为，那个女子的拒绝行为让萨伏那洛拉改变态度，开始仇视女性。在他的眼里，女性是卑鄙的生灵。她们扭捏作态，打扮得花枝招展，用恶劣的手法嘲笑男人。萨伏那洛拉开始觉得，他身边的每个人都带着邪恶。他写道，他从家里偷跑出来，投身多明我会。"我再也无法忍受意大利人的邪恶。"

15 世纪 80 年代，萨伏那洛拉被派往佛罗伦萨，首次担任"讲师"。那个身材矮小、面目丑陋的修士并未显示出任何传道者的才能。他讲话口齿不清，结结巴巴，吞吞吐吐。他曾经承认，那样的布道难以引起听众的注意，"就连鸡听到后也毫无反应"。后来，他满脑子都是等待着被诅咒者的可怕场景。1490 年，萨伏那洛拉返回佛罗伦萨，担任圣马可修道院院长。他发表高谈阔论的长篇演说，以令人厌恶的详细方式，讲述了这个启示：一个城市充斥着鸡奸、高利贷以及各种颓废言行，将要面临遭到惩罚的厄运。

　　从历史角度看，他出现的时间也不同寻常。当时，法兰西国王查理八世受到米兰的卢多维科公爵的鼓励，决定入侵意大利，以便夺取那不勒斯的王位。1494 年秋天，法兰西军队穿越阿尔卑斯山脉，挥师南下，横扫意大利半岛。意大利的城市一个接着一个放弃抵抗，束手投降，3 万名法兰西军人和雇佣兵直逼佛罗伦萨城下。

〜

　　恐惧像瘟疫一样，在整个城市中蔓延。萨伏那洛拉以具体的方式，表达那样的心态。他告诉人数日益增加的信徒：他已经看到，在佛罗伦萨上空的黑云中，"悬挂着一个正在燃烧的十字架"。上帝扔下了可怕的利剑，要惩罚整个城市的罪人，其中包括那些颓废的奢侈之物的提供者。许多人觉得，萨伏那洛拉的谴责仿佛是上帝之音，警告着佛罗伦萨人：他们将要面临可怕的结局，也许会惨死在入侵的法兰西君王手中。

　　法兰西军队拥有的大炮非常厉害，超过了任何意大利人的想象。他们屠杀了驻守菲维扎诺的托斯卡纳要塞的全部守军。萨伏那洛拉修士高声叫道："看吧！正是上帝引领着这支大军。"

　　入侵军队在佛罗伦萨城外安营扎寨。年轻的皮耶罗·德·美第奇没有与执政官们商量，试图采取只有他父亲洛伦佐才可能实施的外交策略：与敌人谈判，达成和平解决冲突的方案。查理国王向他提出了过分要求：第一，支付巨额酬金；第二，割让佛罗伦萨在上个世纪征服的所有城市和土地，其中包括三座要塞和非常重要的比萨港口。

　　皮耶罗·德·美第奇竟然默从了法兰西人提出的要求，没有进行任何抵抗，被入侵者戏称为"大钱袋"。面对他的让步行为，执政官们怒不可遏。他们关闭维琪奥王宫大门，拒绝与皮耶罗见面。

　　奶牛大钟敲响了。弗朗切斯科·德尔·焦孔多赶到市政广场。他看见一大群人一边高呼侮辱性口号，一边向皮耶罗·德·美第奇扔石块。皮耶罗的弟弟乔瓦尼——就是那个少年主教——嘴里高喊"红球，红球"，试图让人群重新集合起来。结果适得其反，嘲笑的声浪越来越高。夜幕降临，洛伦佐·德·美第奇的三个儿子，还有皮耶罗的妻子和两个小孩子，携带大量珠宝和金银细软，逃离了那个城市。

执政官们听到他们出逃的消息，随即颁布命令：永远流放美第奇家族，没收其全部财产。弗朗切斯科·德尔·焦孔多住在德拉斯杜法街附近，从那里肯定听到了一帮乌合之众的叫喊。他们涌入美第奇宫邸，将该家族的石头饰章掀翻在地，然后抢走大量财物，其中包括勋章、钱币、手稿、绣帷，还有价值连城的文物。

次日，佛罗伦萨的公民们一觉醒来发现，他们居住的城市发生了翻天覆地的变化：美第奇家族的统治基础已经轰然坍塌。萨伏那洛拉修士宣布，耶稣基督是佛罗伦萨人的新领袖。他和那座城市的官员一道，与法兰西军官们见面，谈判关于法军进入城市的事项。

查理八世派出他的副官们作为先遣小组，以便为军官们挑选最佳的下榻之处。（马基雅维利后来说了一句俏皮话：法兰西君主"仅用一支粉笔"，便轻而易举地征服了意大利。）美第奇宫邸被法兰西国王用作自己的司令部。许多身为父亲的男人与安东马里亚·盖拉尔迪尼一样，很快叫自己的女儿藏进修道院，或者躲进难以接近的房间。街道上，只有男人、少年和老妇才敢冒险露面。

━◠━

1494 年 11 月 17 日，查理八世头戴皇冠，身穿镀金铠甲，披着镶金长袍，骑马进入佛罗伦萨，头顶上是 4 名骑士高举的令人炫目的刺绣华盖。他麾下的大军大踏步穿过街道，"有步兵、弓箭手、弩手、骑兵，还有戴着装饰着羽毛的头盔的军官们"。德尔·焦孔多兄弟心情郁闷，注视着眼前发生的一切。

历史学家圭恰迪尼写道："入城部队人数众多，军容整齐，武器精良，马匹漂亮，锦衣绣服……真的非常壮观。但是，城里的人却乐不起来，心里充满担心和恐惧。"

后来，查理国王从他那头黑色战马上跳下来。附近观看的佛罗伦萨人见状，不得不强忍心里的窃笑冲动。圭恰迪尼写道，那位君主个头矮小，留着红胡须，长着大鼻子，走路一瘸一拐，"与其说像人，毋宁说像怪物"。他们听到谣传说，他长了 6 个脚趾。在 11 天的占领期间，那位法兰西国王的吹嘘之词渐渐失去魅力。佛罗伦萨的行政官员交纳的酬金没有达到皮耶罗·德·美第奇承诺的数额，查理国王扬言，他将命令自己的部队重新战斗。

"如果你吹起号角，我们将敲响大钟。"佛罗伦萨政治家皮耶罗·卡波尼针锋相对地回应。后来，这句话成为向公民发出的集合号召。查理担心，自己的举动可能让情绪不稳定的公民们拿起武器。最后，他不得不接受那笔酬金，然后挥师向南。

11 月 28 日，佛罗伦萨人看着法军撤退，心里百感交集，既有羞辱和愤怒，也有如释重负之感。丽莎·盖拉尔迪尼和其他年轻姑娘走出藏身之地。但是，安东马里亚和其他许多父亲一样，依然对女儿的未来充满焦虑。

"对意大利来说，1494 年是最糟糕的年份。"圭恰迪尼写道，"实际上，那是灾难时期的开端。它仿佛打开了一扇大门，让数不胜数的可怕灾难接踵而来。"在那之前的数十年中，佛罗伦萨人用自己的聪明和勤劳，换来了繁荣与和平。这时，他们觉得自己已经不再控制命运。皮耶罗离开之后，出现了领导力量真空。在那种情况下，萨伏那洛拉发出的声音显得非常响亮。

2011 年，我参观斯特罗齐宫，走进"金钱与美丽"展的最后一个展厅。映入眼帘的是 19 世纪巴伐利亚艺术家路德维希·冯·朗根曼特尔的绘画作品：在一座装饰豪华的教堂里，萨伏那洛拉正在高声疾呼，"教导人们反对奢侈之风"。我当时觉得，自己可以听到那位修士发出的令人不寒而栗的声音。

在教堂里的听众中，可以看到真名实姓的佛罗伦萨人的面孔，例如，马基雅维利、桑德罗·波提切利，以及安德烈亚·德拉·罗比亚等等。妇女们身穿精心缝制的长袍，戴着豪华头饰，将昂贵的面料和银碗扔在地上。但是，整个画面的中心人物是那位说教者。他站在高高的台座上，一袭白色长袍裹着身体，黑色兜帽盖住脑袋和肩膀。他高举左手，手掌摊开，指头伸直，直指右上方。那个姿势不乏戏剧性，仿佛指向一个新的场所，新的世界，新的纪元。

弗朗切斯科·德尔·焦孔多心情急切，翘首盼望那样的东西。那个鳏夫处在历史巨变之中，很想尽快再次娶妻。他的职业位置和政治地位也要求他这样做。而且，他的儿子很快就要从奶妈那里回家，也需要母亲照顾。

第六章

婚姻生意

在佛罗伦萨，有许许多多可供迎娶的姑娘，为什么弗朗切斯科·德尔·焦孔多偏偏选择丽莎·盖拉尔迪尼呢？面向最能理解她的魅力的男人，我提出了这个问题。他就是朱塞佩·帕兰蒂，那位非常敬业的档案研究专家。我们两人在勒奥布拉特（那座建筑的名称来自拉丁语，意思是"奉献自己的虔诚女性"）见面。在丽莎生活的那个年代，它曾是一座女修道院，现在是一座图书馆，是学生和学者们见面的热门去处。朱塞佩·帕兰蒂再次谈起了丽莎，他将她称为"我们的女士"。

在他看来，那个少女具有哪些魅力，最终吸引那个善变的商人呢？是她的美貌，她的出身，还是某种独特的新娘特质呢？

帕兰蒂停下话头，望着远处的大教堂，露出若有所思的神情，仿佛那是触手可即的东西。过了片刻，他笑了起来，嘴里冒出两个拉丁语词汇：*"mulier ingenua"*。

这个短语曾经出现在弗朗切斯科·德尔·焦孔多1437年——他去世前一年——订立的遗嘱中。最初，帕兰蒂将它译为"高贵的妻子"。那看来是一位丈夫在遗嘱中对妻子的标准称呼。但是，帕兰蒂后来仔细阅读其他类似文献，这个对应词再也没有在他的脑海中出现。

他的英文水平有限，我的意大利语也不尽如人意，我们两人的拉丁语尚在初学阶段。我俩绞尽脑汁，希望找到*"ingenua"*一词的更好译法（*"mulier"*的意思是妻子）。*"Ingenua"*是法语*"ingnue"*的词根，并且被原封不动地吸收到英语中。但是，在古罗马时期使用的拉丁语中，其意思既不是"单纯的"，也不是"幼稚的"。我请教过的拉丁语学者说，它的最佳定义是"自由民的"，或者"贵族的"，是表示罗马帝国的上层等级的一个术语。

"它是否可以表示独立呢？"我问帕兰蒂。

不，肯定没有那个意思。"独立的妻子"应该是一种矛盾修饰法。

"活跃的？"

不。对生活在文艺复兴时代的丈夫来说，那样的特性不会讨人喜欢。

"自由的精神？"

"这有可能。"他沉思片刻之后答道："如果我所说的是一位具有特质和气场的女性，她不仅相貌漂亮，而且精神高尚。"

"对呀！"我脱口而出。我这时意识到，在自己的想象中，丽莎的形象变得清晰起来。这正是我希望表达的意思。

～

它是否还表示更多的意思呢？这有可能。佛罗伦萨人认为，待嫁的新娘就是商品，婚姻本身是商业交易，需要一个漫长的讨价还价的过程。婚姻涉及法律文件、社会习惯，当然还有金钱。嫁妆是那种交易的必要条件，而且几乎总是最重要的问题，哪怕只是考虑到它对双方家庭的银行存款带来的影响时也是如此。在一般情况下，支付该项开支一方面将会减少新娘的家人拥有的资产净值，另一方面增加其丈夫的家庭财富。有时候，该项开支所起的作用十分明显。

对于那样的加减法，弗朗切斯科·德尔·焦孔多心里清清楚楚。他的妹妹们就给她们进入的家庭带去了可观财产，其数额高达 1000 弗罗林。鉴于经济和象征两个方面的后果，如果不是因为他和安东马里亚·盖拉尔迪尼都与鲁切拉伊家族联姻，他可能根本不会考虑娶一个嫁妆较少的姑娘为妻。然而，在一个新郎占据主导地位的婚姻市场上，弗朗切斯科可以挑选条件合适、年龄更小、家庭更富裕的姑娘，用不着去找一个家道中落、经济拮据的姑娘为妻。

当年，普拉托的商人弗朗切斯科·达蒂尼出于自己的考虑，曾经娶了盖拉尔迪尼家族的身无分文的后代为妻；弗朗切斯科·德尔·焦孔多也可突破自己的底线，将目光投向经济状况欠佳的候选人。根据当时的一份纳税记录，弗朗切斯科的财产包括：一、家族控制的两家丝绸作坊的四分之一资产；二、伯圣玛丽亚的另外一家商店的三分之一资产；三、带有庄园房产的两家农场；四、另外一个农场的一小部分资产。在这种情况下，一份不菲的嫁妆虽然很吸引人，然而却比不上一本历史悠久的家谱。甚至连米开朗琪罗也曾经劝说自己的侄子：最好挑选出身名门的姑娘为妻，而不是去娶家庭富裕的平民女子。

佛罗伦萨的人文主义者是知识精英，可能满足于远观丽莎·盖拉尔迪尼那样的美女，然后吟诵彼特拉克式十四行诗，赞美她们的象牙质感的额头和如花笑颜。讲求实效的弗朗切斯科采取了他的一贯做法：追求自己想要的东西。当然，他显然想要得到丽莎。

根据公开的说法，弗朗切斯科之前娶了第二任妻子。她名叫托马萨·维拉尼，也在生孩子时去世。我据此向帕兰蒂提出了新的问题。但是，帕兰蒂翻遍了相关的所有档案，也没有发现那桩婚姻的线索，"甚至没有看到任何蛛丝马迹"。

他告诉我，弗朗切斯科没有时间安排另外一桩婚事。其原因在于，1494 年夏天卡米拉·鲁切拉伊去世，弗朗切斯科 1495 年和丽莎·盖拉尔迪尼结婚，其间只有 8 个月的空档。

在某个时间节点上，可能出现了一次男人之间的交谈，一方是厚颜无耻的弗朗切斯科·德尔·焦孔多，另一方是骄傲的安东马里亚·盖拉尔迪尼。那次谈话的地点也许是市政广场。佛罗伦萨的男人常常在那里聚集，讨论问题，辩论热点，传播流言，讨价还价。那天，安东马里亚可能一副老派人物的打扮，穿着他最喜欢的猩红色拖地长袍，弗朗切斯科可能选择更有品位的半长披风——它红色鲜艳，使用毛茸茸的裘皮镶边。

两个男人之间的对比不言而喻，揭示了更加丰富的内容，大大超过了实际的语言交流。弗朗切斯科身为求婚者，完全有权要求对方拿出真金白银作为预付金，以便在经济上支持他未来的妻子。他还知道，在丽莎出生时，安东马里亚并未一次性留下大笔款项。那笔款项本应存入佛罗伦萨的嫁妆基金，在她童年时期无声无息地增值。而且，那笔存款本身可能决定丽莎的命运。"没有嫁妆的婚姻，"一位研究文艺复兴的学者写道，"看来会遭到更多谴责，甚至比没有得到教会祝福的婚姻更糟。"

但是，正如安东马里亚已经意识到的，弗朗切斯科并不需要现金。当时，弗朗切斯科的家族生意蓬勃发展。而且，当年娶鲁切拉伊家的女儿时，他已经获得了大笔嫁妆。他像许多佛罗伦萨人一样，对面子超级敏感，可能并不甘心空手收场。但是，他可能与其他鳏居的父亲一样，愿意接受一笔象征性嫁妆，以便找一个人，充当自己孩子的母亲。

在通常情况下，佛罗伦萨人希望将财产留给家里的男性子嗣。但是，弗朗切斯科可能回想起自己生性快乐的曾祖父。当年，正是精明的曾祖父利用投资房地产获得了财富，让德尔·焦孔多家族脱离了工薪阶层的行列。他很想知道，盖拉尔迪尼家族在基安蒂乡村究竟持有多少财产？他可能亲自冒险，前往佛罗伦萨南面的林木茂密的丘陵地带，以便一探究竟。

看来，激发他的想象力的是一个农场。它名叫圣西尔韦斯特罗，坐落在一面陡峭的斜坡上，种植着橄榄和葡萄。农场俯瞰风景旖旎的河谷，米开朗琪罗后来在那里为其继承人购置了土地。如果与当时数量不菲的嫁妆相比，那个农场的价值其实不大，大约为 400 弗罗林。但是，那依然是一笔可观的资金。朱塞佩·帕兰蒂估算，农场里的家具和其他东西的价值可能有 170 弗罗林（这常被误认为丽莎嫁妆的实际数额）。

在安东马里亚看来，丽莎的追求者有可能狮子大开口。他的祖先曾经献出鲜血，赢得并且保卫了家族在基安蒂的领地。在盖拉尔迪尼家族的地盘上，已经繁衍了一代又一代人。甚至在现金流枯竭的情况下，安东马里亚的父亲也没有出售一寸田地。他自己怎么能将家族的土地，拱手交给一个酒桶工匠的曾孙呢？

但是，那位家道中落的贵族不得不盘算：这只"肥猫"坐在自己面前，身穿商人定制的锦衣绣服，衣服袖口饰有金线，脚下是小牛皮鞋子，戒指上镶嵌着硕大的宝石。对比之下，他的小丽莎衣衫褴褛，拖鞋破破烂烂，全身上下根本没有任何珠宝。自己的姑娘十分可爱，具有盖拉尔迪尼家族的精神和气质，应该过上更好的生活，没有必要跟着自己吃苦受累。安东马里亚强咽下家族自尊，同意在契约上签字画押。

最终，两人确认了双方初步的共识，互相握了握手。此举表示达成买卖或确认交易，具有严格的约束效力。两人明白，违约行为可能引发世仇。安东马里亚终于有理由长长地舒一口气，宣布他已经"敲定"大女儿的婚事。

在选择郎君的过程中，丽莎·盖拉尔迪尼是否有权表达自己的意愿呢？我咨询的每位学者和其他人士的回答完全相同：绝对没有。

佛罗伦萨式追求的正式表演随即开场。2010 年，佛罗伦萨学院美术馆举办了一场展览，名为"爱情的美德：15 世纪佛罗伦萨的婚礼绘画"，让我首次了解那个过程的种种复杂变体。那里展示了绘画、陪奁、托盘，还有其他经过装饰的物件，并且配上了巧妙的动画，使人见识了佛罗伦萨式婚礼具有的豪华气派和象征意义。

博物馆管理者卢多维卡·塞布雷贡迪解释说，仪式十分复杂，涉及许多人，其中包括新郎、新郎的父母、家庭其他的成员和亲戚。但是，未来的新娘没有多少发言权。用她的话来说，丽莎·盖拉尔迪尼那样的姑娘"颇像小女孩"，被视为"仅供交换的物品"。

即便如此，追求仪式给商人阶层或富人阶层的姑娘们提供罕见的机会，让她们在追求者首次登门拜访时大放异彩。男子来到街上，站在心仪的姑娘的阳台下示爱。我了解到，这并不是莎士比亚在剧中为罗密欧和朱丽叶发明的文学手法，而是一种古老的意大利传统。弗朗切斯科·德尔·焦孔多和他未来岳父握手之后，随即走上街头。他先是沿着皇帝党路，然后转弯到了佩皮街，走到盖拉尔迪尼家的窗户下。

我来到那条狭窄的街道，掏出自己那份佛罗伦萨地图，在上面又画了一个 X。然后，我伸长脖子，仰望二楼。当初，那是盖拉尔迪尼一家居住的地方。在那里，丽莎心情激动，相当紧张，可能看到了希望娶她为妻的男人。

那个少女看到了什么呢？

根据婚约的记载，他是佛罗伦萨的一位正直公民和商人。我们手中没有他的肖像，但是完全可以假设，弗朗切斯科·德尔·焦孔多还不到 30 岁，既不——至少尚未——肥胖，也未秃顶。

我对弗朗切斯科的印象，基于吉兰达约的另外一件作品《三王来拜》。该作品藏于佛罗伦萨的育婴堂。顺便说一点，那幢建筑的优雅门面是布鲁内莱斯基设计的。德尔·焦孔多家族的商业记录保存在那里的档案室里，似乎没有受到时间的侵扰。在隔壁的博物馆中，我见到一副 7×9 英尺的绘画。那件作品并不十分著名，不过依然堪称艺术瑰宝。

吉兰达约完成那幅作品的时间是在 1485 年至 1488 年之间。那时，弗朗切斯科·德尔·焦孔多刚刚 20 岁出头。作品展现了一个场景宏大的画面：三位超级富有的国王（他们是美第奇家族和佛罗伦萨商人最爱效仿的对象）带着礼物，送给圣母和圣子。画面右侧站立的三个人物弗朗切斯科·德尔·焦孔多肯定认识。他们是丝绸行会——育婴堂的主要财源——的头面人物。

岁数较大的两位头发花白，下颚宽厚，身穿豪华披风，头戴饰有珠宝的精致帽子。一个年轻人戴着朴素黑色帽子，身穿豪华长袍，站在他们中间。我觉得，他属于弗朗切斯科·德尔·焦孔多那个类型的人，既不英俊，也不丑陋，脸颊刮得溜光。他露出渴望的神情，肤色灰黄，目光朝下。三人位于壁画一侧，似乎朝着画框缓缓移动，希望青史留名。实际情况的确如此——无关紧要的部分总是属于平庸的小角色。

一批女人——"母亲、伯母、姑母和教母们"——曾经教导丽莎，与追求者初次见面时，她应该如何打扮。她的长发松散地垂在肩上，身穿最漂亮的服装。衣服相当好看，面料不算豪华，但袖子颇有格调。她的母亲提示她应该站在什么位置，以便让光线映照在脸庞上。她与追求者初次见面时面带微笑，目光向下，略显羞涩。她手里可能拿着一束鲜花或一条缎带，以便让自己尽量显得自然。

我可以想象，她父亲安东马里亚此时在附近徘徊，神情紧张，不时侧耳偷听。她母亲可能将吵吵嚷嚷的弟妹们关进里屋房间。他家的房东故意刁难，嘴里发出哼哼的声音，走进房间，砰的一声关上了房门。

不久之后，弗朗切斯科·德尔·焦孔多携带礼物，正式回访。他可能送给丽莎一件珠宝，送给她父母几匹自己店里的丝绸。他们邀请他共进晚餐。他们准备了节日佳肴，包括可口的烤鹑鸡，而不是托斯卡纳居民日常食用的豆汤。他们还用自己酿造的葡萄酒佐餐。在与未来岳父和岳母初次用餐的过程中，弗朗切斯科收敛了通常表现出来的争强好胜的脾气。丽莎可能没有吃什么东西，不时抬起头来，偷偷观察眼前的这个陌生人。晚宴结束时，端上了一小碗水。他们要求她将一只手放进去。她的指头保持干干净净，没有一点油污。

双方的讨价还价继续进行，新郎与未来岳父一般都要确定具体的交换条件。在通常情况下，它们包括：一、支付款项的方式和日期。届时，挑选的担保人和公证人到场，确保双方履行谈判过程中做出的承诺。二、新娘的父亲答应，让自己的女儿同意婚事。当然，至少从理论上说，新娘是可以表示拒绝的。不过，新娘拒绝的情况十分罕见。

如果出现那样的局面，追求者将会觉得自己受到侮辱，甚至可能引起血腥仇杀。

丽莎知道，事情至关重要。虽然她并不了解家里的具体财物状况，不过在成长的过程中，她一直穿着补丁重叠的居家衣服，家里的房间破烂不堪。像弗朗切斯科这样的有钱男人可以给她和她的家人提供更有保障的生活。她听到的教导是：婚姻是女孩的宿命，女孩的责任，女孩的未来。在她的朋友中，很少有人如此幸运，有望以已婚年轻妇女的身份，跻身佛罗伦萨的体面社会阶层。她的几个妹妹根本没有这样的好运。丽莎没有任何表示反对的理由。

一名不可或缺的公证人到场，撰写了双方拟联姻的正式公告。两个人正式订婚。在一般情况下，3 至 6 个月之后便举行婚礼。但是，鉴于那位商人急于成亲，等待的时间可能大大缩短。

丽莎和她母亲急忙行动，开始置办陪嫁。油漆一新的婚礼箱子装着姑娘的嫁妆，从她父亲家运到她丈夫家。女孩出生之后不久，她的母亲一般都会开始准备，将一些物件搁置起来：绣花内衣、头巾、围裙；各种尺寸的手帕和毛巾；丝绸发网；软布制作的居家便帽；缎带、丝绸钱包、腰带、象牙或珍珠母梳子和发刷；配有丝绸袖口的毛料居家服；长短袜子；毛料面料的鞋子和丝绸面料的鞋子；丝线；针垫；手套；文件夹和墨水瓶；剪刀；镜子；篮子；绘有彩色圣像的圣体盘；一些祈祷手册；也许，还有她喜欢的圣婴，以及穿着锦缎衣服的圣玛格丽塔的偶像（一种流行的生殖咒符）。在从前，送亲的人们要抬着装有陪嫁的箱子，穿过佛罗伦萨的大街小巷。但是，到了丽莎那个年代，在举行婚礼之前，那样的箱子被陆续送到新郎家。

～

已经订婚的男女双方将一一记录婚礼开支，每件物品的价值由两名专业评估师分别独立确定。根据当时的平均计算，新娘家庭大约开支 110 弗罗林，用于购买婚纱、头饰和鞋子。那时，婚姻被视为对等交换，双方都不愿觉得自己亏欠对方太多。实际的做法是，新郎将会回赠礼物，包括珠宝（常常是珍珠——那是纯洁的象征，是最值钱的宝石）和衣物。根据学者的考证，回赠的礼品约占新娘嫁妆的总价值的三分之一至三分之二。

未来丈夫取出新的家族饰章和绶带，挂在新娘身上。有的社会历史学家认为，此举具有象征意义，起到转变身份仪式的作用。新娘进家后在服饰上的这种变化表示两个意义，一是标志丈夫将获得的对她的控制权，二是引导她进入已婚妇女的新角色。从根本上讲，与文艺复兴时期佛罗伦萨的许多行为类似，该仪式反映了家族荣誉。

"人们的荣誉感还表现在其他方面，他们不希望有所欠缺。"在当时的佛罗伦萨，已婚妇女亚历山德拉·马钦吉·斯特罗齐如是说。她的信件从局内人的角度，提供了婚姻安排的相关情况。"准备好珠宝，让它们闪闪发光。"在信中，她先将未婚妻的情况一一告诉儿子菲利波，接着提出了上述建议，"我们找到了你的妻子。她长得标致，属于你的。她需要漂亮的珠宝。"

亚历山德拉安排了女儿卡泰丽娜的订婚事宜，后来在信中骄傲地写道：马可·帕伦蒂——那位未来的新郎——花了 560 弗罗林购买回礼。回赠的物品琳琅满目，包括一件大约用了 200 块裘皮拼成的披风、一顶带着流苏的刺绣风帽、一件深红色天鹅绒晚礼服、一件丝绸外套、一顶装饰着珍珠的帽子、一条深红色丝绸腰带。

为什么要那么奢侈呢？"因为她非常漂亮，他希望增添她的风采。"那位未来的岳母对女婿的做法表示赞同。那个见多识广的佛罗伦萨女人估计，她的女儿离家出嫁时，"随身衣饰价值 400 弗罗林"。根据新娘母亲的说法，为她花掉的每个金币都物有所值。

丽莎·盖拉尔迪尼也是如此。对一介平民弗朗切斯科·德尔·焦孔多来说，她肯定是一件显示他自己身份的战利品。与所有出身较低社会阶层的新郎一样，他应该赠送价值不菲的礼物，表示自己的谢意和尊敬。从法律意义上说，丈夫在婚前购买的任何贵重物品都属于他的财产，而不是妻子所有。如果遭遇经济危机，许多丈夫都会典当或出售自己为新娘购买的结婚礼品。弗朗切斯科没有那样做。在遗嘱——他签署的正式文件——中，他将那些价值不菲的礼品留给了丽莎。

対生活在文艺复兴时期的女性丽莎来说，婚礼肯定是一生中至关重要的事件。但是，对许多新娘来说，婚庆的重中之重是自己的一身服饰，过去如此，现在依然如此。新娘借此以具体的形式，表现自己的生活，展示家族的荣誉。尽管当时已经公布了反奢侈法（新娘们对它全都持视而不见的态度），新娘家的人依旧我行我素：服装不嫌昂贵，装饰不嫌浮华，裙子不嫌繁复，而且越长越好。一个 13 岁的新娘身上披挂过于沉重，甚至无法挪动脚步。她家里的总管见状，只得伸手抱着她，进入婚礼现场。

对丽莎来说，那一身婚纱肯定是她有生以来穿过的最漂亮的服装。它用的是德尔·焦孔多丝绸店里的面料，由当地几位裁缝按照最时髦的样式缝制。那时，许多新娘喜欢深红色提花天鹅绒制作的长袍，精心绣上装饰性松球和石榴图案（象征儿女成群，天长地久），袖子用金线和银线挑花。丽莎的腰间，系着饰有银质勋章的佩带或腰带——那是弗朗切斯科赠送的另外一件礼品。她的头饰插着羽毛，镶嵌珍珠，——用精美的别针固定。

在丽莎父母的家里，举行了一场称为婚誓的仪式。丽莎的亲友以及弗朗切斯科·德尔·焦孔多的亲戚悉数出席。公证人到场，提出一系列问题：

首先，双方多大年龄？

丽莎 15 岁，弗朗切斯科接近 30 岁。对男方社会等级较高的婚事来说，那样的年龄差距相当普遍。

其次，男女双方是否自己愿意？

愿意。

双方之前是否有别的婚姻承诺？

没有。

他们之前是否有过婚史？

公证人提到，弗朗切斯科的第一任妻子已经去世。

在他们的誓言——它有时叫现在的话，有时叫未来的话——中，弗朗切斯科承诺：他将娶丽莎为妻，爱她，尊重她，供养她，保护她。无论她健康或生病，他都将尽到丈夫的责任。只要双方活在世上，他不会与任何其他女人有染。丽莎重复了类似诺言，而且发誓要"服从丈夫，照顾丈夫"。

公证人宣布，弗朗切斯科和丽莎结为夫妻。在某些情况下，新郎将会掏出一枚戒指，戴在新娘手上。（在吉兰达约的一幅画作上，新郎一手给新娘戴上戒指，另一只手掏出自己承诺支付的款项。）客人们一起欢呼，举杯祝贺新婚夫妇。后来，在本来完全市民化的仪式上，增加了一个环节：在教堂之内或在教堂的台阶上，神父为新人赐福。到了 1563 年，特伦托会议拟定了第一个系统化要求，供正式的天主教婚礼使用。

有时，在新人交换誓言之后数天、数周甚至数月，将会举行盛大游行。队伍从女方家出发，前往她丈夫的住处。那是新娘公开展示荣耀的时刻。那时，婚事尚未结束，丽莎不必穿上已婚妇女的披风，但是可以向整个城市的人展示她的结婚服装。

那时留下的画作和故事显示：新娘走在队伍最前面，她的姐妹、表姐、亲戚、朋友、乐师和凑热闹的人跟在后面。一行人兴高采烈，穿过佛罗伦萨的街道。我追寻丽莎游行时可能走过的路线，那些地标性建筑如今依然屹立在佛罗伦萨市中心：巴杰罗宫、大教堂、大钟楼、洗礼堂。我脑海中浮现出当时的情景：商铺的店员高声祝贺，孩子们跟着队伍跳跃，修女们在窗口挥动树枝。

如今，新娘穿着飘逸的白色婚纱，在佛罗伦萨的各个景点拍摄结婚照。每每遇到这样的情形，我很想知道，她们是否有丽莎·盖拉尔迪尼那时的感觉：至少在一个短暂的闪闪发光的瞬间里，自己变成了佛罗伦萨美女。

在德尔·焦孔多家里，庆祝活动继续进行。客人名单除了家人之外，扩大到形形色色的亲友。来宾们尽量穿得漂漂亮亮，表现自己对婚事的尊重。婚宴菜肴十分丰盛，包括用香料烹制的小牛肉、烤山羊羔、孔雀舌以及各式甜品。许多客人喜欢蜂蜜杏仁。乐手、歌手和杂耍者当场献艺，庆祝活动延续到深夜。

客人们大快朵颐，翩翩起舞，举杯祝贺，大声歌唱。庆祝活动似乎没有结束之时。然而欢乐的时光就像夏日的闪电一样刹那飞逝。那天，新娘丽莎拥有女王特权，可以邀请年轻男女——配对跳舞。在古老的托斯卡纳结婚仪式中，新娘的母亲把一名婴儿放在她的手中，预祝她将来生下儿子。接着，母亲还要掏出一枚金币，放进她的鞋子里，预祝她家境殷实。在房子外面，几个年轻人继续逗留，嗓音沙哑，一边叫喊，一边唱起情歌。那是一个传统——每当老男人"偷走"年轻女孩时，年轻人就会那样做。这时，有人从窗口抛下一些硬币，权当酒钱，让他们离开。

最后，丽莎独自一人，面对弗朗切斯科。只有她在他的床上过了一夜之后，婚礼才算"完成"。

～

后来发生了什么？在一个充满想象的新婚之夜故事中，新娘和新郎一起，走到洒满玫瑰花瓣的床前。两人手里举起蜡烛，跪在地上祈祷，请求上帝保佑他们生下许多儿子。然后，双双赤身裸体，钻进被窝。有的历史学家——其中一位提醒我，他们的研究"到新房门口为止"——认为，与血气方刚的青年相比，弗朗切斯科那样的丈夫更成熟，更有经验。他面对一个清纯少女，应该显得温柔。

在他的著名说教中，神职人员贝尔纳迪诺·达·谢纳曾经劝导母亲们：应将圆房——有时候，这被称为还债——时出现的情况，如实告诉自己的女儿。即便如此，我可以想象，丽莎未满 16 岁，独自面对一个在气势上完全压倒自己的老男人，当时感到多么无助，多么惊恐。

令人并不感到意外的是，许多新婚之夜可能引起一位学者所称的"哭声大作"。在一件 15 世纪创作的木版画上，艺术家以十分感人的手法，捕捉到那样的情景：当新郎将新娘的朋友送出房门时，新娘躺在婚床上哭泣。在卧室的一面墙上，一般都悬挂着圣母玛丽亚的画像。在她的怀中，抱着新婚夫妇希望生下的完美儿子。这是给新娘提供的唯一安慰。

新婚之夜次日早上，弗朗切斯科·德尔·焦孔多掏出一枚金戒指，戴在丽莎的指头上，表示自己对她感到满意。根据托斯卡纳法律，他还必须为丽莎给予的处女之身这份礼物，支付一笔婚后赠予金。在有些记载中，这笔钱被称为"小费"。

新婚的丽莎醒来时发现，自己身在陌生的房子里，周围的人几乎全不认识：弗朗切斯科的母亲、他的兄弟姐妹及其配偶、他两岁大的儿子巴尔托洛梅奥。此外，还有各色仆人、女佣和厨子。在可能显得尴尬的氛围中，她与弗朗切斯科的家人见面。他们给丽莎端来传统的婚后早餐：鸡蛋（象征儿女成群）和甜品（象征爱情甜蜜）。

那天或一天之后，丽莎和德尔·焦孔多家的女眷们一起，玩起了"戒指游戏"。她们给她看了许多戒指。它们象征着她身边的亲属们构成的新的同心圆。她们欢迎她进入那个家庭。那些戒指本身是前辈传下来的东西，或者叫继承之物。至于如何称呼它们，完全取决于你自己的看法。家里的年长女性初为人妻时，得到了那些礼物。丈夫们根据戒指上宝石的意义，为新娘挑选一枚。色彩鲜艳的红宝石表示燃烧着爱情之火的心脏；钻石表示夫妻之间的和谐；蓝宝石和珍珠表示和睦、虔诚和贞操。

根据反奢侈法的规定，丽莎与别的新娘一样，那些戒指只能戴几年。时间一到，它们将重新利用，作为礼物，送给后来的新娘。那样的循环利用象征并且巩固家族成员之间的关系。

　　　　　　　　　　～

新人圆房之后，才能交割嫁妆。常常采用的方式有两种：一是分期付款，一是当存在嫁妆基金的款项到期一次付清。鉴于丽莎·盖拉尔迪尼已经开始在德尔·焦孔多家生活，她父亲兑现了当初讨价还价时所做的承诺。1495 年 3 月 5 日，在他的公证人的办公室里，安东马里亚·盖拉尔迪尼签署文件，将自己在基安蒂的圣西尔韦斯特罗农场的产权，转到弗朗切斯科·德尔·焦孔多名下。

新娘的父亲失去家族财产，可能深感悲伤。但是，我可以想象，他穿过佛罗伦萨的街道回家时，心里可能思考的是，自己如何取得了这次意外成功。另一方面，弗朗切斯科·德尔·焦孔多是精明的商人，可能觉得自己在讨价还价中占了上风。但是，那位贵族其实技高一筹。丽莎的父亲用一个身无分文的女儿，外加一个不算太大的农场，赢得了联姻生意的头奖之一——一个腰缠万贯的女婿。

也许，他嘴角一翘，闪过一丝诡秘的微笑。那是盖拉尔迪尼家族成员显露内心活动的神情。

第七章
商人的妻子

在托斯卡纳乡村，我们租了一套别墅。一位来访的意大利朋友见状后调侃："你真是在扮演庄园贵妇的角色！"

那样的角色我十分喜欢，给我感觉无法言喻。在美国，我几乎不管家务；在意大利，我简直判若两人。我在炉台上煮特浓咖啡，剪下鲜花，捆成花束。我讲究餐桌摆设，挥动细枝捆扎的扫帚，清扫露台。我顶着夏天的烈日，把衣服晾晒在摇摇晃晃的绳子上，心里感到阵阵满足。

也许，我的灵魂已被控制，沉迷于已经延续数百年之久的意大利家庭主妇的精神。也许，正如我的一位大学教授朋友所说，意大利将我内心深处的那个文艺复兴女子释放出来了。19世纪学者雅各布·布尔克哈特认为，在文艺复兴那个历史阶段中，人们开始最早的尝试，"刻意将家务规范化，或者更确切地说，让家务变为一种艺术"。

我几乎可以肯定地说，这种说法过于高雅，并不适用于小姑娘丽莎进入德尔·焦孔多那个大家庭之后看到的具体情况。对于像她那样的"儿童新娘"的遭遇，有些社会学家深表痛惜。儿童新娘被迫嫁给比自己年长许多的男人，不得不与几代姻亲一起，住在同一个屋檐之下。但是，与我们可能想象的情况不同，丽莎那样的女孩的命运并非令人沮丧，望而生畏。一位历史学家认为，对于来自盖拉尔迪尼家族那样的拮据家庭的新娘来说，嫁给富有的男人可以让自己"第一次尝到富裕、休闲和自由滋味"。

如果使用"富裕"一词来描述德尔·焦孔多家的状况，那可能是夸大之词。但是，丽莎结婚之后摆脱了单调乏味的日常家务劳动，生存状态肯定大大改善。她再也不用和她的妹妹们一起，挤在地上的席子上睡觉。现在，她睡在宽大的架子床上。床上铺着棉布床单，下面是羊毛床垫。她盖着鹅绒被子，脑袋靠着柔软的图案精美的绣花枕头。圆形香炉悬挂在天花板上。卧室内香气缭绕，充满温馨气氛。床下摆着桑枝，以便吸引跳蚤，不让它们钻入床垫。仆人晚上搬来火盆，给床铺加温，早上端走散发着臭味的夜壶。

在盖拉尔迪尼家，丽莎食不果腹；在德尔·焦孔多家，餐桌上摆着价格昂贵、别具风味的食物，例如，用肝制作的香肠、羊杂碎、孔雀肉、画眉鸟肉、斑鸠肉。此外，还有托斯卡纳人常年喜欢的牛肉和猪肉。那些食材使用大量香料烹制，其中包括生姜、肉桂、苜蓿、胡椒、肉豆蔻。如果丽莎喜欢甜品，她可以享用用面粉、鸡蛋和白糖烘焙的蛋糕，吃上加了杏仁、白糖和蜂蜜的米饭，品尝用松果做成的布丁，以及用藏红花上色之后做成动物形状的杏仁奶果冻。那时，各个阶层的男女都喝牛奶，但是德尔·焦孔多家与盖拉尔迪尼家不同，他们在牛奶中加入醇香的陈年葡萄酒。

由于丽莎从丈夫那里得到了数量不小的回礼，她的衣柜中挂着20余件服装（一般商人妻子都是如此）。她的上衣大都是没有漂过的白色或珍珠色，用的是上等丝绸或亚麻面料，而不是她在娘家时的廉价布料。我们不知道，丽莎喜欢用什么字眼来称呼那种布料。但是，她穿的衣服样式简洁，半长或及地，用的是常见的面料，例如棉布、亚麻或薄型毛料。在家里，她将头发挽起来，用头巾或女帽盖住，脚下是柔软的拖鞋。如果外出，她就套上较大的木屐，以便在街道上行走。遇到节假日，她换上高跟鞋，穿上绣花面料制作的服装。

在丽莎那个年代，除了日常的居家穿着之外，佛罗伦萨妇女大多穿用丝绸或精纺羊毛面料缝制的服装。那些服装色彩鲜艳，使用价格昂贵的颜料染成，例如，深红、鲜红、紫色和浅蓝。夏天，丽莎穿无袖外裙，两侧开衩，面料常为花缎或锦缎。冬天，她穿暖和的有袖外裙，袖子用锦缎或花丝绒面料，饰有珍珠或金属绣花图案。我几乎可以听见，丽莎穿着最豪华的裙子朝我走来，发出唰唰的响声。在她的服装上，还有各种各样的装饰或皱边。那些东西没有任何实用价值，仅仅为了显示她本人和她的家庭的荣誉。她外出时套上已婚妇女常用的披风。那种披风几乎盖住整个身子，所配的风帽将她的面部严严实实地遮挡起来，不让其他男人看见。

在婚后几年中，丽莎那样的年轻妻子在穿着方面享受极大自由，几乎百无禁忌：袖子可以搭配自己喜欢的纽扣，上衣可以装饰珠宝，以便炫示丈夫家境殷实，门庭光耀。到了列奥纳多开始为她绘制肖像时，丽莎已经结婚8年以上。她抛头露面时衣着稍显低调，但是依然不失雅致和豪华。

在佛罗伦萨的皮蒂宫服装馆，我在商店里发现了一本平装本的时装史经典——切萨雷·韦切利奥编写的《文艺复兴服饰图鉴》。在那本著作里，有丽莎和她的同时代人所穿服装的木刻插图。那些插图显示，佛罗伦萨的女士们崇尚别具一格的打扮，特别喜欢锦缎、珠子、垫肩、时髦领子、样式繁复的袖子，款式多样的面纱。在佛罗伦萨的上流社会，淑女们身上裹着一层层手工制作的丝绸服装，头上戴着球状饰品，款款而行，招摇过市。用一位学者的话来说，她们就像"一团纺织品，体积硕大，静静地朝前移动"。

与佛罗伦萨的其他社会习俗一样，婚姻涉及的除了服装之外，还有行为举止。无论社会阶层和收入状况如何，丈夫发号施令，妻子俯首帖耳。根据那时的传统说法，男人统领全家，就像君主统治王国，就像船长引导海船。女人们被反复灌输：妻子的角色就是在生活的各个方面辅佐丈夫。妻子必须注意自己的言辞、行为和姿态，不能让自己的最高长官不悦，公众场合如此，家里也不例外。

那时，婚姻顾问告诫身为人妻的妇女：他调侃，你要笑；他悲伤，你不能高兴；他高兴，你不能悲伤。备好他喜欢的菜肴。如果你的口味不同，你不要显露出来。让自己保持整洁、诱人。他希望安静时，你不要唠叨；他喜欢热闹时，你不能沉默。不要打听他的生意状况。你要像月亮一样，仅仅反射他的光芒，而不是像太阳那样光照四方。

妻子们可能在原则上接受诸如此类的告诫，然而在实践中并非总是照章行事。

一次，因为孩子的家庭教师的问题，豪华者洛伦佐的妹妹南尼纳·德·美第奇与丈夫贝尔纳多·鲁切拉伊发生争吵，结果不得不表示服从。后来，她给母亲卢克雷齐娅写信，怒气冲冲地说："如果一个人希望按照自己的方式生活，千万不能是女的。"在家庭范围之内，丈夫占据绝对统治地位，总是拥有做出最终决定的权力。或者说，丈夫们觉得应该如此。聪明的妇女常常找到各种方式，实现自己的目的。例如，南尼纳做出安排，让自己喜欢的那位教师到她娘家去。

新婚的丽莎涉世不深，身处一个全是陌生人组成的家庭，可能不敢造次，使用上述巧为人妻的手段。至少，在最初几年不行。她面对一个大家庭，可以争取的第一个对象是小巴尔托洛梅奥。那时，他大概刚刚离开乡下的奶妈，和家人团聚。他的少女继母出嫁之前，曾与一大群兄弟姐妹相处，知道如何施展溺爱，如何劝诱一个蹒跚学步的小孩。当年，丽莎的女亲戚玛格丽塔·达蒂尼接纳了丈夫的私生子；丽莎如法炮制，没过多久，便逐渐爱上了弗朗切斯科的儿子，将他视如己出。此外，她还给自己的一个女儿取了他母亲的名字，并且终生与他保持密切关系。

丽莎对弗朗切斯科的儿子温柔有加，此举可能融化了她丈夫毫无温柔可言的内心。在文艺复兴时期，爱情并不是婚姻成功的前提条件；但是，那位佛罗伦萨商人似乎真的喜欢自己的配偶。总的说来，弗朗切斯科脾气暴躁。不过，对丽莎表达出来的每个愿望，他最终都会一一默许。在许多年里，他借钱给她父亲，出资为他们自己建造房屋，让丽莎不再与姻亲们同住，挤在一个屋檐下。而且，他还最终为她贫穷潦倒的兄弟姐妹们提供资助。他在遗嘱中动情地提到，他终生爱着自己精神高尚的妻子。

她丈夫本来难以相处，正是丽莎用自己的身体力行，激发了他的温柔之情。德尔·焦孔多家族留下的文献显示，弗朗切斯科经常与他的兄弟、表哥、邻居吵嘴，与任何惹他生气的人吵嘴。每每出现的潜在赚钱机会，他都能稳稳抓住。有一次，一个做工匠的邻居身负债务，弗朗切斯科承诺，替他还清欠款，条件是以很低的价格，购买对方的住房。随后，他将那幢房屋出租4年，等待合适的买家，最后得到了双倍收益。

历史学家提醒我，与他同时代的人相比，弗朗切斯科的那种做法既不算贪婪，也不算贪心。然而，我不禁怀疑，在与他最亲密的人打交道时，那个贪得无厌的投机商人究竟是哪副模样？

～

"另外，蒙娜丽莎的性生活怎么样？"我问萨拉·马修斯－格列科，一位研究中世纪和文艺复兴时代性问题的专家。她的办公室在雪城大学佛罗伦萨校区内，俯瞰萨伏那洛拉广场。

"可能不太尽如人意。"那位母性十足的学者满头银发，态度热情，笑呵呵地摇头回答，似乎觉得这个问题有些突兀。

然而，她和她的同事们的勤奋研究显示，在文艺复兴时期的佛罗伦萨，性欲是一个非常严肃的问题。神职人员警告说，性欲带来危险。在她办公室窗外，有一尊雕像：那位修士表情严厉，似乎正盯着我们。诗人们狂热地赞美性爱带来的快乐。人文主义哲学家们生活在看似永恒的性爱热流中。他们乐此不疲，将其视为男人个体的完美表现。

"男人"是关键词。在文艺复兴时期，佛罗伦萨人并未提出男女不同的双重标准，而是提供了两种迥然不同的性经验：一种为了娱乐，一种为了生殖。前者主要见于受过教育的年轻富裕男性。其长辈们觉得，他们痴迷女性，脾气暴躁，"非常愚蠢"。他们心智上并不成熟，情感上欠缺控制，政治上不负责任。

在那个城市中，单身汉狂热地追求我们所称的"萍水交欢"，以或多或少心甘情愿的方式，勾搭任何可以得到的对象，包括仆人、奴隶、工薪阶层少妇、模样清秀的年轻男性、妓院里的妓女。顺便补充一点，那时的妓院由政府管理，提供可被社会接受的性活动，以此替代与男童的性行为。佛罗伦萨的男人与数个女人发生关系之后，一般就会戴上稳定的婚姻枷锁，完成最基本的神圣使命，生儿育女。但是，他们并不必然放弃在这方面的娱乐追求。

～

女性的境遇完全不同。从少女时期开始，姑娘的贞操便成为家里严加看护的重中之重。只有姑娘在婚前保持纯洁，婚后保持忠实，才能保证丈夫血统纯正，子女合法，家族不失名望。哪怕是对一个女儿或者姐妹的言语中伤，都可能招致家人的血腥报复，更不用说真的侵犯行为了。

对父亲们来说，稳妥的做法是尽早将女儿嫁出去，以便她开始生儿育女。根据历史学家的计算，从 12 岁到 40 岁，佛罗伦萨的女性每隔 13 至 14 个月一般都会怀孕。

在夫妻的生殖行为中，有可能出现少量的娱乐活动。新婚之夜次日，乌尔比诺公爵的遗孀——她是公认的高雅女性——冲进她侄女的卧室，激动地说："与男人睡觉真是快事！"

人们追求感官快乐，这样的做法并不仅仅限于受过教育的上等阶层。马修斯－格列科教授告诉我，弗朗切斯科·德尔·焦孔多那样的商人并非"像我们设想的那样，行为规规矩矩"。他们喜欢裸体女人的绘画，喜欢表现男女交媾的绘画（这可被视为互联网色情的温和先驱）。在他们之中，许多人年轻时常常出入城里的妓院。男人如果具有经济实力，有时候单独包养或者与他人共养情人。

妻子们也沉迷于某种猥亵活动，例如，做带有色情性质的室内游戏，吟唱淫猥歌曲。在文艺复兴时期，随着图书的普及，马泰奥·班戴洛[1]（1480—1562 年）创作的淫秽小说面世。马泰奥·班戴洛曾是修道士，他的作品有的描绘放荡的修女，有的刻画戴绿帽子的滑稽男子。

---

[1] 意大利文艺复兴时期的杰出小说家。——译注

可以识文断字的佛罗伦萨妇女读了那样的小说之后，既感到快乐，又心生内疚。色情带来的震颤也侵入了闺房。有时候，装满嫁妆的箱盖里面，装饰着诱惑图案，其目的大概是为了煽起性爱激情，激发生殖冲动。

到了 16 世纪，那样的图案转移到主卧室的墙壁上。我在佛罗伦萨所租的位于科斯塔圣乔治街的那套公寓中，发现了此类不加掩饰的浪漫内容。在架子床的上方，悬挂着一张巨幅画像：一个裸体女子仰面躺着，目光充满期待，希望得到爱人的拥抱。那套公寓人称"性爱"，也算名副其实。

在文艺复兴时期，如果像弗朗切斯科和丽莎那样的夫妻需要——或者希望——专业咨询，了解如何增加夫妻之间的亲密关系，医生、传道者和哲学家都乐意提供服务。相关的初级自助手册十分普及，甚至非常抢手。它们所用开本和字体都很特别（大多数没有封面），一眼就能辨识。历史学教授鲁道夫·贝尔——他编写了《文艺复兴时期意大利人的美好生活指南》——认为，它们的读者主要是丽莎和弗朗切斯科那样的"城乡富人，例如，律师、医生、商人、手工艺技师、大地主和富农。他们的妻子常常也加入了其中"。在那些手册中，充满好奇心的佛罗伦萨人可以发现许多方面的相关信息：最佳场所（在婚床上，室内弥漫着麝香、琥珀或芦荟油散发的芳香）、理想时间（凌晨，经过一晚安睡，食物已经充分消化）、天气（干燥强劲的北风对男方有利）、姿势（妻子仰面朝天，丈夫俯卧向地）、禁忌（只能亲吻嘴巴，没有不必要的抚摸；最重要的是，精子只能射在阴道之内，那是它的神圣归宿）。

已婚夫妇双双裸睡，唯一的穿戴是睡帽，以便让男女的精华之液保持温暖，顺利到达生殖器。男女双方都有义务，在对方要求时同房。
前提是，双方的欲望不与教会规定的时段发生冲突。教会禁止夫妻在
一些日子中亲热，其中包括星期五和星期日、宗教节日、四旬斋期间，
以及女方行经和怀孕的时候。

对男人而言，人文主义者莱昂·巴蒂斯塔·阿尔贝蒂建议两点：
节制和体贴。"丈夫焦虑不安，心生恐惧，或者有其他类似情绪时，不
应与妻子同房。"他建议说："其原因在于，那样的情感……干扰和影
响生命的种子。生命种子必须再现人的形象。"另外一条永恒的建议
是："让自己引起女人的强烈欲望。"

我觉得，列奥纳多·达·芬奇不大可能为夫妻提供咨询。但是，
他也表达了自己的看法："如果男人行房时咄咄逼人，磕磕碰碰，生下
的孩子就会脾气急躁，无法信赖。但是，如果同房时双方满怀爱情和
愿望，孩子就会聪明、睿智、活泼、可爱。"心理学家认为，这番话以
理想化的形式，表达了他对受孕和生育的幻想。

那时的首席两性问题专家的姓氏如雷贯耳：萨伏那洛拉。乔瓦
尼·米凯莱·萨伏那洛拉（1385—1468 年）是帕多瓦大学的著名医学
教师，曾在费拉拉的宫廷中担任医生，其曾孙是天主教的多明我会教
士·吉罗拉莫·萨伏那洛拉。

乔瓦尼·米凯莱·萨伏那洛拉是非常高产的作家，在普及医学知
识方面起到了开拓作用。他为已婚男女撰写的著作可能是最早的性爱
手册，其基调讲求实际，而非迷恋淫欲。例如，他建议说，为了怀上
儿子，应该注意交媾姿势，以便确保来自男人的右侧精囊的精子"更
温暖，使其顺利进入女人的子宫的温暖右侧"。那种做法相当复杂：首
先，用止血带将左侧精囊结扎起来；其次，在交媾中，使用一个枕头，

抬起女人身体的右侧。

那位博学的医生承认，他就那样的问题撰写著作，可能引起人们的粗暴谴责。尽管如此，他依然提供建议，其中的某些方面听起来非常现代。当时的神职人员告诫说，不要触碰阴唇，那是身体的"不诚实部分"；萨伏那洛拉与之不同，提倡前戏，建议刺激阴蒂，抚摸女方的乳房和乳头，以便让她达到性高潮。他认为，那是不可或缺的受孕条件。他指示说，在她的伴侣"射出种子"之后，女方要抬高臀部，夹紧两腿，以便让精子下行，进入子宫。一位与他同时代的人还增添了一条告诫："勿打喷嚏！"

无论是否获得了性爱灵感，无论是否听从了具体的说明，弗朗切斯科和丽莎找到了基本的怀孕方法。两人结婚一年之内，丽莎便开始期待，去获得文艺复兴时期的女人可能追求的最大荣誉：带来新的生命。

"赞美上帝吧，我们听到了好消息！"在托斯卡纳，一本流行的怀孕手册以这样的语句开头。接着，它提供了有关女性解剖学和胎儿发育的初级教程，"以便让希望怀孕的贵妇人了解这些问题"。如果丽莎·盖拉尔迪尼有那样的意愿，她可以学到一点：受孕之后，她的子宫紧紧关闭，哪怕针尖也无法通过。她丈夫的精子具有热度，就像良好的土壤，让她体内的种子膨胀，并且在四周形成保护性涂层，颇像包裹鸡蛋的那层膜。

精气从精子的热量中发射出来，在子宫内形成灵魂。那是驱动其他一切的生命力量。如果精气强大，它将扩展精子中的物质，以便在子宫内组成"男孩前面的那个东西"（即阴茎）。如果精子具有一定生殖热度，但是并不足以形成男孩，其结果就是生女孩。

种子受到经血的滋养，慢慢呈现出人形。男孩大约需要 30 天，女孩大约需要 40 天。无论是男是女，胎儿都在子宫之内定位，就像耶稣在十字架上一样：两腿朝下，胳膊伸开，脑袋向前。当子宫内部的空间变得太拥挤时，婴儿就会翻一个筋斗，面部向后，脑袋和肩膀抵住子宫口，做好出生的准备。

在这个神秘的过程中，丽莎就像女王一般，在德尔·焦孔多家里拥有至高无上的地位。非常迷信的托斯卡纳人认为，必须溺爱将要成为母亲的女人，不让她受到任何搅扰。我第一次听到这个说法时，不禁一笑了之。但是，在丽莎那个时代，佛罗伦萨人认真对待这个广为传播的告诫性说法：一个女人在怀孕时受到惊吓，后来生下了一只老鼠。

当时流行的咨询手册试图寻找科学根据。萨伏那洛拉大夫技术高明，在提及孕妇时使用了"你"这个听来亲切的称呼："你理解我吧，妇女读者。每天要吃三餐，以最好的面包为主。做面包的面粉要使用纯净小麦的中心部分。"挑选小牛肉、牛肉、小山羊、羊羔、嫩羊肉或者猪肉。不要食用过多的食盐或鹿肉——这两样东西让人忧郁。避免食用鱼类——它们性寒，潮湿，可能导致血液黏稠。但是，多吃野猪肉、烤兔肉、鸡肉、阉鸡肉、小母鸡肉、小松鸡肉、野鸡肉、山鹑肉、鸽子肉。诸如此类的美味让该书作者难以抗拒："哦，妇女读者，面对这样的食物，哪个女人不愿怀孕呢？"

他接着补充说，只喝陈年红葡萄酒，"远离白葡萄酒，妇女读者。哪怕白葡萄酒看起来不错也不要沾"。凉水绝对不要喝。在妊娠的前 9 个月中，最好喝红葡萄酒。怀孕 9 个月时，喝白葡萄酒将"让你身体放松，并且促进分娩"。

在妊娠的最后几周中，丽莎的肚子越来越大。有人告诉她，应该使用温水洗澡，以便"慢慢扩大腹腔，让分娩更加容易"。她的女亲戚们提供各种各样的驱邪之物，以便顺利分娩：珊瑚礁、曼德拉草根、芫荽籽、粉碎的蛇皮、兔子奶、小龙虾。

萨伏那洛拉医生强调说，宫缩开始之后，产妇要在椅子上坐大约一个小时，两腿分开。然后，产妇躺在床上，"以便看一看婴儿是否敲门"。如果没有动静，他建议产妇做一些体操动作。"任何一位分娩的女人都要这样"。但是，我觉得，诸如此类的建议简直荒唐可笑：

> 爬上梳妆台或其他较高的家具，接着跳下来。这个动作重复数次。如果攀爬和跳跃让产妇觉得太累，可以弄来两根柱子，让产妇站在上面，踮起脚尖，对空踢腿，然后跳下来，脚跟着地。产妇要深呼吸，闭上嘴巴和鼻子，时间越长越好，以便让空气下沉，进入腹腔。

如果分娩过程持续数小时，那位受人尊重的医生建议，让产妇吃一些东西，闻一点加香料的葡萄酒。应该和她聊一些愉快的话题，以便分散她的注意力。他还指出，尖叫起到双重作用：一个是帮助婴儿出生，一个是"引起丈夫的怜悯"。此外，未来的父亲此时在室外等待，尖叫可以加剧他的痛苦感觉。

盖拉尔迪尼家的另外一个女儿——玛格丽塔·达蒂尼的妹妹——遭遇难产，挣扎了整整5天。她极度痛苦，6个女人不得不拽住她，以免她有轻生之举。她的丈夫当时在场，后来描述了自己的无助感。在佛罗伦萨的石墙耸立的街道上，常常回荡着妇女在分娩时发出的厉声尖叫。在一位历史学家笔下，那是"正常的刺耳之音"的组成部分。

丽莎本人听到过这样的叫声，也听到过这样的故事：产妇和婴儿经历分娩磨难之后，最后一命呜呼，坠入永恒的死寂。一方面，她面对许多恐惧；另一方面，她也从身边女人的安慰中获得了力量。接生婆用药草蘸上膏药，涂抹她的身体。奶妈擦拭她的额头，并且让她的嘴唇保持湿润。她的一位教母站在床前，给她朗读圣玛格丽特的传说：圣玛格丽特被一条龙生吞下去，后来完全脱险。丽莎的母亲可能口诵《玫瑰经》，嘴里不断祈祷。在阵痛加剧时，丽莎的女亲戚们伸出援手，帮助她渡过难关。

最后，丽莎屏住呼吸，终于让第一个儿子见到了光亮。在一大批兴奋不已的教父、教母和祝福者的簇拥之下，弗朗切斯科骄傲地抱着婴儿，来到洗礼堂。1496 年 5 月 24 日，星期二，婴儿接受洗礼，取名皮耶罗·扎诺比·德尔·焦孔多。在德拉斯杜法街的德尔·焦孔多家中，奶妈动作轻柔，为丽莎擦洗身体，更换衣服，梳理头发，还喂了她放了许多食盐的鸡汤。

丽莎与婚礼时一样，再次居于至高礼遇的位置。墙上挂着色彩鲜艳的绣帷。宾客们纷至沓来，赠送木制分娩盘。盘子的正反两面都绘有图案。她和丈夫一起动手，把那些盘子挂在卧室墙上。有的人送来画着嬉戏婴儿的白釉分娩陶碗，还有成堆的糖果、干果、特制面包以及杏仁蛋白蛋糕。其中至少有一个碗展示了这个常见的主题：裸体婴儿和天使一起，撒出银色和金色细流。

弗朗切斯科和佛罗伦萨的其他身为父亲的人一样，详细记录儿子皮耶罗生活的分分秒秒，然后为他定制一份占星图。此外，他给丽莎购买珠宝，作为传统礼品，以表示自己的谢意。他的堂哥巴尔托洛梅奥也给丽莎送上一份特殊的礼物。在弗朗切斯科的几个孩子出生时，巴尔托洛梅奥的礼物分别是一块宝石、一串珍珠、一条金项链。当然，弗朗切斯科不可能显得逊色，也给丽莎购买了一个十分漂亮的首饰。

很快，这些"虚荣物品"将会招致教士的怒火。

在宽敞的大教堂中，吉罗拉莫·萨伏那洛拉修士——那位医生兼作家的曾孙——面对数量空前的人群，继续他那令人惶惶不安的说教。丽莎已将儿子送到乡下，交给一名奶妈抚养。她陪着弗朗切斯科前往大教堂，聆听那位修士的教诲。不过，一道帘子将男女信徒分开，她必须待在女士那一侧。

在德拉斯杜法街的家中，弗朗切斯科和丽莎已经听到，萨伏那洛拉的追随者——他们人称哭泣者或流鼻涕者——沿街游行，时而高喊"基督万岁！"，时而高唱《渴望耶稣》等歌曲。"永远渴望，渴望，渴望"的和声此起彼伏，响成一片。反对萨伏那洛拉的人（人称忿激派，或愤怒者）同样煽情。他们使用油脂和大粪涂抹他的讲坛，并且在讲坛四周悬挂腐烂的驴皮。他们知道他强调时喜欢敲击讲坛边缘，于是在上面钉上长长的尖刺。

1497 年的四旬斋前，举行了狂欢庆祝活动。在那些天里，追随萨伏那洛拉的幼童营成员倾巢出动，敲开城里每户人家的大门，要求他们交出"虚荣物品"——珠宝、皮草、宣扬异教的图书、假发、香水、纸牌、骰子、扇子、化妆品、颓废艺术品。像弗朗切斯科那样的精明人听到风声，提前备好廉价饰品和过时服装，交出来糊弄了事。

2 月 7 日，四旬斋前庆祝活动进入最后一天。在市政广场上，搭建了一座 50 英尺高的金字塔架子。那天晚上，萨伏那洛拉的拥趸们蜂拥而至，先将收缴的"虚荣物品"倒在柴草堆上，接着在顶端放置一尊撒旦的塑像，随即点燃一把大火。一时间火光冲天，唱诗班大声歌唱，乐队小号齐鸣，教堂钟声敲响。根据一位日记作者的说法，"全城人几乎悉数"到场。但是，"只有那位修士的追随者们交口称赞，其他人表示强烈谴责"。当然，弗朗切斯科·德尔·焦孔多肯定是后者的一员。

修士的追随者与反对者之间的冲突加剧。萨伏那洛拉宣称，自己是上帝的信使。他抨击来自波吉亚家族的教皇亚历山大六世，将其称为元老院的"粪坑"。教皇下令，将他逐出教会。萨伏那洛拉怒目而视，呼吁"基督教的保卫者们"废黜教皇。但是，佛罗伦萨人听到萨伏那洛拉的叫嚷，已经深感厌倦。1498 年，狂欢节篝火再次点燃。但是，效果远远不及前次，难以吸引大量的热情民众。

正如萨伏那洛拉预测到的，佛罗伦萨人的信仰真的就像蜡烛，"只需一点热量，就可将其熔化"。

1498 年 4 月 8 日，一帮忿激派分子冲入圣马可修道院，将萨伏那洛拉拖了出来。他们押着他穿过嘲笑四起的人群，将他送进了监狱。弗朗切斯科·德尔·焦孔多到了市政广场，从聚集在那里的人群的口里，了解到那位修士遭受酷刑的详细情况。

萨伏那洛拉胳膊朝后，悬挂在一种叫作吊刑的装置上（在意大利语中，该刑具叫 strappado，源于 strappare，意为劈开或撕碎）。有人拉动一根由滑轮控制的绳子，先将他升到半空，然后让他坠落。当他的身体距离地面几英寸时，绳子被突然拽住。那样的坠落力量很大，可以撕裂肌腱，拉断胳膊，让肩部关节错位。反复折磨几次之后，修士的浑身骨头已经散架，嘴里一声叹息，承认自己传播了异端邪说。

在接下来几周里，弗朗切斯科·德尔·焦孔多看到，搭建了一座木吊桥，将维琪奥王宫与市政广场连接起来。在一个春天的晚上，我站在显示那个位置的标牌前，猜想 1498 年 5 月 13 日那天的可怕场景。

一名刽子手押着萨伏那洛拉和他的两个同伙，来到这个地方。三个囚徒身穿白色束身衣，脖子上套着铁项圈。他们挪动绑着铁链的双腿，走过人行道，顺着狭窄的楼梯，走上了高高的绞架。

"噢，先知，见证圣迹的时刻到了！"在人群中，一个人高声呐喊，"先知，救救你自己吧！"

没有出现什么圣迹。绞索套在三人的脖子上。接着，他们的身体开始在半空中悬荡，抽搐一阵之后，慢慢耷拉下来。铺在绞架周围的火绒被点燃，熊熊烈火瞬间吞没三人。佛罗伦萨人纷至沓来，朝三具尸体扔石块。发黑的肢体一块接着一块落在地上。有人将他们的骨灰铲起来，放进手推车，扔进阿尔诺河里，以便消除那些异教徒的全部痕迹。日记作者卢卡·兰杜奇写道，萨伏那洛拉的最忠实的追随者们赶到河边，收集水面上的白骨碎末，作为遗物保存起来。

在其后数天里，弗朗切斯科和丽莎闻到，空气中飘荡着刺鼻的酸味。紧张气氛持续的时间甚至更长。全城的教堂被火点燃。在新圣母玛利亚教堂中，山羊四处乱窜。在大教堂的圣诞节弥撒上，有人放开一匹眼冒凶光的烈马。它抬起前蹄，在教堂大殿里横冲直撞，最后被人砍死。

对米兰的卢多维科·斯福尔扎来说，那也是动荡年代。那位公爵当初支持法兰西国王入侵意大利，后来改弦易辙，加入了"意大利联盟"。那是一个拼凑起来的松散组织，成员有城邦国家、公国和教皇军队。他们联合起来，只有一个主要目的：将法兰西人赶出意大利。斯福尔扎急需武器，甚至下令将为列奥纳多创作骑马者铜像而收集的青铜熔化，用来制造大炮。

"对于这个决定，我没有任何异议，"列奥纳多失望地写道，"因为我知道，局势相当糟糕。"公国定制了另外一件纪念作品。一幅耶稣和他的门徒们共进晚餐的壁画，地点是米兰感恩圣母堂里的多明我男修道院——他的父亲安葬在那里。列奥纳多没有采用表现共进圣餐的时刻的传统做法，而是集中刻画了使徒们听到耶稣说这句话时深感震惊的表情："你们当中的一个人将要背叛我。"它就像一记耳光，重重地击打在每个使徒的脸上。

当时，马泰奥·班戴洛在感恩圣母堂见习，目睹了艺术家创作那幅作品的过程，给我们留下第一手资料。他写道，有时候，列奥纳多"来得很早，爬上脚手架，开始工作［创作《最后的晚餐》］。他从黎明干到日落，从未放下画笔。他忘记了吃饭，忘记了喝水，一刻也不休息"。有时候，他同时进行不同的项目。灵感突现时，他甚至顶着正午的烈日，大步流星，穿越城区，"爬上脚手架，拿起画笔，点上一两下，然后再次离开"。

列奥纳多一边赶路，一边扫视街道上的人群，以便发现生动的面孔，让其作为十二使徒的模特：愤怒的彼得、惊呆的雅各、昏厥的约翰、疑惑的多马。到了 1497 年，他已经取得了相当大的进展。但是，修道院院长对此并不满意，曾向卢多维科公爵抱怨说，列奥纳多看来会延误交件时间。

瓦萨里告诉我们，列奥纳多应招晋见公爵。他解释说，他实际上每天在《最后的晚餐》上至少花费两个小时，不过大多数时间用于构思。他还神秘兮兮地补充说，他已经完成了全部人物的面部创作，只剩下犹大了。如果他无法很快找到容易被人理解的面孔，他将把焦躁不安的修道院院长的面部特征，放在圣经中那个恶棍的脸上。公爵听后忍俊不禁。当然，那位院长却另有想法。

在绘制犹大画像时，列奥纳多将那个叛徒置于阴影中：他的肘部放在餐桌上，脑袋比画面上的其他人低一些，手里抓着一个小袋子。也许，袋子里装着他出卖耶稣所得的报酬。列奥纳多惟妙惟肖地刻画了那样的姿态，准确地呈现了犹大的面部表情。而且，他还精确捕捉到使徒们当时在情感方面的微妙变化，即他所说的"灵魂动作"，所用的艺术手法超越了以往任何画家。

在创作那幅将被誉为"欧洲艺术的基石"的作品时，列奥纳多没有沿袭当时标准的壁画技法，没有在湿石膏上直接作画。他另辟蹊径，尝试不同的黏合剂，使用了不同寻常的白色基底。在几个月之内，小部分色彩开始从湿润的墙壁上脱落下来。

没过多久，米兰的天空本身似乎也开始垮塌。根据宫廷传言，1497 年 1 月，贝雅特丽齐公爵夫人在跳舞时突然死去。卢多维科公爵的那位夫人非常喜欢在宫廷里举行表演和宴会，甚至在第三次怀孕时，也没有任何收敛。她在出席一次宴会时虚脱，开始分娩。一名接生婆和助产仆人很快将她围起来。一位医生匆匆赶到斯福尔扎城堡。但是，为时已晚。婴儿已经死去。不久，刚满 22 岁的贝雅特丽齐也撒手人寰。她的丈夫极为伤心。

15 世纪慢慢进入最后几年，佛罗伦萨人也开始面临以泪洗面的日子。1497 年，丽莎·盖拉尔迪尼生下第一个女儿。那个小姑娘像佛罗伦萨的半数小孩一样，没有活过童年时期。1499 年 6 月 1 日，皮耶拉·德尔·焦孔多死去，年仅两岁。据说，她埋在新圣母玛利亚教堂墓地。那时，佛罗伦萨遭遇了许多折磨，包括瘟疫、流感、肺结核，还有一种无名热病。那个孩子究竟死于什么疾病？我们不得而知；但是，她的父母永远承受着失去女儿的悲伤。

弗朗切斯科和丽莎哀痛万分，然而不得不继续生活下去。1499 年，那位商人在十二贤人团——佛罗伦萨的最高权力机构之一——中任职，为期两个月。1499 年 9 月 9 日，埋葬第一个女儿仅仅几个月以后，丽莎生下另外一个女婴——他们的宝贝卡米拉。

　　历史的万花筒再次出现变幻。在法兰西，曾经率军入侵佛罗伦萨的法兰西国王查理八世一头撞上自己城堡的门楣，一命呜呼。路易十二（1462—1515 年）继位。新国王是维斯孔蒂家族——以前的米兰公爵——的后裔。他认为，米兰是自己祖先的出生之地，决定收复那座城市。他率领法军穿过阿尔卑斯山脉，准备进攻的目标是米兰。

　　9 月 2 日，法军的炮弹落在附近城镇里，卢多维科公爵逃之夭夭。4 天之后，米兰人打开城门，宣布投降。列奥纳多当时手里有若干项目和定制作品，脑子里考虑的全是艺术构思和种种密谋。时局的发展似乎令他猝不及防。

　　1499 年 10 月 6 日，法军进入米兰街道。在道路两旁悬挂白旗，上面有象征那个国家的百合花。在队伍的最前面，是两个将在列奥纳多的人生中起到重要作用的人：一个是法兰西国王路易十二，另一个是切萨雷·波吉亚（1475—1507 年）——臭名昭彰的腐败教皇亚历山大六世的儿子，时任法军指挥官。

　　国王路易十二看到列奥纳多创作的令人惊叹的《最后的晚餐》，随即下令将那件杰作运回法兰西。瓦萨里写道，"陛下没能如愿"，其原因仅仅是，无法将壁画从墙壁上剥下来。列奥纳多没有等待国王的进一步命令。他将自己的全部存款，悉数转移到新圣母玛利亚教堂银行（在佛罗伦萨，那家银行受人信赖，他父亲塞尔·皮耶罗·达·芬奇、米开朗琪罗和安东马里亚·盖拉尔迪尼都是它的客户），然后离开了那座城市。

　　"我卖掉了无法带走的物品。"列奥纳多在笔记中写道。1499 年 12 月，他和萨莱离开米兰，同行的还有他的长期伙伴兼合作者数学家卢卡·帕乔利。在他们拉着的手推车上，装着尚未完成的作品和素描，以及成捆的设计图纸和速写。

到了曼图亚，他们一行三人在曼图亚女侯爵伊莎贝拉·德斯特的府邸短暂停留。已故米兰公爵夫人的妹妹出面，热情欢迎列奥纳多。但是，她随即开始向他索要画作。列奥纳多送给她一幅粉笔画，并且承诺将来再赠画作，这才将她安抚停当。他们再次启程，前往威尼斯。威尼斯面临奥斯曼帝国扩张带来的威胁，列奥纳多表示，他愿意就军事防御事务提供咨询（结果泥牛入海）。

后来，列奥纳多听到消息：斯福尔扎遭到瑞士雇佣兵的背叛，已经沦为阶下囚。列奥纳多在笔记本背面上草草写道："公爵失去了他的国家和财产，身陷囹圄，已经无法完成任何艺术项目了。"无情的命运等待着那位被废黜的米兰统治者。卢多维科·斯福尔扎被装在一个铁笼里游街示众。后来，他被押送到法兰西，扔进卢瓦尔河谷的一间潮湿的地牢中，待遇十分悲惨。囚徒生活几乎将他逼疯。8 年之后，他在狱中死去。

列奥纳多也损失严重。法兰西军人掏出弓箭，对着他那高高矗立的骑马者雕像泥塑一阵乱射，将它完全毁坏。他的卓越的《最后的晚餐》已经开始崩解。他创作的若干镶板绘画分散各处，在不同的私人藏家手中。

"一个年近 50 的男人遭到重创，"一位传记作者写道，"已将自己的最好年华，给予了一个追求权力的二流专制君主。"

在未来的岁月里，他将遇到自己没有预见到的命运转折。列奥纳多性格温柔，不吃任何肉食，常常购买笼中之鸟放生；这时，他将为一个即便听到名字也会令人恐惧不已的冷血军阀工作。他是一位自学成才的工程师，毕生都对水利深感兴趣；这时，他试图改变托斯卡纳阿尔诺河的水道——那是一个极为艰巨的项目，堪比赫拉克勒斯之举。他在绘画领域里驾轻就熟，但却蔑视雕塑；这时，他与一个嘲笑绘画的厚颜无耻的年轻雕塑匠人面对面竞争。他终身未娶，身边不离标致男童；这时，他却奉献多年时间，画出了一位神秘的年轻女人的肖像。

　　这时，列奥纳多别无去处，只好返回家乡佛罗伦萨。

第三编　新世纪

——

（1500—1512 年）

第八章
新的开始

丽莎·盖拉尔迪尼和她的家人一起，欢迎新世纪的到来。那个日子不是在 1500 年元旦，而是在佛罗伦萨的传统新年——3 月 25 日的报喜节。那是一个神圣的节日，旨在纪念天使加百利。那位天使从天国降临人间，告诉拿撒勒的一位少女：上帝已经选中她，让她作为他儿子的母亲。玛丽亚接受了神的意志，于是圣灵"进入她的子宫"。9个月之后，耶稣基督诞生了。一年一度，佛罗伦萨人欢天喜地，涌入圣母领报广场。那座大教堂 13 世纪由圣母玛利亚会的修士们建成，用于每年的新年庆祝活动。

16 世纪初叶，有三个男人在这个受人仰慕的神殿中汇聚：第一个是 35 岁的弗朗切斯科·德尔·焦孔多。他提供了教堂祭台的亚麻装饰和牧师的法衣，并且为修士们兑换货币。第二个是 73 岁的塞尔·皮耶罗·达·芬奇。他为那座获得丰厚捐赠的教堂管理繁复的财务账目和法律事务。第三个是塞尔·皮耶罗 48 岁的儿子列奥纳多。那年的 4 月 24 日，他回到佛罗伦萨，一无工作，二无居所，生活需要从零开始。

皮耶罗·达·芬奇和他的儿子一直保持联系。"我亲爱的父亲，"在唯一幸存下来的两人之间的通信片段中，列奥纳多写道，"收到您的来信，顿时既感愉快，又觉悲伤。我高兴地得知，您身体健康。感谢上帝。知道您遭遇麻烦，我深感郁闷。"

我们不知道塞尔·皮耶罗究竟遇到了什么灾难。那位看似健康的老者和他的第四任妻子一起，住在皇帝党路上的豪宅中。在他们家里，有 11 个整天喧闹的孩子：9 个男孩，2 个女孩，大的 24 岁，小的不到 2 岁。他善于掌控局面，有可能通过幕后运作，让自己受到好评的儿子住进圣母领报大教堂修道院。在那里，他儿子将绘制一幅圣母与圣安妮的画像，悬挂在中央祭台上。圣母玛利亚会的修士和修女们企盼，那幅作品将给他们的教堂增添荣耀，随即订购了一个精美的画框。画框 10 英尺高，6 英尺宽，以便容纳列奥纳多绘制的最大尺寸的镶板绘画。

佛罗伦萨的艺术家们就像现在的摇滚乐明星，享有很高地位。他们欢迎列奥纳多返回故里，将他视为活着的传奇人物。在佛罗伦萨，见过他在米兰创作的那些杰作的人屈指可数。但是，大家都听说，那些作品非常漂亮。列奥纳多研究科学和数学，这两点结合起来，放大了他作为全才的美誉。除了他那令人过目不忘的英俊相貌之外，那些尚未完成的项目也显示了他的巨大声誉，例如，被法兰西军人乱箭射倒的巨大的骑马者雕像模型。艺术家们涌到各自作坊门口，妇女们从二楼的窗口探出身体，争相一睹他的风采：他身材修长，穿着玫瑰色长袍，原本浓密的金色卷发现已斑白，银光闪烁。

列奥纳多在圣母领报大教堂修道院安顿下来之后，圣母玛利亚会修士们带着骄傲的神情，给他展示他们的无价之宝：一幅"令人叹为观止的"圣母玛丽亚画像。多年之前，在但丁·阿利吉耶里协会学习意大利史时，我与一位健谈的修士聊天，听说了这个故事。那所语言学校就在街道拐角，利用了一家修道院的原址。几乎每天课后，我都要走到那座供奉圣母的神龛前，驻足祈祷，为我患病的母亲点燃一根蜡烛。

那位和蔼可亲的修士告诉我，13 世纪的一位无名艺术家最先动手绘制那幅画像。那位艺术家努力尝试，但是最终也无法捕捉到玛丽亚的近乎完美的风采。后来，艺术家精疲力竭，身体虚脱，醒来时却发现，有人——他肯定是天使——已经完成了画像，其技法超过任何人力所及。

那幅画像异常壮观，吸引着来自所有信奉基督教的国度的朝圣者。平时，画像安放在精美的青铜礼拜堂中——它由洛伦佐·德·美第奇的父亲皮耶罗出资建造。每逢特殊的庆祝活动，信徒们抬着它，穿过佛罗伦萨的街道。虔诚的信徒见后敬畏不已，纷纷虔诚跪拜。如今，它的前面摆放数以百计的谢恩奉献物（祈祷兑现之后，信徒表示感激的象征品，多为蜡质或金属制品），验证着圣母拥有的奇迹力量。

列奥纳多曾在米兰过着花花公子的生活，那时竟然安居修道院中！我觉得这一点难以想象，于是重返圣母领报大教堂修道院，希望一探究竟。一位终身出家的修士接待我。他身体枯瘦，两眼就像萤火虫，手里捧着各式各样的明信片、日历和勋章。我掏出 10 欧元，买下全部物品，然后询问很久之前列奥纳多住在那里时的情况。他健步如飞，说话如风，领着我穿过洞穴般的大理石教堂的中部，进入内院。

那里十分宁静郁郁葱葱，恰似绿洲。

他喘了一口气，指着附近的一座建筑——现在，它被佛罗伦萨军事地理研究所占用。他用飞快的意大利语告诉我，那里有一间工作室，列奥纳多当年在那里制作纸板模型。列奥纳多根据圣母玛利亚会修士们提出的定制要求，画出与祭台的实际尺寸一致的最初设计图。就在几年之前，该研究所进行修缮。工人们拆除一面墙壁时，发现了一个秘密楼梯间和几个小房间。从那以后，人们便认为，它们是列奥纳多和他的助手们当年工作的地方。

"您猜猜，他们在那些墙壁上发现了什么？"修士问道，似乎故弄玄虚。

我一脸茫然，摇了摇头。

"鸟儿！"他惊叹一声。那些素描可能出自列奥纳多本人之手（我对此表示怀疑），画的就是在我们当时站立的院子里飞来飞去的那种小鸟。

我和修士在凉廊下漫步。我发现，他穿着简朴的凉鞋。其实，那只是用皮绳固定起来的木板而已。我不禁想到列奥纳多当时想要的那种天鹅绒鞋子：它为手工缝制，并且配有扣子。当年，那些谦卑的修士们和他们的著名客人如何看待对方呢？圣母玛利亚会修士们神情虔诚，穿着粗布长袍，腰间系着绳子。列奥纳多是个世俗侍臣，他的衣柜中挂着各式服装：粉色和浅玫瑰色加泰罗尼亚式晚礼服、带有大领和兜帽的深紫色斗篷、深红缎子外套，外加两顶粉色帽子。列奥纳多曾在米兰过着大都市人的生活，长期安居在公爵的宫殿里，利用宫廷舞厅作为画室。在佛罗伦萨，他是如何适应修道院的小隔间，适应晨钟暮鼓、虔诚祈祷的日常生活呢？

对于列奥纳多的宗教信仰，我们知之甚少。一方面，他创作的宗教题材作品画面漂亮，寓意深刻；另一方面，他从未以任何传统方式显示宗教虔诚。但是，他确实觉得，在他自己与上帝之间，存在某种职业方面的密切关系。他曾经指出，画家也可以创造人间的一切事物，包括田园风景、宏伟高山、汹涌海洋。他写道："绘画具有神圣性质。这意味着，画家的心灵得到转变，化为上帝的心灵形象。"

但是，教会引起他毫无掩饰的蔑视。列奥纳多这样批判神职人员："他们说了许多话，敛了许多财，只是承诺给人天堂。"而且，他还谴责出售赎罪券的做法，谴责礼拜仪式中的矫揉造作，谴责崇拜圣人的言行。艺术史家认为，列奥纳多不把光环罩在宗教人物的头上，将他们表现为有血有肉、可能堕落的凡人，而不是住在天堂的角色，借此"摘除了中世纪的冠冕堂皇的面纱"。

根据瓦萨里的刻画，列奥纳多以科学家的面貌示人，自学成才，明察秋毫，头脑冷静。他依赖观察，信赖理性，"不可能接受任何种类的宗教"。但是，也许对1500年的列奥纳多来说，圣母领报大教堂修道院远离喧嚣，似乎是一个上天赐予的避难所，在他最需要时刻，给他提供了平静和稳定的生活。我在它的庭院中驻足时，也深深感受到了这一点。

1502年，列奥纳多在圣母领报大教堂修道院居住期间，弗朗切斯科·德尔·焦孔多以该教堂的日常供货商的身份，与代表圣母玛利亚会修士的塞尔·皮耶罗·达·芬奇见面。两人发生了争执，其起因是修士们对弗朗切斯科经手的一张汇票表示异议。弗朗切斯科做面料生意，塞尔·皮耶罗从事法律事务，两人以前至少合作过一次。当时，那位公证人处理了一个与德尔·焦孔多家族相关的事情。

在弗朗切斯科经手的货币兑换业务中，出现这样的纠纷并非首次。弗朗切斯科总是试图从交易中获得更多利润，常常操纵汇率，使其出现有利于自己的浮动。但是，他和塞尔·皮耶罗并未对簿公堂。在圣母领报大教堂修道院宽敞的院子里，两人找到一个僻静角落见面。双方讨价还价，希望达成合理的解决方案。他们两人都身为人父，于是以典型的意大利方式，先聊起了比较愉快的话题，例如，他们各自的孩子们。

弗朗切斯科·德尔·焦孔多告诉对方一些好消息。他的妻子在1499 年生下第三个孩子卡米拉，1500 年生下第四个孩子玛列塔，1502年再次怀孕。塞尔·皮耶罗在皇帝党路上住了 20 余年，是丽莎的祖父母的近邻，马上表达了最佳的真诚祝愿。他曾经看着丽莎长大成人，从一个在街道上蹦蹦跳跳的可爱女孩，变成容貌超群的少女，然后是带着蹒跚学步的小孩的已婚妇女。也许，塞尔·皮耶罗可能将她的丈夫介绍给自己的名人儿子，将他视为儿子的一个潜在客户。

列奥纳多返回佛罗伦萨时，受到人们的热情欢迎，心里似乎依然躁动不定。他尝试了若干项目：最初，他绘制了一幅小型肖像，名叫《绞纱架圣母》（现在已经失散）；后来，佛罗伦萨附近的一家教堂加固地基，他提供了相关咨询；接着，他前往罗马，研究古代艺术和建筑；最后，圣米尼亚托教堂建造钟楼，他提供了咨询。他还教了几名学生，其中两人学习绘画或临摹。与他同时代的一个人说："列奥纳多常常亲自动笔，给那些作品润色。"

相关资料显示，列奥纳多领衔创作的那幅祭台绘画，没有取得什么进展。瓦萨里写道："他让他们长期等待，甚至没有做任何准备工作。"1502 年，列奥纳多终于让修士们看到了一点东西：一个纸板模型（初始设计图）。它做得漂亮，消除了任何人对他延误工期发出的怨言。根据幸存下来的文献描述，那件作品具有列奥纳多的经典特征，构图具有动感，呈现了玛丽亚、她的母亲安妮和婴儿耶稣，人物面部非常柔和。那件作品第一次与公众见面时，引起了巨大轰动，其效果不亚于一部走红剧作的首演之夜。

瓦萨里写道："整整两天，男男女女扶老携幼，蜂拥而至，进入陈列它的大厅。他们欣赏他创作的美妙绝伦的作品，眼里露出惊讶的神情。那场面就像盛大节日。"他回忆说：佛罗伦萨人"望着那件完美作品，一个个目瞪口呆"。弗朗切斯科·德尔·焦孔多也在观众之中。我们无法确定，身怀六甲的丽莎是否出席。1502 年 12 月 12 日，她生下第二个儿子安德烈亚。

也许，列奥纳多制作的纸板模型激起了弗朗切斯科的兴趣。他决定购买一幅那位知名艺术家的绘画。瓦萨里留下了关于《焦孔达》（这个词语的字面意思是"焦孔多的女人"）的源起的最早文字，其描述仅仅只言片语："按照弗朗切斯科·德尔·焦孔多的要求，列奥纳多开始为他的妻子蒙娜丽莎绘制一幅肖像。"

两人达成那笔交易，肯定不无道理。一方面，列奥纳多需要收入；另一方面，那位富商因此获得出自著名艺术家的作品，肯定感到骄傲——后来，弗朗切斯科还从其他享有美誉的艺术家那里定制一些作品。有人推测，鉴于塞尔·皮耶罗担任过艺术交易中介，塞尔·皮耶罗可能专门要求儿子为丽莎绘制肖像，将其作为送给弗朗切斯科·德尔·焦孔多的礼物。但是，没有证据支持这一说法。

达恩神父是法国的一位博物馆馆长，17 世纪首次将《蒙娜丽莎》列入王室艺术品目录。他留下的一份历史文献显示了另外一种可能性：绘制那幅肖像是列奥纳多的主意。那位学识渊博的高级教士曾任枫丹白露宫修道院院长。根据他的说法，列奥纳多曾向自己的"密友"

弗朗切斯科·德尔·焦孔多提出要求，希望获得许可，为其妻子绘制肖像。

无论是谁鼓动实施该项目，无论该安排带有什么性质，那次谈话的地点可能就是圣母领报大教堂修道院。不过，作品并不是在那里完成的。列奥纳多既没有为圣母玛利亚会修士们完成祭台画，也没有为他们绘制其他画作。

曼图亚的女侯爵伊莎贝拉纠缠她在佛罗伦萨的联系人，一位名叫彼得罗·达·诺韦拉拉的修士。她请他向列奥纳多施压，接受她的定制要求，无论他选择什么题材，开出什么价格都行。她听到的消息是："列奥纳多的健康情况很不稳定，难以预料。他活在世上的日子，可以说以天计算。"他喜欢数学、力学和科学，已经陷入一种废寝忘食的痴迷状态。诺维拉拉写道，那位天才沉迷于各种假定、公理和定理，看来已经"无暇再提画笔"。

也许，列奥纳多确实厌倦了绘画。但是我认为，他也许像现代中年人那样，希望尝试某种有意思的事情：重塑自我。这一假设或许可以解释，他为什么去干其职业生涯中最离谱的事情之一：投身臭名昭彰的切萨雷·波吉亚的门下，担任军事工程师。

1499 年，切萨雷·波吉亚和法兰西国王路易十二一起，得意扬扬地骑马进入那个被征服的城市。那是两人第一次见面。在那里，他可能看到列奥纳多的杰作，其中包括列奥纳多制作的巨大的骑马者雕像模型、无与伦比的《最后的晚餐》、设计的要塞和武器。当然，列奥纳多肯定听说过教皇波吉亚的那个儿子，听说过他的"残忍和野蛮的恶名"：那个人曾经亲手操刀，割掉一个讽刺他的罗马人的舌头，然后钉在被砍下来的手掌上。

那个军阀王子身材高大，肩阔腰细。他不但颇有城府，而且带有反社会病态人格，偏爱难以启齿的暴力。他少年时便被任命为主教，22 岁时抛弃深红长袍，接替遭到谋杀的哥哥，担任教皇国家的正义旗手和军事长官。（据说，他一直是那桩谋杀案的主要疑犯。）

切萨雷帮助法兰西国王获得罗马教廷的许可，终止了第一次婚姻。作为回报，法兰西国王将自己的皇妹赠予他作为新娘。除此之外，国王还给了他一小队人马、一笔收入，外加瓦伦蒂诺公爵的封号。27 岁时，百伦蒂诺公爵率军出发，以他父亲亚历山大六世的名义，征服现在的意大利中部。他的座右铭是：要么服从切萨雷，要么失去一切。

日记作者兰杜奇写道，佛罗伦萨全城人听到战报，切萨雷率领军队，进攻文艺复兴时期脾气最火爆的女性统治者、弗利女大公卡泰丽娜·斯福尔扎（1463—1509 年）。列奥纳多在米兰期间，也许见过他的主顾卢多维科·斯福尔扎公爵的那位侄女。至少，他肯定听说过她的冒险故事。有一次，那位长着赤褐色头发的美女孤身一人，抵挡从城堡里冲出的敌人。士兵们押着她的孩子作为人质。她勇敢地说，动手杀了他们吧。随即，她撩开自己的裙子，高声叫道："瞧瞧吧，我这里有设备，可以再造一些。"

在最后的英勇战役中，"弗利母虎"手舞利剑，和她的部下一起战斗，成功阻击切萨雷的部队，时间长达数周之久。1500 年 1 月，切萨雷占据上风，活捉那位勇敢的女大公。据说，切萨雷对卡泰丽娜施以残酷私刑，最后命令将她押送罗马，关入圣安杰洛城堡的地牢中。

"假如我可以撰写自己的传记，"卡泰丽娜 1501 年获释以后向一位僧人透露说，"我将让世人深感震惊。"有论者认为，早在 1487 年，列奥纳多的同事洛伦佐·迪·克雷迪曾为她绘制了一幅类似的肖像；有鉴于此，卡泰丽娜可能也是《蒙娜丽莎》的模特。那位雌虎式传奇人物肯定是一个有趣话题，但是没有令人信服的证据显示，列奥纳多曾经给她画过肖像。

~

1502 年，乌尔比诺的公爵宫——切萨雷刚刚征服的地方——的一个房间里烛光闪闪，列奥纳多与切萨雷·波吉亚首次见面。切萨雷彬彬有礼，赞美那位曾被誉为欧洲最英俊的男子。列奥纳多留下三幅红色粉笔速写，捕捉到他对自己的新主顾的第一印象：下颚宽厚，眼皮下垂，络腮胡须浓密，遮住梅毒引起的脓包。查理八世入侵意大利之后，"那种法兰西疾病"在整个亚平宁半岛上蔓延。白天，切萨雷戴着黑色面具。

列奥纳多最后究竟为切萨雷做了什么呢？情况并不十分清楚。也许，面对一个不断给自身安全造成威胁的掠食者式暴君，佛罗伦萨共和国自愿提供列奥纳多的服务，将其作为一种释放善意的象征。也许，切萨雷将列奥纳多视为当时最有才华的工程师，仅仅需要他的专业知识而已。

列奥纳多无须多少游说。他虽然从未上过真枪实弹的战场，但是从青年时便对战争深感兴趣。这位自学成才的工程师曾在自己的笔记本上，绘制了大量精巧的攻防机器的草图。对列奥纳多来说，无论他的主顾的政治动因是什么，那些任务代表了一个机会，让他实现当初为米兰公爵卢多维卡工作时没有如愿的目标：实际测试他设计的战争机器。

1502 年夏天，50 岁的列奥纳多在旅行期间，罗列一份长长的清单。它让我想起那名来自芬奇镇的兴致勃勃的男童。他随身携带的必需品包括：靴子和换洗的袜子、一个指南针、一条佩带刀剑所用的腰带、一件无袖短皮衣、一顶遮阳帽、一条"救生带"、一本用于素描的白纸、几支炭画笔，以及承认自己岁数的唯一物件——一个装眼镜的镜框。它让人想起他老年时将会给他带来困扰的视力问题。

～

两人在乌尔比诺见面之后，切萨雷·波吉亚竟然消失了。

"公爵在哪里呢？"列奥纳多曾在笔记本上写道。

那位阴郁的王子逃到意大利北部的阿斯蒂，与法兰西国王路易十二见面。他留下一封信件，一本护照。那两样东西仿佛敞开大门，欢迎"我们最杰出、最亲爱的朋友，建筑师兼总工程师列奥纳多·达·芬奇……他受到聘请，视察我们国家的建筑和要塞"。切萨雷还用服装表示敬意，送给列奥纳多一件"法兰西款式"绿色长披风。

列奥纳多穿上那件漂亮的披风，充满活力地投入工作，仿佛是一个只有20来岁的年轻人。他黎明起床，骑马穿过切萨雷刚刚占领的土地。路过每座构造有如城堡的要塞的厚墙，他都要拿出四分仪，先测量高度，然后借助宽边眼镜，准确记录自己的看法。那位工程师十分注重细节，迈开脚步，丈量护城河和内院的长度，并且掏出指南针，核对附近城镇的方向。他还不时停下脚步，拿起系在腰带上的一个手掌大小的本子，画龙点睛地勾勒速写画。

1502年10月，佛罗伦萨执政团的官员们忐忑不安，等候切萨雷的消息。他们派出专业素养最高的外交官，前往位于伊莫拉的波吉亚总部打听情况。那位外交官就是33岁的尼科洛·马基雅维利。他个头不大，长着栗色头发，鼻子别致，脸上挂着无法完全掩饰的假笑。我和很多人一样，觉得马基雅维利只是作家，但是他的名字别具一格，泛指政治计谋。在长达14年里，那位公务员忠心耿耿，在家乡担任多种外交使命和行政职务，其中包括佛罗伦萨共和国次官。

～

　　马基雅维利是政治才子，列奥纳多是博学天才。两人躲在伊莫拉公爵宫里，商谈冬季停火事宜。我可以想象这样的情景：两个聪明人每天晚上坐在熊熊炉火前，手里端着盛满桑托酒的杯子，秉烛夜谈，讨论相关的所有问题。列奥纳多盯着伊莫拉地图，研究了整整一天，眼神疲惫不堪。他发现马基雅维利依然目光犀利，口舌灵活，不禁深感佩服。

　　也许，那位讽刺大师给列奥纳多讲述了他常常提及的滑稽故事。例如，在卢卡，一个暴发户邀请一个名叫卡斯特鲁乔的朋友来家里吃饭。他的住宅经过改造，尽显豪华。在用餐过程中，卡斯特鲁乔突然张开嘴巴，将唾沫吐在主人脸上。他没有表示歉意，而是解释说，他不知道在哪里吐痰，担心弄脏什么值钱的东西。

　　两人的交谈最终必然转向切萨雷·波吉亚。实际上，马基雅维利对那个领导人深感兴趣，后来甚至将其作为足智多谋的主角，放进他的经典著作《君主论》之中。列奥纳多和马基雅维利一样，曾经跟随切萨雷的军队，一起参加战斗。而且，两人都目睹了切萨雷的令人毛骨悚然的行径。

　　在一个特别恐怖的事件中，小城切塞纳的居民在12月的一个早晨起来发现，切萨雷的一名下属一命呜呼，躺在广场上。他名叫拉米罗·德·洛尔夸，人称西班牙"执法官员"，生前手段残忍，遭人憎恨。他的两手被人砍下，依然戴着羊羔皮手套，被放在套着精美锦缎披风的身体一侧。脑袋已经搬家，弄到附近的一支长矛尖上。在他的尸体旁边，摆着一把血迹斑斑的大刀，还有一个屠夫用来肢解尸体的木楔子。

　　"全城人都去看他。"马基雅维利写道，"没有谁确定死因。那样的做法只有［切萨雷］公爵感到高兴。他借此显示，他可以随心所欲，完全按照自己的好恶实施奖惩。"几天以后，切萨雷略施小计，邀请以前的一批反叛者，到当地的一座城堡内赴宴。列奥纳多的一位挚友也在受邀之列。接着，他封锁大门。他们有的在椅子上被活活勒死，有的被关进监狱，最后处以极刑。

在列奥纳多留下的文字或绘画中，没有那种场面的任何具体记录。但是，他确实反思了他目睹的残酷行径。"最邪恶者，莫过于害人性命。"他写道，"不珍惜别人［生命］者，不该活在世上。"

在佛罗伦萨，弗朗切斯科·德尔·焦孔多的经济状况日益好转。家族的老一辈丝绸商人去世之后，弗朗切斯科和其他继承人决定，明确分割他们各自掌管的产业。朱塞佩·帕兰蒂认为，那样做的原因在于，他们不再信任弗朗切斯科。他们认为，弗朗切斯科"人品欠佳，总爱欺负其他兄弟"。两位仲裁者——其中一位是弗朗切斯科的岳父安东马里亚·盖拉尔迪尼——建议，继承人应该平分家产。

他继承的家产确定之后，弗朗切斯科也为自己的子女，做出了财务安排。在圣加洛修道院的几位修士的见证之下，弗朗切斯科在自己的公证人准备好的文件上面签字。主要内容如下：第一，将"所有动产和不动产"分给几个儿子——9岁的巴尔托洛梅奥、7岁的皮耶罗、婴儿安德烈亚；第二，为女儿们专门准备了嫁妆费用。一个月以后，1503年4月5日，弗朗切斯科签署一份契约，购买德拉斯杜法街上焦孔多家族宅第附近的一幢房子。

在那座房子的可能原址上，如今矗立着一幢公寓楼。我凝视它的内部，发现原来的设计早已无影无踪，没有留下任何痕迹。我前往达万扎蒂宫。如今，那地方是佛罗伦萨古代住宅博物馆，房子建于14世纪中叶，出自一名家境殷实的商人之手。与德拉斯杜法街上那幢经过翻修的住宅不同，这座豪宅依然让人感受到古佛罗伦萨的真正民居的氛围。

我走进去，发现它类似于德尔·焦孔多家饲养马匹和存放物品的那座院子。我上了石头阶梯，来到二楼，步入宽敞的客厅。房间的窗户面对街道，有一个巨大的石头壁炉，墙壁漆成暖色，上面画着几何图案。丽莎的新家可能也铺设了镶花地板，摆放着进口的波斯地毯。镜子为金色边框，墙面装饰着雕塑造型，天花板上配有浮雕图案。室内陈设着威尼斯玻璃器皿和彩色陶瓷用品。楼梯间下，有一间个人专用浴室，里面配有"恭椅"——一把下面放着尿罐的椅子——和盆子。厕所用水是从井里抽上来的。窗户使用的是含铅玻璃，而不是上光麻布，既可让光线照射进来，又能挡住寒气。

主卧是住宅的中心，家具配置标准：一张木柱架子床，丽莎的陪奁箱摆在床边，其他箱子放在床下；另外还有一个衣柜，房间的一个角落用来祈祷，圣母像前是一块跪垫。我后来了解，在那个房间里，只有一样东西显得不合时宜。它就是做工考究的摇篮。

与那时佛罗伦萨的其他妇女一样，丽莎并不需要摇篮。按照当时的普遍做法，她将婴儿——皮耶罗、皮耶拉、卡米拉、玛列塔和安德烈亚——交给奶妈照管。奶妈通常是乡下姑娘，身强体壮，奶水充足。现代学者们以那时婴儿死亡率很高为由，批评雇佣奶妈的做法，认为它几乎是母亲不尽职责的一种表现形式。

我充满好奇心，试图找到这种说法的根据。有一次，在佛罗伦萨的一家餐厅里，我与意大利学者克里斯廷·斯塔西奥夫斯基共进午餐。她曾在耶鲁大学受过教育，现在专门研究文艺复兴时期的家庭生活。

于是，我向她提出了这个问题。她说："那时父母和现在的完全一样，希望给自己的孩子提供最好的条件。"其一，农村看来比佛罗伦萨城安全一些；其二，那时的人觉得，身体健康的乡下姑娘奶水质量好，超过了城里的身体纤弱的年轻母亲。

普拉托的奶妈们口碑特别良好。丽莎的女亲戚玛格丽塔·达蒂尼常常出面张罗，为丈夫在佛罗伦萨的合伙人寻找奶妈。她当时提出的建议在丽莎那个时代依然正确：物色的奶妈应该与婴儿的母亲相像，气色要好，脖子要粗。乳房不要太大，以免婴儿吃奶时被挤压成"扁鼻子"。

在那时的佛罗伦萨上层社会，女人们不照管幼儿，所以产后不久便重返婚床，继续履行生儿育女的责任。与贫穷妇女相比，她们生育更多孩子，这也是原因之一。丽莎就是一个很好的例子。在结婚之后的头 7 年中，她生了 5 个孩子。尤其值得一提的是，在她产下第二个儿子之后，弗朗切斯科可能觉得，对他孩子的母亲来说，一幅肖像画不但可以为他们的新家增光添彩，而且也是一个表示谢意的恰当礼物。

在波吉亚的军营待了 8 个月之后，列奥纳多返回佛罗伦萨。1503年 3 月 4 日，他取出在新圣母玛利亚教堂的存款。此举显示，在担任军事工程师期间，他并未得到报酬。他为切萨雷·波吉亚卖力，耗尽了自己的积蓄。从那以后，对自己设计的固若金汤的要塞和恶魔般杀人机器，列奥纳多不再感到自豪。同理，他不再炫示与军事行动相关的任何技能。

8 月，有消息称，波吉亚的恐怖统治气数已尽，最后以怪诞方式结束。那年夏天，天气异常炎热，教皇亚历山大六世和儿子切萨雷到了罗马郊外，前往一位主教的别墅中赴宴。大约一两周之后，两人开始发烧，病得十分厉害。有可能主人在葡萄酒中下毒，有可能两人染上了一种致命疟疾。用一个同时代人的话来说，那位教皇一命呜呼，"埋葬在地狱之中"。他的尸体黢黑，极度膨胀，看上去几乎失去人形。

切萨雷慢慢康复，最终离开意大利，逃往西班牙。1507年，年仅31岁的他遭到伏击，去世时依然手握利剑。三个刺客扒下他身上闪闪发光的铠甲和剪裁考究的披风，偷走他的豪华皮靴，留下遭到乱刀砍杀的赤裸躯体。他身上的伤口多达十余处，一个石块盖着他的私处。后来，列奥纳多的另外一位主顾也失去了全部家当，甚至包括自己的妻子。

够了！列奥纳多或许真的受够了。受够了死亡。受够了暴力。受够了邪恶和悲惨。他回首战争时感叹，自己受够了"兽性的疯狂"。在波吉亚阵营度过的那段日子里，列奥纳多身心受伤。这可能使他深感人类生命的可贵，并且重新点燃了他对艺术的激情。

列奥纳多不再"厌烦画笔"，已经做好准备，重新开始绘画。

如果我可以将丽莎·盖拉尔迪尼人生中的一天定格，那肯定是1503年6月15日，她的24岁生日。在那个甜蜜时刻，她完全有理由开心。她所嫁的那个人可以给她提供安全、舒适的生活。在举行婚礼以来的8年时间里，她接受了一个继子，将他视如己出，而且还生下了5个孩子。虽然她只能在心里爱着两岁时去世的皮耶拉，但是她看到7岁大的皮耶罗像夏天的小麦一样苗壮成长，依然心存感激。玛列塔和卡米拉，一个3岁，一个4岁，都是她的小宝贝。安德烈亚是她心爱的小儿子。丈夫弗朗切斯科·德尔·焦孔多给了她许多礼物，其中包括晚礼服和珠宝。而且，他还为人口不断增加的家庭，购置了一处房产。现在，还有这个意料之外的灿烂日子。

大多数传记作家一致认为，列奥纳多·达·芬奇从1503年开始，为丽莎绘制肖像（有的传记作者表示，列奥纳多可能在一两年之前便开始了创作）。也许，集中创作的时间始于那年春天他从波吉亚军营返回之后，止于他秋天接手一个新的市政定制项目。丽莎大概并不知道相关安排的细节——那些全是男人们商讨的问题。无论列奥纳多和丽莎在什么时间、什么地点初次见面，按照那时的习俗规定，当佛罗伦萨的一位著名长辈——他（已经51岁）足以当她的父亲——与一位夫人正式见面时，两人都应彬彬有礼。

丽莎身为行为规范的已婚妇女，慢慢伸出手来。列奥纳多轻轻举起，象征性地亲吻一下。即使她保持矜持，眼帘低垂，她也可以感觉到，眼前这位画家与别的男人不同。他注视着她的面部轮廓，仿佛要将她的骨头打碎，然后在自己的脑子里重新组合起来。列奥纳多说话声音悦耳，一个句子听起来就像一首歌曲，可以消除她可能出现的任何紧张情绪。两人的生活轨迹不大可能出现交叉。丽莎明白这一点，心里一片茫然。或许，她无意之间翘起嘴唇，露出一丝笑意。后来，她勇敢地抬起头来，这让列奥纳多对她的两只眼睛有了初步印象：它们是"灵魂之镜"。

丽莎两眼深邃，存在着某种特别的东西，迷住了列奥纳多。正如艺术批评家肯尼思·克拉克爵士所说，那是"他理想之中先天固有的东西"。克拉克接着说："他曾经拒绝接受教皇、国王和王公的定制要求，却使用了自己的终极技法……为一个名不见经传的佛罗伦萨公民的第二任妻子，精心绘制肖像。如果不是因为那种东西，还有什么可以解释这个事实呢？"

也许，丽莎的微小知名度反而增加了她的魅力。列奥纳多将要做的事情不是粉饰一个喜爱虚荣的君主。他可以运用自己磨炼出来的每种技法，使用他创立的每种理论，践行他悉心积累的每个洞见，去捕捉一个真实存在的女人的风采。他可以再现一个具有多维度的平凡人，而不是任何人的典当品、财产或幻想。也许，列奥纳多独具慧眼，看到的并非仅仅是这样一个普通的年轻妻子：小孩子给她带来欢乐和苦恼，丈夫喜欢吹嘘，几代同堂的大家庭争吵不断。

"赋予你笔下的人物一种态度，让它展示人物内心深处的想法。"列奥纳多曾经这样告诫年轻的画家们，"如果不这样做，你的作品就不应得到赞赏。"让列奥纳多着迷的正是丽莎的"态度"，正是她以个人特有的方式展现的盖拉尔迪尼式特征：她拥有大度情怀，将别人的孩子视如己出；她性情温柔，驯服了喜怒无常的丈夫；她意志坚定——正如她在未来将要证明的——可以做出非常艰难的抉择；她坚忍不拔，可以支撑她的家庭，度过将要出现的动荡不定的黑暗岁月。列奥纳多的视野超越了丽莎这个姑娘，可能看到了她将要成为的那个女人的本质。

列奥纳多过去的整个职业经验将他带到了这个关键之点，让他创作出这幅名垂青史的肖像。他多年研习先进的数学计算，已经掌握了人的头部的最佳比例。他进行了光学实验，观察到瞳孔对光影的反应。他解剖尸体，知道了哪些肌肉形成了指头的曲线，哪些肌肉让嘴唇形成微笑。以下两个方面因素结合起来，极大提升了他的观察能力，很好地引导他手中的画笔：一是16世纪的科学可以提供的一切知识，二是其他人尚未了解的某些开拓性洞见。

在创作《蒙娜丽莎》的过程中，列奥纳多以前所未见的方式，给艺术带来革命性改变。他使用了所谓的"黄金比例"（他和数学家帕乔利一起，研究了这个理念），计算出颈部、眼睛、前额、鼻子和嘴唇之间的理想距离。此外，他还将物体置于空气和光线之中，突出了丽莎柔韧的双手，让它们看上去就像自然的杰作。这种方法被称为"空气透视法"或"大气透视法"。这样一来，前景中的物体轮廓分明，远处的物体稍显模糊。而且，他将丽莎放在别具一格的场景中，让她与蜿蜒的道路、拱桥、岩石和山水融为一体。

列奥纳多就像普罗米修斯一样，让作品获得了生命。画面上的丽莎具有生命，既是人，又是某种难以捉摸的东西："视觉诗歌"——那是他的终极目标。

～

在米兰，列奥纳多曾在胡桃木那样密度很高的材料上，绘制了卢多维科·斯福尔扎的情人们的肖像。但是在佛罗伦萨，他坚持使用当地艺术家喜欢的材料——杨树板。（在当时的意大利，油画布只在威尼斯普遍使用。）他使用取自树干中段的纹理细密的材料，做成30英寸长21英寸宽的木板。为了防止木板扭曲变形，列奥纳多在木板的"外"面，而不是"内"面作画。当时的标准基底使用石膏、白垩粉和白色颜料的混合物，加入黏合剂进行调制。他另辟蹊径，在木板上涂抹一种铅白含量很高的密实底层（现代化学分析探测到这一点）。

列奥纳多从自己喜欢的药剂师那里，购买了价格不菲的颜料，例如红如龙血竭的朱砂，以及从非常罕见、十分昂贵的青金石中提取出来的群青。他采用自己喜欢的方式，用油将那些丰富的颜料混合起来。与他在韦罗基奥的画室中使用鸡蛋调制的壁画颜料相比，新颜料干燥的时间更长一些。这可以让他更好地使用佛罗伦萨其他艺术家不知道的独门绝技，表现微妙的明暗变化。

列奥纳多将丽莎的心脏置于构图的正中心，让她的躯干呈坐姿，从两手交叉构成的基线上直立起来，成庄严的金字塔状，她的头部在最上方。在佛罗伦萨，他曾为自称雌虎的吉内芙拉·德·本奇绘制肖像。在米兰，他曾为卢多维科公爵的情妇绘制肖像。在这幅作品中，列奥纳多如法炮制，也选择了面部朝前、身体偏转四分之三的侧面姿势。他让丽莎稳坐在一把带有曲线扶手的直背椅子上，要求她转动身体，呈一种均衡构图的姿势。她的右肩向后，面部转向相反方向。

现代研究者对画作进行深层扫描后发现，丽莎最初可能左手抓着椅子扶手，仿佛要将身体支撑起来。后来，列奥纳多改变了主意，让她将双手放在身体前面，左手靠着椅子，右手放在左手上面（美德的一种标志），柔韧的指头分开，轻轻放在左手衣袖上。这个姿势很有创意，形成了一种幻觉：与身体的其余部分相比，两只手似乎距离观赏者更近一些。

假如我像丽莎·盖拉尔迪尼那样，穿着手工缝制的拖鞋，我可能会选配最时髦的罩衫——也许是一件带有花式丝绒上衣的晚礼服。当然，服装使用的是德尔·焦孔多丝绸商店里最精细的面料。此外，我的脖子上可能戴着最抢眼的珍珠项链，指头可能套着一枚——也许两枚——镶嵌大块宝石的戒指。这就是喜欢显摆的佛罗伦萨商贾希望示人的形象。可是，弗朗切斯科虽然定制了那幅肖像，不过对妻子的打扮，他似乎没有什么发言权。再则，在职业生涯的那个阶段，没有谁要求列奥纳多绘画时采取什么方式，选用什么题材。

在他的画作中，列奥纳多曾让圣母们穿上一位学者所称的"时髦的雅致服装"；但是，他去除了丽莎身上的所有装饰物品：没有珠光宝气的上衣，没有锦缎面料的罩衣，没有珠宝，甚至没有结婚戒指。在列奥纳多的笔记本上，我曾看到一条评论："山区的一个农家姑娘，可怜兮兮，褴褛衣衫，没有任何修饰。但是，她十分美丽，超过了穿金戴银的女人。"那时，我便开始理解他那样打扮丽莎的动机了。丽莎不是衣衫褴褛的乡下女子，然而无须使用花哨的修饰来吸引观赏者的注意力。

列奥纳多让那位商人妻子以一个真实存在的女人的面貌出现。她着装低调，但是不乏品位，与她的身份完全相符：一位值得尊重并且受人尊重的已婚妇女。她身着的连衣裙用最上等的丝线纺织，本来呈淡绿。它现在已经黯淡，一是因为时光的消磨，二是覆盖了多层亮漆。在领圈附近，熟练的绣工绣出非常复杂的图案。领口较低，以便展示她的乳沟。在画面上，天鹅绒袖子呈古铜色，展示了"充满艺术感的质朴"，似乎以某种方式，透出由内及外的亮光。

我纵观研究文艺复兴时期的时尚史后了解到，那时的女性常常披着极薄极轻的面纱，以便"提升而非掩藏"自己的容颜。丽莎的面纱是透明的，肉眼几乎无法看到，从头上飘下来，搭在两个肩膀上。该配饰轻若空气，可能出自一种法兰西发型风格，人称"法兰西风尚"，那时十分流行。它也可能源自所谓的"西班牙风貌"。那种打扮曾经受到波吉亚教皇的女儿、时尚达人卢克雷齐娅·波吉亚的青睐，后来便流行起来。

有的评论家认为，丽莎穿着薄纱服。那是一种轻纱长袍，尤其受到孕妇和产后妇女的青睐。但是，丽莎的衣裳显得宽大，既无折边，也无那种薄纱服的其他特征。迄今为止，没有人可以确定，丽莎左肩上的纱巾究竟是用什么面料制作的（如果不仔细看，很难发现它的存在）。也许，它是一种披肩或围巾，是面纱的延伸部分。也许，它是列奥纳多发明的一种艺术装饰。

列奥纳多对丝绸般的长鬈发情有独钟，在丽莎的灰白脖子上，画了细细的发丝。她的头发看上去可能与年轻女孩一样蓬松，然而现代成像技术显示，那是一张精心制作的头巾。在她脖子后方，轻轻地挽了一个节，也许呈某种小束或无边帽状。长长的卷发散落在她的脸庞上。这种风格也见于那个时代的其他肖像画。深层扫描的结果显示，在绘画过程中，丽莎可能让更多的发丝垂落，搭在自己的左肩上。

传记作家们提出，在绘画过程中，丽莎可能摆出了几种姿势。最初，艺术家是在圣母领报大教堂修道院的个人画室中，开始创作初稿的。后来，他迁居新圣母玛利亚教堂，可能在那里架起了三脚画架。无论在什么地方创作，列奥纳多对光线都十分讲究。他可能支起遮光帘，过滤直射的阳光。正如他给其他画家建议的，应该利用阴天、雾天或者使人浮想联翩的黄昏光线。

列奥纳多最初画模特，有时使用粉笔，有时使用铅笔。与那个时代的其他艺术家一样，他可能一次性完成初稿，然后使用针刺小孔和粉笔，将初稿上的轮廓，转移到木板上。但是，在涉及这幅肖像创作的最初叙述中，瓦萨里描述了一个时间很长的复杂过程。

根据瓦萨里的回忆，列奥纳多当时请来了一些表演艺人。他们"或跳或唱，不断逗乐，让丽莎保持开心状态，以免出现悲伤的神情——被画对象面对画家时，常常表露那样的神情"。对这种戏剧性场景，许多学者持嘲笑态度。但是，与通常绘制肖像的情况相比，列奥纳多可能需要与丽莎这位模特一起，待上更长时间。其原因在于，他当时正在尝试某种前所未有的东西。

"列奥纳多希望刻画一个真实人具有的复杂的心理状态。"蒂莫西·威尔顿解释说。他是佛罗伦萨圣母百花大教堂美术馆馆长，曾为斯坦福大学的佛罗伦萨项目，讲授一门关于文艺复兴艺术中的女性的课程。"列奥纳多可能希望看到，她的面部表现出对不同刺激的不同感觉和反应。列奥纳多捕捉到那些情感、智性和显而易见的俏皮话，正是它们让丽莎的脸上充满活力，呈现令我们如此着迷的神情。"

丽莎本人的情况如何呢？当她反馈列奥纳多的犀利注视时，她看到什么呢？她可能从未结识过像他那样的人。很少人有那样的机会。

她肯定知道，那位画家享有很高美誉。他银发飘飘，穿着时髦的长袍走过街头，男孩们跟在他的后面，仿佛着迷一般。那位大师看重她本人，看重她的家庭，这让她颇有受宠若惊之感。佛罗伦萨人总是对自己欣赏艺术品的能力感到自豪；与之类似，她发现，列奥纳多那样的艺术家拥有巨大力量，可以让笔下的模特获得永恒美誉。但是，她或许排除了这种使人胆怯的可能性。她觉得自己坐在那里，仅仅是一个成功商人的妻子，让人绘制一幅也许只有很少人能够看到的肖像。

丽莎面对列奥纳多的凝神注视，可能感觉到他的品质，正是它们让他成为一个有魅力的艺术家和男人。他待人热情、亲切、温柔，知识渊博，充满智慧，言谈举止间流露自然的幽默。也许，在共同关注带来的和谐氛围中，在大师与他的缪斯之间，形成了一种十分密切的关系。它让时光暂时停止，其他的一切似乎都不复存在。

我认为，在丽莎与一个父辈人物之间，出现了一种心灵相通的状态。这让我想起了我自己的父亲。在他生命的最后几年中，我俩有时坐在一起，默默无语。我们观看天空中慢慢飘过的云彩，分享同一个空间和时刻，沉浸在这种感觉形成的温暖之中：我们完全接受了对方，并且被对方完全接受。每每回想起那些日子，我都不禁闪过一丝夹着痛苦的甜蜜微笑。

━

在列奥纳多给丽莎绘制肖像期间，佛罗伦萨的另外一位艺术家将要完成他的艺术杰作。米开朗琪罗·博纳罗蒂（1475—1564 年）比列奥纳多小 23 岁，与那位优雅的宫廷画师截然不同。列奥纳多对人殷勤，即便遇到一面之交者，也可自然而然地赢得对方的好感。瓦萨里曾经写道："他偷走了每个人的心。"没有谁说，米开朗琪罗拥有那样的本事。

　　米开朗琪罗儿时个子矮小，后来一直没有长高。他五短身材，瘦骨嶙峋，大脑袋，奔眉毛，长着粗糙的卷发。两个大耳朵从头颅上冒出来，两只眼睛干巴巴的。列奥纳多生活非常讲究，用"薰衣草"蘸着玫瑰花水洗手。米开朗琪罗和他不同，穿着破烂的紧身短上衣，狗皮鞋子常常不脱，直到它们破烂不堪，磨破他脚上的皮肉。而且，米开朗琪罗不修边幅，头发斑白，脾气暴躁让人望而生畏。

　　到 1503 年为止，那位 28 岁的雕塑家已经忙了快两年时间，雕刻一块被人抛弃的高达 16 英尺的大理石。原来，一位本地艺术家试图用它雕刻一尊年轻的大卫塑像，结果以失败告终。那块人称"巨人"的石头似乎完全报废。但是，米开朗琪罗技艺非凡，让牧童大卫获得新生。

　　6 月 23 日，一年一度的施洗者圣约翰节前夕，主教座堂的掌门人打开大门，邀请佛罗伦萨人预先参观。看来很可能的是，丽莎·盖拉尔迪尼和她丈夫也在观众之中。他们见到那尊令人感到震惊的雕塑，却不知道如何评价。没有谁知道说什么才好。在列奥纳多的作品中，人物的身体比例堪称完美；对比之下，米开朗琪罗雕塑的大卫却比例悬殊。两条腿太长，大腿太粗，胸部肌肉过于发达，脑袋特别大。无论从哪个方面说，米开朗琪罗创作的那尊年轻巨人的大理石雕像似乎别具一格，让人见后心灵震撼，其中包括那双眼睛透出的炯炯目光。

　　我认识一个人，她曾经直接注视过大卫那双洞察一切的双眼。她是西莫内塔·布兰多利尼·达达伯爵夫人，担任佛罗伦萨之友的理事会主席。该机构出资赞助，最近对米开朗琪罗创作的那尊巨人杀手进行了一次清洗。在雕像四周搭好脚手架之后，那位身材娇小的美国人——她数十年前迁居佛罗伦萨——有幸爬上去，零距离正面欣赏大卫。

　　"您看到了什么？"我问。

"决心。"她回答说。米开朗琪罗就是那个词语的化身。

列奥纳多错过了该雕塑的揭幕仪式。那年 6 月，他应马基雅维利之邀，来到佛罗伦萨与比萨交战的阵地前沿。那时比萨享有对港口的控制权，而佛罗伦萨希望重新获得对港口的控制权为此双方已交战近 10 年。在位于伊莫拉的切萨雷·波吉亚的要塞里，列奥纳多曾与马基雅维利一起，挨过了漫长的冬夜。两人当时可能设想了一个计划，改变阿尔诺河的流向，让它穿过托斯卡纳，进入运河。如果该方案取得成功，一是佛罗伦萨有了出海口，二是可以迫使比萨投降。

6 月，在比萨以东的阿尔诺河畔，一座关键要塞落入佛罗伦萨军队手中。列奥纳多视察了那个地方，随即开始制订一项计划。过了一段时间以后，他的精心策划将要变成一个大胆尝试，希望改变那条河的流向。我认为，在列奥纳多设想的许多宏伟计划中，那个想法堪称鲁莽之最。

列奥纳多返回佛罗伦萨之后，可能重拾画笔，继续绘制丽莎的肖像。到了那年秋天，他已经取得了明显进展。这个事实长期不为人知，直到 2005 年的一次偶然发现才真相大白。

当时，一位手稿研究专家，名叫阿明·施勒希特，正在为《致亲友》的 16 世纪早期版本编制一份目录。该书系西塞罗公元前 1 世纪用拉丁文撰写的信件，在文艺复兴时期，深受佛罗伦萨的人文主义者喜欢。施莱希特是目光敏锐的学者。他浏览该书，准备在德国的海德堡大学举办一场展览。在页边的一个空白处，他发现了一个注释。

在那些附有注释的著作中，古罗马演说家西塞罗详细描述说，古希腊著名画家阿佩莱斯以非常细腻的笔触，首先表现人物的头部和肩膀，然后才画作品的其余部分。在这个段落旁边，有一段用漂亮的拉丁文书写的批注："列奥纳多·达·芬奇"，本时代的阿佩利斯（在文艺复兴时期，这是人文主义者可以给予艺术家的最高赞美），正在使用类似的方法创作一件新作——"丽莎·德尔·焦孔多"的肖像。此外，在他尚未完工的祭台画中，还有安妮——圣母玛丽亚之母——的肖像。在页边的空白处，标注了"1503 年 10 月"这个日期。最后，还有关于列奥纳多最近接受的定制作品的一点猜测："此项目与市政大厅相关，我们拭目以待，看他如何处理。"

大多数报刊文章认为，该批注出自阿戈斯蒂诺·韦斯普奇笔下。他是探险家阿梅里戈·韦斯普奇的堂弟，时任佛罗伦萨共和国次官马基雅维利的秘书。佛罗伦萨雪城大学艺术史学院教授拉布·哈特菲尔德认为，那段批注不是阿戈斯提诺·韦斯普奇写的。哈特菲尔德十分看重事实，曾被誉为"研究文艺复兴艺术的夏洛克·福尔摩斯"。这位受人尊敬的研究者确定，该批注的作者是公证人塞尔·阿戈斯蒂诺·迪·马泰奥·达·泰里乔拉。那位公证人是该书的主人，列奥纳多称他为"我的韦斯普奇"，显然将他比为马基雅维利的那位得力助手。

这个侥幸发现震惊整个学术界。一份经过证实的历史文献首次提供具体时间框架，确定《蒙娜丽莎》是在 1503 年前后创作的。它反驳了曾被广泛接受的这个说法：在 1503 年之后很久，列奥纳多在罗马绘制了那幅肖像。与那处页边批注相关的所有因素均被仔细审验，其中包括墨水、纸张以及该批注的具体特征。

1503 年的另外一封信件也以一定的权威方式，证实了丽莎那幅肖像的创作时间。那年夏天或者秋天的某个时段，马基雅维利肯定和他的朋友卢卡·乌戈利诺一道，拜访了列奥纳多。如果他到访时列奥纳多正在构思初稿，丽莎·盖拉尔迪尼可能认识另一位知名度与列奥纳多不相上下的佛罗伦萨人。

那年秋天，马基雅维利在罗马处理政府事务，其妻玛列塔生下长子。"恭喜，恭喜！"乌戈利诺在给他"最亲爱的朋友"的一封短信中写道："显然，玛列塔小姐没有欺骗您，孩子和您一模一样。列奥纳多·达·芬奇画了一幅无与伦比的肖像。"

乌戈利诺可能在列奥纳多的画架上看到的唯一作品，就是丽莎的肖像。

一段长期尘封的页边批注揭示了两点，一是列奥纳多开始创作那幅肖像的时间，二是肖像的形成过程——从面部开始。丽莎的微笑可能是列奥纳多最先画出的她的特征之一，而且可能是他最后修饰的局部。

瓦萨里对《焦孔达》的描述最初见于1550年，称赞了丽莎的"ghigno"。这个词语既可译为"微笑"，也可译为"嘲笑"。它是"一种奇妙的神情，与那位生气勃勃的模特的笑容一样生动……那种神情非常甜美，人们见后会觉得，它属于神灵，而不是凡人"。有一次，我到列奥纳多年轻时接受训练的那个作坊附近的一家餐厅采访，谈到这个话题。我发现，自从瓦萨里的评论面世以后，关于丽莎的笑容的议论甚多，有些专家已经感到厌倦。

"去问您丈夫吧！"马尔科·钱基很不耐烦地大声对我说。他在著名的佛罗伦萨美术学院担任教授，专攻艺术史。

"不过，他是研究精神病的。"我回应道。那位友善的佛罗伦萨人一反常态，脾气突然爆发，确实让我深感惊诧。

"我知道。"他说罢，用力摇了摇头。这时，我才开始理解他的用意。

在丽莎·盖拉尔迪尼的神秘注视后面，究竟闪过了什么念头？她易变的双唇触动了什么情感？关于诸如此类的问题，心理治疗师们想象出了种种说法。其实，艺术史家的看法更胜一筹。

钱基解释说，在文艺复兴时期，大多数艺术家都尝试过表现微笑的方法，然而最后均以画出难看表情告终。他们认为，丽莎的微笑就像传说中的圣杯，很难捕捉，是对绘画技法的极大挑战。列奥纳多本人进行多年实验，试图展现类似表情。最后，在绘制丽莎的微微翘起的嘴唇的过程中，他才得以大幅度提升技法，达到了无人比肩的新境界。

"假如您问列奥纳多，她的微笑表达什么意思，他可能会回答，您在说什么呀？您在问什么呀？我只是画出了她的脸庞而已。"钱基说。

请注意，我丈夫是精神科医生，不可能就此提出什么睿智之见。但是，西格蒙德·弗洛伊德发现，在列奥纳多的童年生活中，存在着一些阴影。他强调说，丽莎的表情"唤醒了列奥纳多内心深处的某种东西。它在他的灵魂中沉睡了很长时间，很可能是一种年代久远的记忆"。也许，列奥纳多的母亲在他童年时离开，"曾经拥有他已经失去的那种神秘微笑。在丽莎这位佛罗伦萨女士的脸上，他重新发现了那种微笑，感到非常兴奋"。

我从我丈夫那里，听到了另外一种来自心理学角度的说法：请考虑一下移情吧。儿童时期出现的情感，被转移到替代者身上。也许，不是丽莎的微笑让列奥纳多回想起自己的母亲，而是丽莎的温暖母爱引起了列奥纳多的爱意，他随后将它们"转移"到画作中。成千上万的观众觉得，自己与《蒙娜丽莎》之间，存在着某种近乎本能驱使的联系，无法用语言充分解释。究其原因，可能正在于此。他的回答是经典的心理分析法答案："你认为怎么样？"

我没有什么宏大理论，但是我在笔记本上，逐字写下了马丁·肯普的说法。肯普是牛津大学的名誉教授，研究列奥纳多的知名学者。

他说:"画作中的丽莎以特殊的个人气场,吸引我们的注意力。没有哪个形象可以与之比肩。"

无论以有意或无意的方式,列奥纳多创造了罗夏墨迹测验的一种近乎完美的原型——我们每个人都可以用独特的方式加以"解读"的形象。[1] 在丽莎身上,我们看到了自己希望看到的品质——母亲、情人、女儿、幻想者、安慰者和诱惑者。

"当你欣赏《蒙娜丽莎》时,你看到了什么?"我丈夫问。

"一个真正的女人。"我回答。

"就像你一样。"他说。

我本想开口表示异议,但是随即意识到,这可能确实是她的微笑具有魅力的原因:我们觉得,不知怎么的,丽莎与我们相似。在那个面孔上,在那双眼睛里,特别是在那种微笑中,我们看到了锁闭在自己灵魂之中的秘密。

在那段时间里,列奥纳多潜心创作,展现数百年来引起人们猜想的那种微笑。与此同时,工匠们在维琪奥王宫里加紧工作,完成大会堂或称市政大厅(现在所称的 16 世纪沙龙或五百人大厅)的建设。工程竣工在即,马基雅维利可能突发灵感,向佛罗伦萨的执政官们,提出一个问题:装饰大厅墙面任务重大,除了那位人称"绘画化身"的受人尊敬的艺术家之外,还能有谁更适合领衔担当呢? 1503 年秋天,正义旗手皮耶罗·索代里尼——他已被任命为终身大法官——和执政团成员提出要求:请列奥纳多以绘画形式,在大厅里"留下纪念之

---

[1] 罗夏墨迹测验由瑞士精神科医生、精神病学家罗夏创立。它已被世界各国广泛使用,是最著名的投射法人格测验。——译注

物"，以此标示他在佛罗伦萨度过的岁月。

这一项定制具有终生意义：在西方世界艺术中心最重要的市政建筑中，绘制一幅大型壁画。且不说它一定会带来盛誉，仅凭该项目的规模：一幅大约 15 至 20 英尺高，也许与整个墙面一样长的壁画，就足以让列奥纳多深感兴趣。

10 月 24 日，列奥纳多得到钥匙，前往新圣母玛利亚教堂修道院，打开教皇大厅房门。那个大厅曾是到访的国王或教皇的下榻之处（据说，它当时略显破落）。列奥纳多立刻开工，制作巨大的纸板模型。没有谁怀疑列奥纳多的天赋，但是正义旗手索代里尼怨言不断，声称列奥纳多因常常耽误工期而口碑欠佳。

列奥纳多常常灵感忽现，将奇思妙想记录在笔记本上，似乎迫切希望将其付诸实施。至少在一段时间里，丽莎难以捉摸的微笑被他搁置一旁。

1504 年 1 月，列奥纳多不得不放下工作，将注意力转向另外一位艺术家的作品。在一次公开举行的会议上，他与佛罗伦萨城的知名人士组成的蓝带小组的一些成员举行辩论。他们的辩题是：米开朗琪罗的创意大胆的新雕像应该安置何处？辩论的双方包括桑德罗·波提切利、安德烈亚·德拉·罗比亚和菲利皮诺·利皮。大多数旅游者——包括我本人在内——都觉得，《大卫》（虽说仅是一件复制品）应该放在维琪奥王宫前面的台座上。但是，如果列奥纳多的意见当初占上风，米开朗琪罗创作的那尊牧童像会被隐藏起来，人们几乎难以看到。

该小组的某些成员担心那尊"精美、易碎"的大理石雕像遭到日晒雨淋，建议将它放在市政广场的遮阳凉廊的某个地方。列奥纳多附和那些人的意见，反对将它放在中心拱廊的"引人注目的突出"位置。

他提出，应将雕像放在一个隐蔽场所，就在"矮墙附近，然后在墙面上悬挂绣帷"。这样一来，那尊分散人们注意力的塑像就"不会干扰官方举行的仪式"了。

米开朗琪罗本来可能会勃然大怒。不过，佛罗伦萨共和国的领袖们最终决定：他创作的那尊不朽雕像展现了人的精神之美，是佛罗伦萨的独立性的崇高体现，应该骄傲地站立在佛罗伦萨市政广场的突出位置，即"维琪奥王宫的正前面"。

在那段时间中的某一天，在佛罗伦萨的天主圣三广场上，世界顶尖画家与顶尖雕塑家发生了面对面冲突。针对但丁的一段作品的意义，一批外地访客有各自不同的理解。他们要求列奥纳多出面裁决。列奥纳多偶然看到米开朗琪罗走进广场，于是大声说道：那个土生土长的佛罗伦萨人可以提供某种睿智之见。

根据那时的一位编年史作者的记载，米开朗琪罗认为，列奥纳多是在侮辱自己，"真想上去咬列奥纳多一口"。于是，米开朗琪罗针锋相对，以尖刻的口吻提及一段往事：列奥纳多曾经承诺制作一尊骑马者雕像，打算献给米兰的卢多维科公爵，最后却以失败收场。

米开朗琪罗反唇相讥："有人设计了一匹青铜马，但是无法铸造出来，最后不得不灰溜溜地放弃。愚蠢的米兰人〔他将他们称为傻瓜〕是否相信你呢？你自己解释一下是怎么回事吧。"一位旁观者写道：米开朗琪罗"怒目相向"，扭头大步离开，列奥纳多顿时面红耳赤。

佛罗伦萨的官僚们心胸狭窄，也让列奥纳多难以忍受。有一次，一名官员按月发放定期津贴，付给列奥纳多一大堆硬币。那样的做法惹得通常镇定自若的艺术家火冒三丈。

"我不是挣小钱的画师。"列奥纳多愤愤抗议，随手将硬币推向对方。后来，正义旗手索代里尼指摘说，列奥纳多的那种做法过于傲慢。于是，艺术家请朋友帮忙，收集了一大堆硬币，数额与那名官员付给他的津贴相当，试图以牙还牙，退给那位官员。最后，执政官们不得不请求列奥纳多收下酬金，继续创作工作。

那段时间，列奥纳多还在筹划一项更大规模的艰巨工程：为市政大厅绘制一幅作品，主题是米兰 1440 年在托斯卡纳的安吉亚里城惨遭败绩。列奥纳多在一本笔记中写道：根据马基雅维利的秘书阿戈斯蒂诺·韦斯普奇的详细记录，40 个骑兵营与 2000 名步兵对垒的情况，场面十分惨烈。最后，圣彼得显灵，在云端现身。

列奥纳多并不理会上述夸夸其谈的历史描绘。我们从他留下的许多草图中看到，他希望捕捉战争的"最残酷的疯狂"：军人的面孔极度痛苦，嘴巴极度扭曲，武器砍砍杀杀，长矛刺来刺去。在画面的一个局部中，士兵们叫喊着展开攻击，拼命争夺一面战旗。几乎疯狂的战马神情愤怒，露出牙齿，抬起前蹄，在尘土和烟雾中旋转。

"列奥纳多的构思新颖，我难以用语言描述。"瓦萨里写道，"暴怒、仇恨和强烈情感——写在那些角色的脸上，展现在那些马匹的姿态中。"

执政官们对草图感到满意。1504 年 5 月 4 日，签署了一份据称由马基雅维利出面谈判的正式合同，聘请列奥纳多创作那幅壁画，交货日期为次年 2 月，"不得以任何理由取消或者延后"。

列奥纳多潜心创作，不再考虑与反复无常的米开朗琪罗相关的事情。但是，《大卫》被运到城里，打破了平静状态。

5 月 14 日，工人们拆除主教座堂的拱门，以便搬运雕像。根据日记作者兰杜奇的描述，他们使用一个木架，让雕像"竖着悬挂起来，两腿不会接触地面"。40 多个人使用了古埃及人建造金字塔的技术，推动 14 个上了油脂的滚轴，将重达 6 吨的雕像移动了大约三分之一英里。

"进展非常缓慢。"兰杜奇如实记录了长达 4 天的运送过程，既无多余评论，也无夸张言辞。佛罗伦萨人生来就是眼光敏锐的观众。他们看着慢如蜗牛的运输队伍，脸上露出敬畏和惶恐。工匠们离开作坊，鞋匠们放下榔头，裁缝们停下针线活，一个个看得目瞪口呆。也许，丽莎和弗朗切斯科·德尔·焦孔多告诉自己的惊奇不已的孩子们，特别是 10 岁的巴尔托洛梅奥和 8 岁的皮耶罗：他们正在见证一个具有历史意义的场景。

《大卫》受到好评，让艺术家米开朗琪罗一跃成为社会名流。而且，他还得到了丰厚的定制费用，变成富裕的年轻人。他不到 30 岁，在新圣母玛利亚教堂中的存款很快增加，超过了列奥纳多一辈子积攒的数额。

列奥纳多曾在米兰花了整整 16 年，千辛万苦地雕塑那匹巨大的骏马，此时看到米开朗琪罗仅用两年多便完成那件巨作，心里有何感受呢？在他那段时间使用的笔记本的一个角落里，我们发现一幅钢笔速写画。它很像米开朗琪罗的《大卫》。有些历史学家认为，那是一种致敬之举；有的历史学家认为，它是一件批判性画作。

列奥纳多历来对雕塑活动持排斥态度。他认为，雕塑工作十分肮脏，灰尘满天，使人精疲力竭。它是"最机械的体力劳动，让人汗流浃背，而且其环境尘土飞扬"，肯定不适合绅士去干。他谈到了绘画的优越性，并且用画家创作时的环境进行对比：绘画场地"非常舒适……［画家］身上穿着自己喜欢的服装……常有音乐伴奏，或者朗诵各种美好的文学作品"。也许，在为丽莎·盖拉尔迪尼绘制肖像时，他本人就是处于那样的状态之中。

1504 年 7 月 9 日，传来了不幸消息：列奥纳多的父亲塞尔·皮耶罗·达·芬奇去世了。听到这样的噩耗，没有哪个孩子可能在心理上做好应对准备，甚至像列奥纳多那样 50 出头的成熟男子也感到突然。

"他留下了 10 个儿子和一双女儿。"列奥纳多写道，字里行间几乎不带任何感情。列奥纳多将自己也算在儿子的总数之中，然而父亲却将他打入另册。塞尔·皮耶罗在遗嘱中表示，将财产分给他和明媒正娶的妻子生下的 9 个儿子和 2 个女儿。他没有提到长子。塞尔·皮耶罗去世时与他生前一样，绝不正式承认自己的私生子。

在佛罗伦萨的巴迪亚教堂，城里的名门望族、塞尔·皮耶罗所属教团的成员，以及他认识的大量人士聚集一堂，悼念该城受人尊敬的台柱式人物，感谢他提供的半个多世纪的服务。在祭台前面，围着列奥纳多的一大群同父异母弟妹，还有哀号不止的第四任继母。列奥纳多在一旁站立，似乎若有所思。

弗朗切斯科·德尔·焦孔多曾与塞尔·皮耶罗共事多年，到场向列奥纳多表示慰问。丽莎也在现场。也许，她对他的同情超过了其他任何人。

正义旗手索代里尼多次强调，自己定制的项目必须按时完工。在 1504 年夏天，他让列奥纳多中断《安吉亚里战役》的创作。他急于结束耗时费钱的比萨战争，开始重新考虑马基雅维利提出的建议：改变阿尔诺河下游的河道，以便切断比萨港口的出海航道。

列奥纳多十分渴望在工程方面一展身手，对它的爱好不亚于绘画。面对那项挑战，他表示了极大热情。他在笔记本上画了许多页施工场地的地图和图表，并且制订了一项计划：开挖一条 1 英里长、30 英尺深、入口 80 英尺宽的运河。1504 年 8 月下旬，随着执政团一声令下，2000 名男人肩扛铲子，开工搬运重达 100 万吨的泥土。工程开支一路飙升，涉及的问题越来越多，几乎每花一个硬币都让他们感到十分困难。

现场施工人员不顾列奥纳多的反对意见，开挖了两条运河，而不是原计划的一条。10 月，一场暴雨淹没了新开挖的排水沟，河水反向流动，超过了佛罗伦萨人开挖的速度。城墙垮塌，洪水在平地上泛滥，淹没家园、农场和田野。

阿尔诺河工程耗资巨大，最后以不光彩的惨败收场。施工期间，疾病流行，事故不断，数十名工人毙命。而且，它还浪费了大量金钱和资源。责任全都推到该项目的倡议者们头上。索代里尼虽然没有丢掉终身职位，但是政治上的支持率大大降低。马基雅维利深感羞愧和悲痛，不得不选择——或者奉命——离职。列奥纳多在军事工程方面显示了能力，依然得到重视，后来被派往皮翁比诺，指导那里的要塞建设。

在佛罗伦萨，正义旗手索代里尼也许望着市政大厅的空空四壁，想到了一个我认为具有马基雅维利特征的计谋。凭借旷世难见的好运，他的城市拥有两颗才华无与伦比的超级艺术明星。如果不是让列奥纳多单打独斗，贡献一件重要作品（如果说他曾设法完成了任何重大项目的话），而是举行一场市民竞赛，开展一场具有佛罗伦萨特征的残忍竞争，让世界顶级画家与顶级雕塑家对垒，将会出现什么样的场面呢？

正如瓦萨里所说，列奥纳多和米开朗琪罗都"极度蔑视对方"，那样的敌意只会刺激他们的创作激情，驱使他们尽快完成项目。两位超级艺术巨匠才华非凡，除了新建的市政大厅之外，还有其他哪个项目更适合他们去一展风采呢？执政官们正式定制了米开朗琪罗的壁画，将其作为列奥纳多的作品的姐妹篇。但是，大家心知肚明，看到了其中包含的针锋相对的成分：那是一场"顶级大战"，一方是 52 岁的艺术大师，另一方是 29 岁的巨匠杀手。

1504 年秋天，米开朗琪罗来到染工之家，准备好脚手架、纸张、颜料以及别的物品。染工之家是古老的毛线染工医院中的一个大房间，曾被用作摊开卷布的场所。那地方不准任何人进入，也未邀请任何人进入。

米开朗琪罗的作品的主题是 1364 年争夺比萨的卡辛那之战，聚焦的是一个耐人寻味的时刻：佛罗伦萨的军事长官看到，自己的士兵们在阿尔诺河中沐浴，以便躲避夏日的热浪，于是发出假警报，要求士兵们立刻上岸，准备战斗。在米开朗琪罗的笔下，战争是具有阳刚之气的高尚而英勇的行为。英勇的战士们（他们这时碰巧一丝不挂）从水里出来，爬上河岸，奔向盖着灰尘的服装和已被太阳烧烫的铠甲。画中人物表情复杂，姿势优美，有的站立，有的跪下，有的蜷缩，有的身体前倾。正如一位艺术史家所说，那幅作品展示了"男性身体具有的神一般气质"的完美典范。

米开朗琪罗进入一种狂热状态，夜以继日地工作 4 个月，于 1504 年 10 月的最后一天交出了壁画的初始设计图。12 月，列奥纳多从皮翁比诺返回佛罗伦萨，没有对米开朗琪罗的作品表达任何意见。但是，在他的笔记本中，我们看到他对那幅画作的简短批评：躯干肌肉过于夸张，人物看上去就像"一个塞满核桃的袋子"。

米开朗琪罗甚至没有在市政大厅的墙壁上动笔。他先是全速冲刺，以便赶上列奥纳多的进度，随后放慢脚步，最后干脆停了下来。次年春天，他奉教皇尤利乌斯二世之命，动身前往罗马，为其设计陵墓。

～

　　两位巨匠之间的唇枪舌剑在坊间传开，意大利各地艺术品作坊的画师们纷纷涌入佛罗伦萨。米开朗琪罗以他通常的乖戾态度，刻意回避他们。但是，列奥纳多的做法截然相反。他以佛罗伦萨艺术家掌门人的身份，欢迎新来的崇拜者。我们知道，拉斐尔（1483—1520 年）发现，那位受人尊重的大师的绘画技法已经达到炉火纯青的境界。于是，他发誓忘记自己以前学到的技巧，一切从头开始，模仿大师的作品。

　　来自乌尔比诺的拉斐尔时年 20 岁，他与当年的列奥纳多一样，魅力四射，美貌超群，赢得了同事们的赞许。他提供了某种进度报告，让我们了解列奥纳多为丽莎·盖拉尔迪尼绘制肖像的情况。列奥纳多留下了一幅小型的棕色钢笔速写（现存于卢浮宫博物馆）。据说，画作完成于 1504 年左右，勾勒了一个大眼睛姑娘。她以列奥纳多发明的四分之三侧面姿势站立，脑袋微微向前偏斜，两手自然交叉，身后是由柱子分隔的无立体感的风景。

　　1506 年，拉斐尔完成了另外一幅模仿画作——马达莱娜·斯特罗齐·多尼的肖像（该作品现在存于皮蒂宫）。马达莱娜是马尔切洛·斯特罗齐的妹妹，后者是弗朗切斯科·德尔·焦孔多的生意伙伴之一。丽莎与马达莱娜是同时代人。我们几乎可以肯定，两人互相认识，可能还是朋友。两位女士都是同一副时髦打扮：前额突出，眉毛拔过，长发从女帽中飘落下来，搭在脖子后面。

　　马达莱娜结婚不久，身穿十分艳丽的红蓝两色服装，脖子佩戴醒目的婚礼垂饰，三根指头上戴着戒指。她的坐姿与丽莎的完全相同。不过，我一一比较两幅画作的细节之后发现，虽然丽莎打扮低调，但肯定显得更加迷人，呈现视觉诗的特征；对比之下，马达莱娜永远是一篇散文。

　　1505 年 2 月，执政团做出安排，采购大量厚实纸张和数百磅用于制作糨糊的面粉，送到维琪奥王宫。木匠们按照列奥纳多的设计，装配了一架精巧的支架装置。这样，列奥纳多就能站在不同高度上，轻松自如地绘画。裱糊匠将纸张粘贴起来，形成一个巨大的纸板模型。助手们使用针刺小孔，将设计初稿转移到墙壁上。列奥纳多尝试了不同的黏合剂和颜料，形成了一种据说古罗马人使用过的配方。那种化合物形成的色调对比强烈，超过了他之前见过的任何颜料。

　　1505 年 6 月 6 日，列奥纳多在笔记中写道，他"开始在维琪奥王宫中作画"。但是，问题随之出现。

　　"我刚刚拿起画笔，天气突然变得糟糕……纸板模型开始裂开。水桶破了，满地都是水。后来，天气更加糟糕，白天顿时变为黑夜。大雨滂沱，直到傍晚才停。"

　　尽管兆头不好，列奥纳多并没有放弃。他找来铁火盆，点燃炭火，利用它们产生的热量，加快颜料的吸收速度。这个方法在墙壁的下半截很奏效。但是，烤了一个晚上之后，靠近画面上端的部分依然是湿润的。某些传记作者想象出当时的情景：湿漉漉的颜料开始从墙上往下淌，弄脏了画面，让已经干燥的部分变得面目全非。列奥纳多让人往火堆上添柴，以便让火焰更高一些。他的助手们几乎惶恐，将可以找到的任何助燃物品扔向火堆，甚至包括木板和板凳。随着热度慢慢增高，颜料淌得更加厉害，简直就像从火山口流下来的熔岩。列奥纳多束手无策，只能眼睁睁地在一旁看着。

　　那样做究竟造成了多大损害？其原因究竟在哪里？我们不得而知。

编年史家们认为，原因是基底质量太差。它采用了未经验证的技术，用油料与颜料混合而成。为各种材料支付的费用一直延续到那年 10 月。但是到了那时，列奥纳多似乎已经放弃了该项目。

与他同时代的人留下的摹本显示，那位艺术家仅仅完成了军人骑马扭打、夺取军旗的场面。有人写道，列奥纳多对已完成部分"不满意"，所以放弃了创作。但是我认为，这个说法是一种明显的有保留的陈述，表达了列奥纳多的失望之情。他那样做的原因可能仅仅在于，他已经没有心思，不愿抹去初次尝试留下的残余，然后从头再来。

最终，那场所谓的"顶级大战"以无明显胜负的结局告终。但是，它被证明是一次艺术胜利。对之后的许多代人，米开朗琪罗设计的草图和列奥纳多绘制的局部在欧洲被广泛模仿，大量传播，起到"世界学校"的作用，后来在艺术领域引起巨大飞跃。

我在佛罗伦萨的一次逗留期间听说，在可能想到的诸多方面，这两者之间存在着明显联系：一个是列奥纳多创作的宏大、激烈、疾风暴雨式的战争场景，另一个是与之截然相反的东西——那幅小型、沉静的丽莎·盖拉尔迪尼肖像。毛里齐奥·塞拉奇尼是意大利的生物工程师，在美国加州大学担任艺术、建筑与考古跨学科研究中心主任。在 30 多年的时间里，他反复前往维琪奥王宫的市政大厅，透过乔治·瓦萨里的一幅壁画，寻找掩盖其下的"失去的战争"的残余。2012 年，他率领的研究团队使用微型外科手术探针，从瓦萨里那幅作品背后几毫米的墙面上，提取了一些样本。实验分析确认，那种颜料与《蒙娜丽莎》使用的黑油完全相同。

一天，我来到市政大厅，站在塞拉奇尼的研究团队搭起的脚手架前，思考曾经可能存在的那幅杰作。我感到疑惑，列奥纳多当时面对他一生中最大的艺术竞争，心里是否一直为丽莎留有一席之地？

根据《艺苑名人传》英文版的描述，列奥纳多"苦干"4年，绘制丽莎的肖像。但是，瓦萨里在原著中使用了意大利词语 penare，让人浮想联翩：除了"苦干"之外，这个词语也表示"努力尝试、艰苦劳动、不辞辛劳"之意。这几个动词适用于描述那位艺术家采用的细腻技法。如果说米开朗琪罗在西斯廷教堂天穹上，完成了一平方码画作，那么，在相同的时间里，列奥纳多只能绘制一平方英寸。歌德曾经感叹：列奥纳多"绝不允许丝毫随心所欲的任意之笔"。列奥纳多认为，画面上的一切必须既显得自然，又符合理性。

也许，列奥纳多觉得，画作不能草草而成。也许，随着时间的推移，对那项看似简单的任务，他的感觉出现了变化。也许，蒙娜丽莎的肖像给了他一个机遇，让他展现毕生磨炼出来的精湛技法。他手握超级细腻的丝笔，在明亮的白色基底上一点一点地作画。在几乎转瞬即逝的颜料上，他轻轻覆盖一层颜料，让下面一层颜色透出来，形成明暗渐变的朦胧"烟雾"。

他用上光油涂出了极薄的一层，同时起到展现和隐藏的作用，光影相辅相成，创造出明暗对照的效果，提升了作品的激烈冲突和感染力量。计算机生成的那幅肖像的模型图显示，在丽莎的嘴巴和眼睛周围的阴影部分，颜料涂层最厚。不过，列奥纳多采用了非常轻柔的笔触。专家们即便仔细检查，也无法在画板表面发现画笔留下的单独痕迹。

在两年多的时间里，我几乎每天都要面对一幅《蒙娜丽莎》的复制品沉思，对它的理解和情感与日俱增。这幅作品的细节令我着迷：丽莎微微侧身，仿佛邀请我与她对话。她的两眼闪烁亮光，一个瞳孔微微放大，另一个仿佛随着光线的变化，不停进行调整。在她脖子的半透明的皮肤下，血液仿佛正在流动。在她的眼睛和嘴角上，列奥纳多画出的微妙阴影显得朦朦胧胧，形成一种不确定的表情。她的嘴唇微微翘起，似乎构成一种不对称笑容的交点。

在我的眼前，出现了一位真实存在的女人的面孔。在照相机问世数百年之前，列奥纳多在一幅肖像中，捕捉到照片具有的那种直接的感知特征。

～

1506 年，米兰的宫廷向列奥纳多发出函件，邀请他完成一项长期争执不休的定制。由此形成的解脱本来是暂时的，但是它实际上将艺术家解放出来，让他不再觉得，自己在为执政团提供契约劳务。根据正义旗手索代里尼的要求，列奥纳多签署了一个经过公证的承诺书，答应 90 天之内返回。否则，他将交纳 150 弗罗林罚款。

列奥纳多可能急于离开佛罗伦萨，但是给丽莎绘制的肖像尚未完工。许多年过去了，肖像依然"没有完成，并不完美"。至少，在他看来如此。他反复修饰，已经画了成千上万笔，仍旧没有实现自己的理想。

丽莎是否感到失望呢？她的丈夫弗朗切斯科——如果他确实是定制者——发现自己无法拥有肖像，是否感到不安呢？

也许，列奥纳多施展自己的无可比拟的魅力，要夫妻俩放心：他并非永久离开，将会返回佛罗伦萨。不管怎么说，他曾经发誓返回。如果米兰的宫廷犹豫不决，不再催促，他可能有时间完成肖像。他们两人只得耐心等待，静观事态发展。

弗朗切斯科·德尔·焦孔多知道，他无法强迫艺术家违背初衷，去干不愿做的事情。对于他的处境，圣母领报大教堂修道院的修士们可能表示同情——他们也在等待艺术家交付他答应完成的那件祭坛画。

第十章
家庭问题

　　我在佛罗伦萨逗留期间，一位公主有一天邀请我共进午餐。我最初没有意识到，她是王室成员。我的一个朋友的儿时朋友给了我一张纸条，上面写着某位 P/ssa 的名字和电话号码。那个朋友坚持说，我应该给纸条上的那个人打电话（我当时误认为，P/ssa 表示女教授）。

　　"今天来吧。"我打电话自报家门之后，对方态度热情，友好相邀。我乘坐出租车，根据对方提供的地址，到了帕廖内路。出租车司机问我，是否打算租用那个地方，举办婚礼或宴会？"有人也在这里拍电影。"他接着补充一句。

　　后来，我才明白他那样说的原因。我抬起头来，仰望科尔西尼宫的高大巴洛克式正立面，心里默默提醒自己：千万不要露出目瞪口呆的模样。我走出升降梯，进入主楼层，觉得自己仿佛穿越时光，回到数百年前。

女主人名叫焦尔贾纳·科尔西尼，举止优雅，从容淡定，属于那种永远不老的佛罗伦萨人。我跟在她身后，穿过一连串舞厅大小的房间，来到她的歌队练习和表演的音乐厅。在那些房间里，天花板高高在上，墙壁贴着丝绸，椅子上的褪色天鹅绒显露历史，巨幅作品装在镀金画框里，让我目瞪口呆。她走到另一个绚丽的大厅的尽头，掀开是她体重三倍的厚重帷幕。出现在我眼前的，是一个俯瞰隐蔽绿洲的阳台。下面是一个宽阔的文艺复兴式花园：灌木经过修剪，呈现出规整的几何图案，小道精心维护，橡树高高矗立，数十个赤陶大盆中栽种着柠檬。在主要通道的两旁，台座高低不一，上面安放着形态各异的雕像，给错综复杂的设计增添了另外的优雅元素。

这是佛罗伦萨人长期以来营造美的另外一种方式，让人见后惊叹不已。我看到了现今科尔西尼家族的几代人：高贵的一家之主、两个迷人的女儿、一个孙子——他十来岁，长得就像吉兰达约笔下的人物——以及一个引人注目的孙女。他们有的住在科尔西尼宫的大院里，有的来自乡间庄园，一个个令我深深惊叹。

我应该意识到，在许多代人的岁月里，在某些方面，科尔西尼家族与盖拉尔迪尼家族形成了千丝万缕的交集。最初，这两个家族都来自托斯卡纳南部的波吉邦西地区。当然，科尔西尼家族历史辉煌，曾经出了许多银行家、神父、红衣主教，另外还有一位教皇和一位圣人。它的族谱熠熠生辉，很久之前便让盖拉尔迪尼家族黯然失色。

17世纪，科尔西尼家装修了那座巴洛克式府邸。家族的一位伯爵向艺术家安德烈亚·盖拉尔迪尼定制了一幅绘画。也许，那位画家是丽莎的亲属的后裔。几十年前，科尔西尼家的一位亲属住在五月葡萄园——盖拉尔迪尼在基安蒂的乡间庄园。

我聆听科尔西尼家的几位成员讲述相关的故事，觉得它们犹如许多丝线交织起来，在过去时光中编织成一幅绣帷。我意识到，要理解意大利人，就必须先知道他们的家庭背景。当然，这样的念头并非首次出现。我心里牢记这一点，将列奥纳多1506年离开佛罗伦萨之后发生的事件串联起来。那年，家庭问题不断，人际争端频繁，内心痛苦加剧，丑闻铺天盖地。多种因素混合起来，包围了那位画家、他的模特和她的丈夫。

在那之前的多年时间里，列奥纳多官司缠身，面对多项法庭裁决，经历了长期讨价还价。在米兰的法兰西统治者的宫廷里，他终于设法营造了一种让自己心满意足的完美的"家庭"生活。在佛罗伦萨，丽莎·盖拉尔迪尼专心于家庭职责，弗朗切斯科·德尔·焦孔多面对紧追不舍的债主，满口大话地尽量敷衍。在他们的周围，放逐在外的美第奇家族的敌人和朋友各显神通，扩大各自的影响力。密谋纷纷出笼，联盟常常重组。在变动不居的政治潮流中，佛罗伦萨人痛苦挣扎，小心翼翼，希望顺利度过那段危机四伏的日子。但是，只有一个因素亘古不变：家庭。

丽莎的家庭生活以子女为中心。她每天抱孩子，哄孩子，有时和孩子一起欢笑，有时给孩子擦干眼泪。孩子咳嗽或发烧，她担心，发愁；孩子入睡前，她亲吻，祝福。到了1507年，两个大儿子——13岁的巴尔托洛梅奥，11岁的皮耶罗——已经长成身材魁伟的少年。两人掌握了珠算，正在跟着父亲学习丝绸行业的复杂经营门道。

家庭教师给8岁的卡米拉和7岁的玛列塔讲授阅读、写作和算数方面的基本知识，而且还教她们唱歌、跳舞。丽莎与佛罗伦萨别的母亲一样，负责传授她们需要了解的其他东西，内容几乎涵盖生活的各个方面。她的小儿子安德烈亚满5岁后，她可能根据一位人文主义家庭教师的建议，开始教他识字，教他如何使用字母，拼出"水果、糖果和其他儿童食品"等单词。

丽莎不再与亲戚们住在一个屋檐之下，已经成为自家的主妇，忙着打理家务。她腰里系着一大串钥匙，事无巨细，一一处理：管理仆人，计划膳食，订购货物，监督修缮，细心整理银器、珠宝和其他贵重物品，检查内衣（先用草木灰溶液洗涤，然后用樟梓增添香味），给女儿们的衣服和儿子的无袖短上衣缝边。不同的季节有不同的事务：夏天预备到乡间避暑，节假日需要准备庆祝宴席。

当然，丽莎也不可能忽略自己的社交应酬——佛罗伦萨雪城大学的历史学家萨拉·马修斯－格列科和我聊天时，曾经谈到佛罗伦萨妇女的日常生活的这个方面。丽莎常常探访与娘家或丈夫家有关系的妇女，并且邀请他们到家里做客。她丈夫的生意越做越大，他的同事和客户纷纷上门，请她担任自己孩子的教母。这意味着，她常常参加生日聚会、命名典礼、洗礼、婚礼，常常外出度过节日和假日。与她的亲戚玛格丽塔·达蒂尼当年与普拉托的妇女们相处的情况类似，丽莎与女眷们一起闲聊、嬉笑，日子过得非常开心。

1507 年，丽莎 28 岁，发现自己再次怀孕。那时，她年龄更大一些，生活更忙一些。与以前几次怀孩子相比，她常常感到疲倦。1507年 12 月，她产下第三个儿子。也许，那个名叫焦孔多的孩子是早产儿，出生时体重较轻。也许，他后来高烧不退，呼吸困难。弗朗切斯科请来医生。亲属们忐忑不安，纷纷虔诚祈祷母子平安。但是，小焦孔多·德尔·焦孔多仅仅活了一个月。丽莎和弗朗切斯科再次经历作为父母可能遭遇的最大哀痛。

我们不知道，那个悲惨的消息是否传到了身在米兰的列奥纳多的耳里？

虽然列奥纳多曾经承诺，自己将尽快返回佛罗伦萨，然而他却迟迟未归。原来约定的 3 个月过去了，佛罗伦萨共和国同意他推后归期。佛罗伦萨驻米兰大使表示抗议，正义旗手索代里尼表示谴责，声称列奥纳多"欠了我们的债务"。他情绪激昂地表示：那位艺术家没有"对共和国表示应有的敬意。他拿去了大笔金钱，仅仅画了草草几笔，远远没有完成定制的作品"。仅管如此，列奥纳多仍未离开米兰。

在米兰，列奥纳多获得了在佛罗伦萨从未有过的好评，所以根本不愿离开。法兰西派驻米兰的总督夏尔·戴·当布瓦斯伯爵是一位年轻人，头脑聪明，做事勤奋，获得美誉，"既喜欢爱神，又喜欢酒神"。他给深受宫廷青睐的列奥纳多提供了丰厚的定期津贴。法兰西国王路易十二本人也表示，自己"肯定需要"那位艺术家。无论索代里尼心里多么窝火，执政团也毫无办法，不得不同意那位重要盟友提出的"亲切要求"。

在卢多维科·斯福尔扎公爵的庇护之下，已经 50 岁出头的列奥纳多重整旗鼓，在相当大的程度上，再次享受了自己曾经拥有的回报丰厚的富裕生活。他再获活力，搞了一系列很有意思的项目。他为那位年轻伯爵设计了消夏别墅，画出了门廊、凉廊和房间的草图。别墅的房间宽敞，透气，面向一座别具一格的阿拉伯式花园。它仿佛取自《天方夜谭》：院子里栽种着清香四溢的柑橘和柠檬，凉亭里喂养着婉转鸣唱的鸟儿，酒壶漂浮在可以给酒降温的小水渠里。一个小磨坊上安装了风帆，就像一座风车，"夏天任何时候都可以产生微风"。

1507 年 6 月，法兰西国王路易十二访问米兰。列奥纳多亲自操刀，设计了场面盛大的欢迎仪式。绿树搭成的拱门高高矗立，彩旗上画着基督和圣人，凯旋战车威武行进。人们头戴面具，载歌载舞。入夜，焰火表演五彩缤纷。那种规格的欢迎充满梦幻色彩，真的让全城的人大开眼界。法兰西国王赐予"我们亲爱的受人尊敬的"列奥纳多一份终身俸禄。那笔款项从米兰那段运河的通行费中列支。

9月，列奥纳多听到消息：他年轻时的亲密伴侣、叔叔弗朗切斯科去世，自己被指定为唯一继承人。大约在那段时间，一个年轻人进入了列奥纳多的生活。那个人名叫弗朗切斯科·梅尔齐，后来成为他的名望的主要继承人和守护者。那个美少年大约十四五岁，模样标致，杏仁眼，最初以学童的身份，拜访了列奥纳多。没过多久，他变身列奥纳多的私人秘书，伺候那位官方"画师兼工程师"（法兰西政府的领薪雇员的头衔）。梅尔齐的一手斜体字写得非常漂亮，从此常常出现在列奥纳多的笔记和文件中，直到画家去世为止。

梅尔齐出身名门，受过良好教育，举止中规中矩。在我看来，他与长期受到列奥纳多青睐、那时大约二十七八岁的萨莱形成鲜明对比。也许必然导致的情况是，梅尔齐和萨莱个性不合，常常争得面红耳赤。在那时留下的一本笔记上，列奥纳多草草写道，他希望与萨莱和平相处。"不要再吵啦，"他恳求道，"我让步。"

1507年9月的某个时候，发生了另一场纠纷，将列奥纳多拉回了佛罗伦萨。已经继承父业、干起了公证人行当的塞尔·朱利亚诺牵头，领着列奥纳多的其他同父异母弟弟和妹妹，就叔叔弗朗切斯科的遗嘱提出质疑。列奥纳多奋力保护自己应有的权益。他在言辞犀利的信件中谴责说，（叔叔）弗朗切斯科在世时，他的同父异母弟弟们一直心怀"极端恶意"。在他们眼里，列奥纳多本人"不是哥哥，而是毫不相干的路人"。这场官司持续数月，以列奥纳多的胜利而告终。

法兰西派驻米兰总督和法兰西君主闻讯，分别给佛罗伦萨执政团送去紧急公函，要求执政官们尽快处理相关事宜。而且，列奥纳多还想出了另外一个办法。他知道，伊波利托·德斯特红衣主教——曼图亚女侯爵伊莎贝拉·德斯特的弟弟——希望得到自己的画作，于是致信求助。

在佛罗伦萨，列奥纳多更像一位长辈，须髯灰白，视力减退，肩膀耷拉。他与一批年轻客人一起，入住腰缠万贯的数学家兼语言学家皮耶罗·迪·布拉乔·马尔泰利的豪宅。那批客人充满活力，发现了一种典型的消遣方式：以晚宴所见为题，即兴绘制静物画、肖像和风景画，甚至还将小鸡、香肠、奶酪、烤肉和其他食品作为素材。

马尔泰利的府邸与德尔·焦孔多的住宅仅仅几个街区的距离。我们至少可以判定，列奥纳多听到了丽莎的婴儿的死讯。他是否写了短信，是否前去表示慰问呢？他是否可能在丽莎领着女儿们上街散步时，与她偶然邂逅呢？我们仅仅获得一条颇为诱人的线索。

连续几个晚上，列奥纳多——解剖学先驱——前往新圣母玛利亚教堂医院，进入那里的停尸房。他在笔记本上写道，那是一个令人恐惧的去处。里面摆满了"死人，有的残缺不全，有的剥去了皮肤，看上去十分可怕"。在一张纸上，我们看到他在那段时间中绘制的东西：妊娠初期妇女的子宫剖面图、男性和女性的生殖器的素描、带着胎儿的奶牛胎盘和子宫详解图。

在那一页的反面，就是表面比较粗糙的那一面，绘有人的嘴巴及周围肌肉的详图，而且还包括两片嘴唇。它们栩栩如生，仿佛从蒙娜丽莎的脸上飘浮而来。也许，仅仅是也许而已，列奥纳多再次看见了那个令人难以忘怀的微笑。

1510 年，德尔·焦孔多的作坊中酝酿数十年的矛盾爆发，弗朗切斯科的兄弟和堂哥们联手，至少将他从家族的一个公司中驱赶出来。我想，弗朗切斯科绝不会忍气吞声，善罢甘休。

弗朗切斯科出售了自己的股份，和两个尚未成年的儿子——巴尔托洛梅奥和皮耶罗——一起，开设一家新的合伙经营店铺。而且，他还采取精明策略，开始将自己的股份多样化。他效仿曾祖父酒桶匠雅各布，转而投资房地产。他出售了几家收益不高的农场，不仅扩大在基安蒂的家族房产，而且在比萨城附近的乡村购买土地。也许，在丽莎的敦促之下，他从她父亲安东马里亚·盖拉尔迪尼手中，接管了庄园的管理工作，从而弥补了自己蒙受的某些损失。

1510 年，弗朗切斯科和大儿子巴尔托洛梅奥双双遇到麻烦。5 月，负责城市公社司法事务的八人委员会颁布命令，没收佛罗伦萨附近农田栽种的大量小麦。弗朗切斯科似乎觉得，自己可以从中渔利，于是派出一名代理人前去索要那批小麦。

那片农田的主人被激怒了，向八人委员会提出控告。根据官方文献的记载，他谴责说，弗朗切斯科"受到罪孽的蛊惑"，是一个肆意挑衅的人，涉嫌利用佛罗伦萨的每个政府机构获得暴利。那名控告者声称，面对这个"堕落且不可靠的"家伙，甚至弗朗切斯科的一些亲戚们也采取了避而远之的态度。弗朗切斯科看惯了人际冲突，可能对那一指摘持不屑一顾的态度。

相比之下，16 岁的巴尔托洛梅奥被控鸡奸，采取的态度大不一样。鸡奸指控不仅可能给他带来毁灭性灾难，而且让他的继母丽莎和整个家族的人惶惶不安。一项匿名指控称，巴尔托洛梅奥与一个名叫皮耶罗的青年，从事非法活动。根据刑警队记录，那个青年"就像妓女，常常让自己被人搂抱"。

我没有找到相关的判刑记录，两项指控可能撤销。尽管遭遇了那种当众出丑的尴尬局面，巴尔托洛梅奥的生活依然照常进行。后来，他结了婚，生儿育女，并且继承了父亲的生意。

无论儿子的问题让弗朗切斯科感到多么不安，他更关心的还是变化无常的政治局势。佛罗伦萨人已经厌倦了横征暴敛的当权者。来自罗马的谣传暗示，以前的统治王朝美第奇家族可能会卷土重来。

早在 1503 年，皮耶罗·德·美第奇——豪华者洛伦佐的继承人和长子——跟随法兰西军队征讨，在泅渡那不勒斯附近的一条河流时溺水而亡。他的两个弟弟——乔瓦尼和朱利亚诺——从未放弃希望，朝思暮想重新夺回佛罗伦萨。那个 13 岁便被任命为红衣主教的胖孩子乔瓦尼已经长大成人。他身材魁梧，脸色红润肥胖，眼睛极度近视，长着狮子鼻，嘴巴总是微微张开。他的两腿"奇短，孱弱，给人滑稽之感"，支撑着异常肥硕的身躯。不过，那位出身美第奇家族的红衣主教和蔼可亲，慷慨大方，这两点弥补了他身体方面的缺陷。

在遭到放逐的日子里，乔瓦尼·德·美第奇客居罗马，建立了权力基础。他根本不信上帝，不信教会，但这并不妨碍他履行自己的教会职责。同理，他作为神职人员曾经誓言禁欲，但这并未约束他对各种世俗快乐的看来不能满足的欲望。他温文尔雅，能力很强，讨得了至高无上的教皇尤利乌斯二世的欢心。接着，他开始利用自己的政治力量四处游说，希望佛罗伦萨赦免自己和弟弟朱利亚诺。

也许，随着政治环境的变化，弗朗切斯科·德尔·焦孔多加盟佛罗伦萨城的一个秘密团体，从事支持美第奇的活动。1510 年 12 月，一个暗杀正义旗手索代里尼的阴谋败露。据称的罪魁祸首逃之夭夭，其父亲遭到流放。许多人指责美第奇的支持者们，认为他们蛊惑人心，煽动反叛。弗朗切斯科不得不小心行事，以免遭到怀疑。

〜

1511 年 4 月 22 日，执政团处理了一个棘手的民事和家庭问题。那是"本城实施多年、应该受到谴责的习俗——支付数量巨大的超额嫁妆"。那时，情况确实完全失控，嫁妆数量直线飙升，已经高达 3000 弗罗林。越来越多的家庭要么不得不下嫁女儿，要么强令女儿去当修女。为了防止出现更多"不便和伤害"，一项新的法令出台，将"佛罗伦萨公民的每个女儿"的嫁妆上限定为 1600 弗罗林。

这个问题几乎涉及每个家庭，盖拉尔迪尼和德尔·焦孔多两家亦不例外。没有嫁妆，无人求婚，没有被人接受的社会地位，丽莎的两个妹妹别无他法，只得进入修道院。她俩加入了姑母（安东马里亚的妹妹）的行列，在圣多明我·迪·卡法焦修道院（后来的圣多明我·德尔·马利奥修道院）宣誓出家，分别取名为卡米拉修女和亚历山德拉修女（她俩出生时的名字）。那座修道院坐落在地势开阔的乡间，位于圣母领报大教堂与城墙之间。那里的修女主要来自出身贵族、但是家道中落的家庭。

弗朗切斯科·德尔·焦孔多是一位具有远见的父亲，早为大女儿卡米拉预留了购置嫁妆的费用：1000 弗罗林用于结婚，200 弗罗林用于进入修道院。鉴于他的职业状况和政治地位，加上丽莎拥有的盖拉尔迪尼家族的出身，那个姑娘应该吸引到值得信赖的求婚者。但是，在 1511 年，丽莎和弗朗切斯科没有与其他家庭联姻，而是将 12 岁的女儿送进了同一座多明我会修道院，让她追随姑姑们和姑婆的足迹。

我们不知道他为何那样做。也许，弗朗切斯科无力安排一桩对自家有利的联姻。也许，婚姻市场已经把他排除在外。但是我觉得，丽莎——而非弗朗切斯科——促成该决定的可能性更大。一方面，儿子们是他考虑的重点；另一方面，他可能信任孩子的母亲，觉得她能够做出对女儿们最有利的选择。

我希望理解丽莎做出那个决定的动机，于是步行来到圣多明我修道院的原址——现在的军队法医中心。那个院子的周围不再是乡村，而是坐落在一条僻静的街道上，似乎远离现代佛罗伦萨城的喧哗和拥堵。院子四周是灰泥墙面的两层建筑，里面鸟语花香。猫在草地上晒太阳。蝴蝶在花丛中飞舞。我站在荫凉的凉廊上，可以感觉到没有改变的昔日岁月，想象没有月光的夜晚里的黑暗、神圣的寂静。

我站在那个曾经笼罩光环的地方，自己内心深处的天主教徒理念可以理解，祈祷和沉思构成的宁静生活具有多么巨大的吸引力。此外，我内心深处的母亲的理智可以理解，在一个遍布未知、无法预测的危险的世界中，我也非常希望，自己的女儿安全地待在这些围墙之内。可是，我一直想象卡米拉根本无法了解的院墙之外的人生体验：丈夫的爱抚、新生婴儿的奇迹、睡眼蒙眬的孩子的拥抱。

也许，丽莎关注的是另外一种可能性。一旦成为修女，卡米拉或许可能实现意义深远的精神追求，获得超越世俗的安宁与意义。

卡米拉想要什么呢？这一点无关紧要。教会规定，成为修女的誓言必须出自姑娘自己的自由意愿。但是到了16世纪初叶，当事人是否同意已经失去了全部意义。父母受到敦促，应该尽早安排，将命中注定献身宗教生活的女儿送进修道院。这样，年轻姑娘就不会暴露在世俗社会的种种诱惑之中。

"甚至尚未冒险进入世界，"一位编年史作者写道，"年轻姑娘们便进入了那些坟墓般的地方，待在那里，直至死亡。"她们当中的大多数在9岁至11岁之间"蒙上面纱"，在12岁或13岁时举行最后宣誓仪式。

丽莎的两个大女儿从未有过这样的体验：穿上漂亮的晚礼服，加入欢天喜地的游行队伍，走过佛罗伦萨的街道。实际情况是，丽莎最后一次给卡米拉梳好辫子，套上一件灰色朴素披风，裹上一条亚麻头巾。根据传统，她的男性亲属——对卡米拉来说，就是父亲和哥哥——悄悄地随她前往她在世上的最后命运之地。

在一个柳条篮子里，装着卡米拉的出家嫁妆：若干简朴的居家长袍、冷天穿的夹衣、便于洗涤的内衣裤、头巾、围裙、手帕、拖鞋、鞋子、毛巾、手套。也许，还有一枚象牙勺子，以供她在共同进餐时使用。弗朗切斯科准备了一些面料——朴素的羊毛织品，多为黑色或其他中性颜色——供卡米拉制作修女服。另外，他还准备了一些白色亚麻布，以便缝制修女用的头巾。

一旦丽莎的女儿立下终身禁欲、保持贫寒、绝对服从的誓言，她每天的日子便由虔敬活动构成，周而复始，直至临终。从黎明到深夜，她将不时祈祷。首先为佛罗伦萨城祈祷。那里的人们认为，修女的祈祷"强大有力，超过两千匹骏马"。她朗诵赞美诗，吟唱颂歌，阅读给予灵感的经文。她背诵圣经，沉思冥想，念念不忘基督受难和复活的恩典。她打理修道院里的菜地，缝制冬季穿的朴素的灰色工作服，以及夏季穿的粗亚麻布宽松直筒连衣裙。此外，她还要为神职人员绣制礼服，为教堂的祭台绣制亚麻台布，为自己的家人绣制手帕。

她母亲丽莎每天都惦念着卡米拉，尽可能到修道院去，哪怕只能在做弥撒时，透过祭台周围的铁栅看上女儿一眼也行。无论丽莎出于什么动机，将卡米拉送进了圣多明我修道院，她很快就有理由重新审视自己当初的决定。

1511 年，历史再次改变了列奥纳多的人生轨迹。在意大利的土地上，两位势不两立的君主紧张对峙：一位是查理五世，西班牙"最虔诚的天主教"国王；另一位是国王路易十二，法兰西"最虔诚的基督徒"。参与那场争斗的还有威尼斯共和国、德国和瑞士，教皇尤利乌斯二世也掺和其中。后来，"神圣联盟"迫使法兰西军队撤出米兰，马西米利亚诺·斯福尔扎——已故的卢多维科公爵的儿子——做好准备，打算收复他父亲的城市。

12 月，列奥纳多和他的助手们再次忙碌，打点可以带走的行装。那位受人尊重的艺术家已经 59 岁，并不担心自己的安危。但是他知道，继续留在米兰已经没有什么前途。法兰西占领军被人鄙视，他作为他们青睐的人，无论多么德高望重，也无法接到定制邀请，无法拥有仁慈的庇护，无法获得源源不断的可靠收入。

但是，列奥纳多一行能够到哪里去呢？不能返回佛罗伦萨，在那里，官僚们心胸狭窄，他的同父异母弟妹们尖酸刻薄。不能前往罗马，在那里，米开朗琪罗将自己关在西斯廷教堂里，在天花板上创作天国的景象。不能前往威尼斯，在意大利的那个最富裕的城市中，提香广受赞誉，主顾越来越多。

列奥纳多的门生梅尔齐的家族表示，欢迎艺术家和他的助手们，邀请他们一行人入住该家族的乡间别墅。那是一座漂亮的建筑，距离米兰大约 20 英里，俯瞰阿达河那一段宽阔的河湾。在那里，艺术家度过了动荡的放逐日子。他在山岭间散步，解剖动物，研究其心脏的工作方式。在那里，他写笔记，画速写，分析湍急的水流。在那里，他年满 60。

1512 年，列奥纳多在笔记本上留下一幅速写画，勾勒了一个上了年纪、长着络腮胡须的老人。他握着手杖，坐在岩石上，神情疲惫，注目沉思。有人提出，这是一幅自画像。但是，那个人的模样略显苍老。艺术批评家肯尼思·克拉克爵士认为，那幅速写是一种"自我讽刺"——列奥纳多以悲伤的方式，表现了自己衰老、祛魅的一面。

他的学生们提供了垂垂老去的艺术家的其他形象。在一幅红色粉笔侧面画——画作的日期标注为 1512 年，被认为出自梅尔齐之手——上，被画者非常英俊，五官轮廓分明，须髯浓密，小胡子梳理整洁，长发飘逸，搭在肩上。专家普遍认为，该作品的主人公就是 60 岁或接近 60 岁的列奥纳多。那是哲人的面孔，留下了岁月雕琢的痕迹，依然憧憬着未来。

1512 年 4 月 20 日，佛罗伦萨的夜空星星闪烁，人们沉睡在宁静之中。一个名叫朱斯托的青年——他年轻强壮，管理圣多明我修道院的乡村地产——领着三个朋友，穿过幽暗的小巷，来到修道院。三人中的一个是帕维亚红衣主教的弟弟。他们悄无声息，爬上了朱斯托事先藏在附近的一架梯子。在二楼，四名见习修女瞪大眼睛，心里怦怦直跳，等候他们的到来。其中一个新娘打扮，戴着样式精美、用金丝制成的拉夫领。她就是丽莎的妹妹卡米拉，显然不失祖辈们那种勇敢的盖拉尔迪尼精神。

几个男人和女人们一起，待了三四个小时，没有察觉到有人在阴影中偷窥。后来，那个偷窥者写了一封匿名检举信，放在政府设立的一个用于举报的大鼓中。举报人称："他们抚摸上述修女的乳房，而且……还有其他不雅之举，在此不便一一细说。"

佛罗伦萨城的刑警队逮捕了朱斯托和他的三个伙伴。草草审判之后，四人均被定罪，课以罚款。涉事的修女虽有民事不法行为，最后被免于惩处。但是，她们将要面对上帝的愤怒，而且更恐怖的是，面对那位修道院院长。

我们不知道她们三人究竟遭受了什么惩罚。当然，有可能是祈祷忏悔，也有可能失去特权和特许。也许，只能分到稀粥、面包和水。

也许，她们被迫沉默，以便反思自己的越轨行为。也许，被罚去干最艰苦的日常劳动。也许，禁止她们与人——包括家人——见面。也许，卡米拉修女甚至不能与前来安慰的妹妹和侄女见面。佛罗伦萨的街道上，一时谣言四起。丽莎·盖拉尔迪尼冒险上街，可能感觉到别人的异样目光，仿佛听到空气中弥漫着窃窃私语。或许，和她的 68 岁的父亲安东马里亚·盖拉尔迪尼一样，她也备受那种奇耻大辱带来的折磨。此外，丽莎心里还担心，妹妹已给自己的丈夫和孩子造成了压力。但是，如果说她流下眼泪，无论是出于愤怒、悲伤，还是出于他人的责问，她都只能默默独自承受。

这让我想起丽莎的远房表姐玛格丽塔·达蒂尼：当年，玛格丽塔的丈夫分别与一名奴隶和一名仆人私通，并且生下两个孩子，让她丢尽颜面。那个遭到背叛的妻子不得不求助灵魂深处的贵族心态，以便获得慰藉，让自己昂首挺胸，面对普拉托的街坊邻里。在列奥纳多创作的丽莎·盖拉尔迪尼的肖像中，我也看到一位内心同样坚毅的女性。

没过多久，一种更加巨大的威胁浮现出来，掩盖了那场丑闻。1512 年夏天，法兰西军队与教皇尤利乌斯二世的西班牙雇佣兵交恶，战火蔓延到托斯卡纳。佛罗伦萨当局表示，他们依然效忠法兰西，不愿投靠教皇尤利乌斯二世。那位教皇发誓，必须摧毁拒不服从自己的佛罗伦萨共和国，扶持自己看重的顾问乔瓦尼·德·美第奇红衣主教上台。

1512 年 8 月 2 日，坊间谣传四起：西班牙军队获得美第奇红衣主教提供的部分资助，正向佛罗伦萨扑来。整个乡村笼罩在惶惶不安的氛围中。农民们成群结队，涌入城里。马车和骡子在城门外排成长龙，蜿蜒一英里以上。在佛罗伦萨的坚固城墙之内，公社强力出手，镇压美第奇的支持者们。8 月下旬，许多人遭到逮捕，弗朗切斯科·德尔·焦孔多也身陷囹圄。

8 月 29 日，身经百战的西班牙军队进攻附近的普拉托。佛罗伦萨派出大约 3000 名民兵，协助防守该城。但是，根据日记作者兰杜奇的记载，那些增援的志愿兵"一个个胆小如鼠，就连一天也支撑不住"。入侵者掳掠奸淫，杀死了 6000 余人，其中包括妇女和儿童。一具具尸体被扔进阴沟，砍下的肢体塞满水井。那是史上最野蛮的屠杀案之一。马基雅维利事后写道："恐怖的场面令人毛骨悚然。"

普拉托沦陷的消息"在人们的心里引起极大恐惧"，正义旗手索代里尼更是惶惶不可终日。美第奇的拥趸们涌入维琪奥王宫，要求索代里尼下台。据说，索代里尼泪流满面，扬言自杀。马基雅维利安排了一条安全逃离城市的通道。但是，他后来谴责说，索代里尼的行为胆小如鼠，死后就连地狱也进不了，只能在"地狱门外"徘徊。

佛罗伦萨人担心，自己将会重蹈普拉托人的覆辙，不得不俯首称臣：第一，支付高达 6 万弗罗林的赎金；第二，让美第奇家族重新上台。曾几何时，佛罗伦萨共和国骄傲地挥舞红百合旗帜；顷刻之间，它便不复存在。

～

1512 年 9 月，一个干瘦的男子悄悄进入佛罗伦萨城。他蓄着一头黑发，长着其家族特有的鼻子。18 年前，他和他的兄弟们曾经逃离了那座城市。此时，32 岁的朱利亚诺·德·美第奇已被肺结核折磨得虚弱不堪。他刮去了放逐时期所留的须髯——它是贵族出身的一种象征，曾经遭到佛罗伦萨共和国公民的鄙视。

他穿着传统的托斯卡纳式长罩袍，想去的目的地不是拉尔戈街上的美第奇宫邸，而是一位世交的住处。朱利亚诺的每个行动不温不火，彬彬有礼，传递了一个信息：豪华者洛伦佐的儿子回来了，不是作为城市的统治者，而是作为那里的普通公民。

两周之后，情况出现了变化。朱利亚诺的哥哥——37岁的乔瓦尼·德·美第奇红衣主教——率领1500名士兵和随员，从普拉托返回佛罗伦萨。那个派头显示，他是一国之君，而不是宗教领袖。9月16日，在哥哥的军队的援助下，朱利亚诺·德·美第奇夺取了维琪奥王宫的控制权。整个过程不费一枪一弹，高效迅捷，恰如美第奇银行进行的一笔货币兑换交易。

"市政广场上站满全副武装的士兵。"兰杜奇写道，"军人把守着每条街道和每个广场的出口。他们嘴里不停地喊着红球、红球、红球。"奶牛大钟敲响了，召唤着佛罗伦萨公民。在市政广场搭起的高台上，有人宣读了一条规定，宣布解散大议会。选举产生的新管理机构（史称"1512年55人团"）由美第奇的忠实拥趸组成，其成员全部由红衣主教乔瓦尼和朱利亚诺·德·美第奇亲自挑选。到10月13日为止，那个新的政治精英团队增至500人，其中包括弗朗切斯科·德尔·焦孔多和他的大堂哥保罗。作为政治犯的弗朗切斯科蹲了一段时间监狱，刚被释放出来。两人被任命为"审查委员会"成员，一是筹备来年在佛罗伦萨举行的选举，二是协助任命所有公职人员。

我从一位学者那里，了解了弗朗切斯科·德尔·焦孔多的政治活动。她名叫约瑟芬·罗杰斯·马里奥蒂，美国人，曾在佛罗伦萨大学获得历史学博士学位，主持了佛罗伦萨中西部地区联合大学项目研究过佛罗伦萨的圣奥尔索拉修道院定制的两幅画作。在修道院资料室这样一个不大可能保存此类历史文献的地方，她找到了弗朗切斯科·德尔·焦孔多参与政治活动的相关资料。

马里奥蒂浏览那座修道院的记录，发掘到贵如黄金的案卷。在一本皮革封面的超大账本上，一一记录了该修道院的主要资助人之一乔瓦尼·德·美第奇红衣主教的支出明细。头一笔的日期为 1512 年 9 月 16 日，就是红衣主教和他的弟弟重新获得家乡的控制权当天。账本上写着：献给全能的主，献给他的荣耀母亲圣母玛丽亚，献给圣彼得、圣保罗、施洗者圣约翰，献给美第奇家族的庇护者科西莫和达米安，献给"天堂中的其他所有圣者"。它提供了美第奇家族重返佛罗伦萨的第一手记录。

从返回之日开始，美第奇兄弟着手效仿父亲的做法，赢得佛罗伦萨人的信任。他们为市民提供面包，举办马戏表演，举行大规模游行。乔瓦尼的那一册账本证实，两人采购了大量葡萄酒——有一次数量多达数百桶。而且，他们还从皮斯托亚、阿雷佐以及其他城市，聘请了号手、乐手和舞者，欢庆佛罗伦萨获得"解救"。

而且，他们还不惜血本，整修破败不堪的美第奇宫邸。第一要务是抢救给排水系统，修理水井和化粪池。接着，大批匠人开始工作，其中包括画师、雕塑师、木匠、砖工、玻璃工、锁匠、软装饰工、室内装潢工以及当时最好的绣工。组建了一个特别委员会，负责收回家族的资产。他们发出威胁：如果有人拒不立刻归还从美第奇家偷窃的物品，等待他们的将是绞刑架。"许多物品失而复得。"兰杜奇写道，笔触直截了当，不乏惯有的精辟。

佛罗伦萨的新领袖痴迷时尚，需要定做新的衣柜。讲究格调的朱利亚诺与他的父亲一样，也被称为"豪华者"。9 月 16 日，就是两弟兄重掌大权的第一天，他定制了黑色男士紧身裤。过了不久，他购买了大量的黑色天鹅绒布料，一尺接着一尺，为自己和随员定做斗篷和披风。那时，一件单层长袍需要的布料为 20 个臂长。账本上显示，9 月 18 日，"德尔·焦孔多丝绸作坊"开始承接美第奇家族的订单。

弗朗切斯科·德尔·焦孔多并非仅仅起到供应商的作用。1512 年 10 月 30 日，他加入一批经过筛选的资助者的行列，贡献了 500 弗罗林的标准捐赠金额给嫁妆基金。捐赠款项总计 3 万弗罗林。该基金所起的作用就是作为佛罗伦萨的国库。在其他捐赠者中，许多人与美第奇家族保持姻亲关系，其中包括他的前岳父——寿命很长且儿孙满堂的马里奥托·鲁切拉伊。次年春天，弗朗切斯科·德尔·焦孔多身穿仪式感很强的深红长袍，佩戴黄金饰链，问鼎佛罗伦萨的最高权力，开始在执政团中担任为期两个月的执政官。

快乐酒桶工匠雅各布的这个曾孙理想远大，希望在佛罗伦萨的政治舞台上一展身手。

第四编　美第奇家族的胜利

（1513—1579年）

第十一章
狮子的崛起

在美第奇家族辉煌的全盛时期，丽莎·盖拉尔迪尼长大成人。她肯定记得洛伦佐·德·美第奇的儿子，特别是朱利亚诺，与她同在1479年出生的那个"可爱"男孩。当初，他长着黑黑的大眼睛，在佛罗伦萨街道上骄傲地策马而行。也许，她曾经很想知道，那个男孩后来究竟境遇如何？他的家人遭到放逐时，朱利亚诺只有15岁。在讲究品位的乌尔比诺宫廷中，年纪轻轻的他受到热情欢迎。乌尔比诺是艺术家拉斐尔和布拉曼特的故乡，文艺复兴时期文明程度最高的中心之一。

在文学杰作《廷臣论》中，我初次"见到"朱利亚诺·德·美第奇。该书出自巴尔达萨雷·卡斯蒂廖内笔下，以那座富丽堂皇的宫殿为背景。在一场想象出来的辩论中，朱利亚诺以完美绅士的象征现身，滔滔不绝地展现辩才。他认为，女性在每个领域都不逊于男性，从哲学研究到国家管理均是如此。

在现实生活中，美第奇家族的这名成员名声不太大，是一个寻花问柳成瘾的家伙。他给我的印象更像花花公子，而不是女性价值的维护者。在传记作家们的笔下，朱利亚诺"模样英俊，生性软弱，对神秘事物很感兴趣"，涉猎占星学和巫术，沉迷于声色犬马，对奢侈品情有独钟。

很可能的情况是，在一次访问米兰期间，朱利亚诺·德·美第奇与列奥纳多初次接触。当时，每当贵客来访，卢多维科·斯福尔扎公爵常常介绍在宫里住着的那位著名天才。历史学家们指出，朱利亚诺和列奥纳多也可能在威尼斯相遇：法兰西军队征服米兰之后，列奥纳多 1500 年曾在威尼斯短暂逗留，被放逐的美第奇家族成员当时就侨居那里。

乔瓦尼·德·美第奇红衣主教恢复职位之后，在罗马重新过上奢靡的生活，将管理佛罗伦萨的事务委托给自己受人欢迎的弟弟。朱利亚诺作为新的统治者，肯定常与家族的政治支持者们共度时光，弗朗切斯科·德尔·焦孔多就在其中。此外，朱利亚诺秉承了美第奇家族的传统，一爱美女，二爱艺术。他肯定听到坊间传言，具有传奇色彩的画家列奥纳多已经动笔，为弗朗切斯科的妻子绘制肖像（虽然弗朗切斯科仍旧等待交货）。弗朗切斯科具有精明的商人头脑，如果有机会接触朱利亚诺，可能会盛情款待。

弗朗切斯科受到邀请，出席美第奇家族出资赞助的盛大表演和聚会，可能将朱利亚诺介绍给那幅肖像的模特本人。丽莎·盖拉尔迪尼时年 34 岁，已是生过六个孩子的妇女，不再是当年那个身材苗条的腼腆小姑娘。但是，在丽莎的笑容中，依然绽放着盖拉尔迪尼家族的精神。我可以想象，久经世故的朱利亚诺满脸殷勤，与那位优雅的名媛侃侃而谈。两人一起回忆童年时光，交换关于列奥纳多——他很快将会投身朱利亚诺的庇护之下——的趣闻逸事。

～

那时，列奥纳多客居米兰郊外避难，可能没有听说过 1513 年 2 月才败露出来的暗杀朱利亚诺·德·美第奇的密谋。多名密谋者遭到逮捕。其中一人为了活命，供出了一份 20 人的名单。如果暗杀计划得手，名单上的那些人很可能支持叛乱人士。列奥纳多以前的同伴和同事尼科洛·马基雅维利的名字赫然在列。后来，马基雅维利被投进大牢，处以六次可怕的吊刑，受尽了痛苦和折磨。

"我咬牙忍受吊刑，而且对此深感自豪。我觉得，自己非常坚强，超过原来的想象。"马基雅维利后来给一个朋友写信，讲述了自己的经历。但是，他当时也意识到，如果自己承认有罪，那将意味着立刻判处死刑。另外两个人被控参与暗杀密谋，结果遭遇了那样的命运。

马基雅维利不得不低三下四，向佛罗伦萨的统治者朱利亚诺·德·美第奇求情。他在一首诗歌中写道，"六次吊刑重伤了我的背部"，大牢的墙壁上虱子横行，它们"硕大无比，简直就像蝴蝶"。如果说朱利亚诺看过那首诗歌，他肯定置之不理。马基雅维利仍旧待在害虫横行的牢房里，忍受"令人作呕、感到窒息的恶臭"。

发生了一件大事，消息很快传开。1513 年 2 月 21 日，"恐怖教皇"尤利乌斯二世、佛罗伦萨共和国长期以来难以战胜的对手在任 10 年之后，终于撒手人寰。罗马教廷举行庄严肃穆的仪式将他厚葬，随即着手面对亟待解决的问题，遴选新的教宗。

3 月，红衣主教们举行会议。乔瓦尼·德·美第奇不得不让人抬着轿子，将自己送到教皇选举会议现场。那位身体肥硕的高级教士因为身体有疾，不得不保持侧卧。一位编年史家曾经以生花妙笔写道：该病涉及的"部位微妙，让遵守礼度者难以启齿"。

该病的正确医学名称为肛瘘，由痔疮引起，而不是像坊间传言所说，是鸡奸时用力过度造成的。当时的说法是，乔瓦尼的病不能痊愈，可能形成坏疽。首先，许多红衣主教发现，如果教皇任期短暂，那样的前景颇具吸引力。这一点帮他获得一些选票。其次，他具有很大的政治影响力，并且承诺给予好处，这让他稳获大多数选票。3月11日，"红球！红球！"的欢呼声在圣彼得广场上空回荡。美第奇家族地位上升，到达天堂之门。

乔瓦尼·德·美第奇选择了利奥十世这个名号（在意大利语中，利奥意为"狮子"）。此举旨在强调，他具有勇敢和慷慨的狮子般品质。佛罗伦萨的公民们很快意识到，该名号还将他本人与家乡的狮子联系起来，既有现实意义，又有象征意义。1513年春天，弗朗切斯科·德尔·焦孔多进入维琪奥王宫，担任为期两月的执政官，可能也赶上了欢庆活动。

在宣布选举结果之后的4天时间里，盛会一场接着一场。钟声频频响起，礼炮不时轰鸣，巨大的游行花车在街道上轰轰驶过，其中一些出自名家之手，例如安德烈亚·德尔·萨尔托和蓬托尔莫。入夜，焰火照亮天空。在市政广场上，人们打开镀金酒桶，倒出甜美的葡萄酒。"教皇利奥！教皇利奥！"的欢呼声四处回荡，赞美教皇利奥十世——狮子教皇。

佛罗伦萨城宣布，大赦所有囚犯，并且将此举作为多日庆典的组成部分。马基雅维利一瘸一拐走出牢门，在耀眼的阳光下眨着眼睛。他路过欢呼的人群，前往家族在佛罗伦萨以南7英里的一处小庄园，开始了终身放逐的生活。对流放日子里度过的分分秒秒，他将深感厌恶。

"面对以这种方式与虱子为伍的窘境,"这位政治学大师写道,"我擦去脑袋上的霉味,觉得自己受到命运的捉弄。"那年秋天,他开始撰写一本专著,其素材是在切萨雷·波吉亚的血腥战役中与列奥纳多共同的遭遇。我上大学时,曾经听到一位教授常说的一句妙语:那本书"给政治科学注入了科学理念"。马基雅维利灵感爆发,1513年底便完成了《君主论》。(那本著作的手抄本流传多年,于1532年正式出版。)

该书的作者本人最初希望将它献给朱利亚诺·德·美第奇。那个想法显示,他希望借此可以赢得对方的青睐,在新政权中谋得一官半职。但是,时乖命蹇,他的期望再次落空。那时,新教皇的弟弟已经匆忙地秘密离开佛罗伦萨,动身前往罗马。

利奥十世——难以满足口腹之欲的美食家——带着他特有的巨大欲望,欣然接受新的角色。"既然上帝赐予了教皇职位,"他告诉朱利亚诺,"让我们去享受吧。"他任命朱利亚诺为教会的正义旗手,并且还授予了其他高级头衔。毫无疑问,两人确实享尽了荣华富贵。

突然之间,佛罗伦萨的所有道路开始通向罗马。名门望族——例如,斯特罗齐家族和托尔纳博尼家族——的代表们相继获得了无事可干的高薪职位,有的任职于教皇档案室,有的担任军官,有的进入其他部门。在那些腰缠万贯的主顾的吸引之下,人才纷纷涌向罗马那座永恒之城,以令人感到震惊的方式大量积聚。

列奥纳多在米兰度过了人生三分之一的时光之后,加入了那一波移民大潮。不过,他在美第奇家族中找到的主顾不是新教皇,而是教皇的可爱弟弟朱利亚诺。

"1513年9月24日,我离开米兰,前往罗马。"列奥纳多在新笔记本的第一页上写道。他上路时,仅仅带着梅尔齐和萨莱两人。在他们携带的板条箱里，装着《蒙娜丽莎》和其他没有完成的作品。此外，还有解剖学教材、笔记本、设备、科学仪器、家具、衣物、书籍和个人纪念品。

根据一位与他同时代的人的记录，朱利亚诺·德·美第奇欢迎列奥纳多的到来，觉得他"更像兄长，而不是朋友"。他给了列奥纳多一份定期津贴，此外还有观景楼的一套住房。那房子在梵蒂冈山上，是使徒宫的一部分。此外，他还雇用了一位建筑师，命其设计一间作坊和生活空间，供那位受人尊重的艺术家和两名随员使用。教皇利奥十世本人从列奥纳多那里定制了一幅画作。列奥纳多随即动工，利用某些药草和油料提炼颜料，以便发明一种新的表面涂料，以供该作品完成之后使用。

教皇听到列奥纳多的做法，怒气冲冲地说："此人尚未开始工作，就已考虑最后的结果，肯定一事无成。"

罗马并不像列奥纳多预想的那样，是一个好客的安居之地。就这一点而言，罗马远远不及米兰。许多比他年轻的艺术家赢得赏以重金的定制项目，其中包括他的老对手米开朗琪罗，以及深得教皇青睐的拉斐尔。那个"老人"尝试了许多东西，其中包括排出罗马城外沼泽地的积水，制作一个可以用作反射式望远镜的弧形抛物面镜。在实际生活中，列奥纳多毕生喜爱搞笑。他曾给公牛肠子充气，形成"充满空气的透明东西"，用来吓唬教皇的随员们。他还特地给朱利亚诺写信，投诉某些德国工匠。他怀疑，他们试图偷窃他制作镜子的秘籍。

没有任何证据显示，列奥纳多在罗马期间创作了新作。但是，有人推测说，他绘制了一个女人的肖像。也许，那就是我们今天所知的《蒙娜丽莎》。

那些论者提及的一个被画对象是帕奇菲卡·布兰达诺，她是朱利亚诺·德·美第奇在乌尔比诺的情妇。1511 年，她为朱利亚诺生下私生子伊波利托。她去世之后，朱利亚诺将那个孩子带到罗马，托付给当时的红衣主教乔瓦尼·德·美第奇。最近的一种说法推测，朱利亚诺可能交给列奥纳多一项定制，要他绘制一位理想化女性的肖像。他将它作为一种慰藉之物，送给自己失去母亲的孩子。这个说法不乏人情味，但是没有被历史学家们接受。他们指出，朱利亚诺倾向于追求激情，而不是显示父爱。例如，1514 年，他在佛罗伦萨的美第奇宫与几个女人一起寻欢作乐，鬼混了整整三天。后来，他不得不躲进一处温泉，以便恢复精力。

有关论者提及的其他人选包括几个女人。列奥纳多和朱利亚诺·德·美第奇在罗马逗留期间，她们均在罗马。其中一个名叫伊莎贝拉，来自那不勒斯，是一个言语诙谐的寡妇。她是切奇利亚·加莱拉尼的表姐。后者是米兰的卢多维卡公爵的迷人情妇，列奥纳多的《抱白貂的女人》的主角。但是，伊莎贝拉与朱利亚诺或列奥纳多没有任何私人关系。

另外一位寡妇模样迷人，名叫科斯坦扎·达瓦洛斯·德尔·巴尔佐。埃内亚·伊尔皮诺·达·帕尔马曾从她那里获得创作灵感，在一首赞美她的美貌的颂歌中，提到了列奥纳多创作的一幅肖像画。20 世纪初期的一位艺术史家阿道夫·文图里写道，科斯坦扎生性快乐。可能正是由于这个原因，别人称她为"焦孔达"，认为她是列奥纳多那幅画作的主角。但是，科斯坦扎比朱利亚诺年长 19 岁。列奥纳多客居罗马时，她已是 55 岁左右的老妇了。

此外，还有那个臭名昭著的"裸体蒙娜丽莎"——一个坦露胸部、留着卷发的美女。现存几幅以她为主角的临摹画。但是，没有谁知道，列奥纳多或萨莱是在罗马，还是在其他地方绘制了原作。

　　根据我从艺术史家那里最常听到的说法，列奥纳多在罗马期间，花了数年时间，精雕细琢他在佛罗伦萨开始创作的丽莎·盖拉尔迪尼的肖像。他的绘画技巧继续衍变，绘制《蒙娜丽莎》所用的精妙笔触，尤其是他创造的那种薄纱般釉面处理技法，始于那个时期。

　　这幅肖像经过了长期演变。列奥纳多是否将自己的情感注入丽莎的容貌之中，是否将自己的反思反映在她的双眼里，是否将他的审美观呈现在她的嘴唇上？他创作的一位特殊女性的肖像是否经过幻化，变为一种具有普遍性特征的表达方式？

　　在加州大学戴维斯分校，我曾经旁听了艺术史教授杰弗里·鲁达讲授的课程《文艺复兴艺术》。鲁达认为："在那段时期，列奥纳多正在尝试某种新的东西。列奥纳多明白，他可以利用那幅画作，展示自己掌握的关于肖像画的所有技法，表达自己所理解的关于人性的全部内容。"

　　他那时的认识包括对自己垂垂老去的强烈感觉。列奥纳多写道，他已经感到，"岁月的坚硬牙齿"正在撕咬自己。他已经失去了某些超常活力。他觉得，自己的右侧腰部酸软无力，手掌明显颤抖。视力问题已经困扰他多年，这时每况愈下。有时候，他必须依赖眼镜或者某种夜视镜，才能画上蓝色。不过，这位无法压抑的天才将更多创新想法记录在笔记本上：除了表现大洪水的启示性画面之外，还有制造绳子的机器，以及为罗马造币厂设计的制币机。他依然对人体的运转方式深感兴趣，继续在圣灵医院进行解剖方面的研究，直到利奥十世表示愤怒之后方才罢手。

　　"教皇发现，我剥去了三具尸体的皮肤。"列奥纳多写道。他接到禁令，不能继续解剖尸体。他向朱利亚诺求助，但是无果而终。列奥纳多在笔记本里写道，1515 年 1 月 9 日，他的那位资助者离开罗马，出于政治策略方面的考虑，与年轻的法兰西女郎、萨沃伊女大公菲利贝尔塔结婚。

根据一位同时代人的描述，那位女大公年仅 17 岁，是一个"身体单薄的姑娘，面孔苍白，病恹恹的……几乎是个驼背"。她看来不大可能给予艺术家灵感，让他画出那幅代表文艺复兴美女的肖像。尽管如此，她也可能是《蒙娜丽莎》的模特。

在佛罗伦萨，弗朗切斯科·德尔·焦孔多虽然不算什么重要政治人物，然而可能也追求雄伟和瑰丽，表现出杰出公民应有的伟大品质。他修建豪宅，购置华服，以便炫示自己拥有的财富。除此之外，他身为企业家也赞助艺术。用一位评论家的话来说，"他的表现稍稍超过一般公民的水平"。

在佛罗伦萨时髦的托尔纳博尼大街，我和约瑟芬·罗杰斯·马里奥蒂见面，品尝意式小吃。马里奥蒂是美国中西部学院联合会的佛罗伦萨项目主任。她给我提供了一些线索，正是它们让她获得了一些文件，了解到弗朗切斯科·德尔·焦孔多资助艺术的情况。她曾经研究了艺术家莱奥纳尔多·马拉泰斯塔的两幅作品。它们最初悬挂在圣奥尔索拉修道院内，其中一幅上画着一枚由丈夫和妻子的饰章组成的盾形纹章。这激发了她的好奇心，促使她探寻那枚盾形纹章的来源。

马里奥蒂说："我确定，纹章所属的家族分别是盖拉尔迪尼和德尔·焦孔多两大家族。我顿时茅塞顿开，知道一个饰章属于丽莎·盖拉尔迪尼，另一个属于弗朗切斯科·德尔·焦孔多。"大约在 1515 年，弗朗切斯科和丽莎·德尔·焦孔多夫妇共同出资，成为她所称的圣奥尔索拉修道院的"勤奋资助人"。在佛罗伦萨，圣奥尔索拉是名气最大的修道院之一。

~

　　圣奥尔索拉修道院建于 1309 年，最初作为圣洛伦佐教堂的附属女修道院。它得到美第奇家族的长期眷顾，名气很大，是一个兼有祈祷和商业两种功能的场所。除了 60 多名正式修女，那里还有寄宿制女学生和见习修女。她们每天除了祈祷之外，还要从事各种各样的体力劳动。宽敞的房间里摆放着精心制作的织布机，勤劳的修女们在里面纺织用来制作家用物品的亚麻布。她们被誉为"无形能手"，在佛罗伦萨的纺织业中占有一席之地。其他修女有的制作金线和银线，有的为本地的神职人员绣制法衣。若干修女组长负责不同的部门，监督生产，随时向修道院的主要上司"院长"汇报。

　　在动荡不安的年代里，圣奥尔索拉修道院那样的机构起到堡垒作用，维护佛罗伦萨的女儿们的荣誉和福祉。许多女修道院接收寄宿学生。学童的年龄下限为 5 周岁。在德育和智育两个方面，女修道院都能提供扎实的基础。而且，女修道院在学制方面安排灵活，学生逗留的时间短的为几周，长的可达数年。

　　想要进入圣奥尔索拉修道院那样的精英机构，需要经过激烈竞争，不亚于现在进入美国的常春藤大学。其一，女孩的背景必须完美无瑕；其二，父母有能力支付她的生活费和其他开支。满足了这两个条件，才有可能被接收为见习生，接受宗教生活的培训。女修道院院长根据每个女孩家庭的具体情况，考虑名望和财富两个因素，逐个确定女孩需要支付的费用。

　　如果女孩希望比较舒适的生活条件，例如，换厚一点的床垫，增加床单，雇用陪伴（没有嫁妆的贫穷家庭的修女）为仆，那么，就需要支付额外费用。如果女孩所在家庭捐赠的数额很大，可以免去很多义务。例如，著名的里卡索利家族送一个女儿进入修道院时，额外支付了 200 弗罗林。作为回报，圣奥尔索拉修道院院长下令，那名修女可以不受院规的约束，可以不参加宗教活动。

圣奥尔索拉修道院还经营了一家女性药房。佛罗伦萨的妇女喜欢光顾那里，其原因在于，她们可以不带陪伴，进入修道院探访。丽莎住在药房附近，步行仅需几分钟时间，所以常到那里去。一份幸存下来的账本显示，有一次她购买一瓶经过提炼的"蜗牛液"。那东西既可用作化妆品，也可治疗支气管炎和消化道疾病。艺术史家马里奥蒂认为，无论她如何使用它，那笔交易证明，"丽莎·盖拉尔迪尼是一个善于照顾自己的人"。

我在佛罗伦萨逗留期间，曾经去过另外一家拥有百年历史的修道院药房——新圣母教堂香料药房。我在那里买了一瓶玫瑰花水。我女儿管它叫"蒙娜丽莎香味"。它总是让我想到丽莎，想到她的女儿玛列塔。

弗朗切斯科·德尔·焦孔多经济实力较强，能够提供不乏竞争力的嫁妆，为小女儿找到合格的追求者应该不是什么难事。但是，夫妻俩却为她选择了宗教生活。我们可能无法完全理解他们那样做的原因。朱塞佩·帕兰蒂的研究结果显示，玛列塔大约在 1515 年左右进入圣奥尔索拉修道院，或许在那里待的时间不长。那年，她父亲开始为圣奥尔索拉教堂的绘画提供资助。那年，她满 15 岁。

另外一家宗教机构也得到了弗朗切斯科·德尔·焦孔多的慷慨赠予。它就是圣母领报大教堂。在许多年里，弗朗切斯科不但为该教堂提供贷款，而且为那里的修士提供亚麻制品。后来，他获得了具有终极意义的宗教地位象征。在主祭台后的私人礼拜堂内，他有了一间地下室。在佛罗伦萨的名门望族看来，那样的地方非常神圣：其一，它证明主人在世时的虔诚；其二，它也是某种形式的首付款，确定其主人死后在天堂里拥有一席之地。

后来，弗朗切斯科定制了一幅壁画，画在那间地下室里。它由安东尼奥·迪·唐尼诺（或多米诺）·马齐耶里创作，主题是《殉道者的历史》。此外，他定制了一幅表现自己的主保圣人方济各的画像。那件作品出自佛罗伦萨著名画家多梅尼科·普利戈之手。他非常喜欢它，最后将它安放在自己家里。最后，他还做出安排，将祖先的遗骸从原来的坟墓中挖掘出来，迁至新圣母玛利亚教堂。他的曾祖父——那位天性快活的酒桶工匠——当年肯定没有料到，自己最后的安息之地会得到那么大幅度的提升。

在那些变动不居的岁月里，丽莎的父亲安东马里亚·盖拉尔迪尼时运不济。他将乡间地产的管理事务交给女婿之后，偶尔获得机会，有幸担任见证人（或称仲裁者），为弗朗切斯科和其他商人服务。但是，安东马里亚和他的家租用的住所仍旧频频变动，其中的一幢房子位于一条巷子里，就在塞尔·皮耶罗·达·芬奇家的豪宅后面。

1515 年，肯定是在丽莎的督促之下，弗朗切斯科借给岳父大约600 弗罗林。安东马里亚没有还款。弗朗切斯科毫无怜悯之心，大肆骚扰那位垂垂老去的贵族。据说，丽莎的妹妹放弃了可能用作自己嫁妆的一小笔钱，偿还欠妹夫的部分债务。最后，弗朗切斯科极不情愿地勾销了那笔款项。

丽莎的困境让我再次想到了出身盖拉尔迪尼家族的玛格丽塔·达蒂尼。玛格丽塔的母亲和哥哥姐姐们的贫困潦倒，常常围着她的丈夫索要钱财。也许，丽莎和玛格丽塔一样，一方面在弗朗切斯科那里为自己的娘家人争取利益，另一方面又私下指责他们要求太多，简直没完没了。

　　朱利亚诺·德·美第奇颁布政令，全城人竭尽所能，欢迎佛罗伦萨的首位教皇。那时，朱利亚诺·德·美第奇的肺结核病越来越糟糕。但是，他依然决定，佛罗伦萨将全力以赴，以空前绝后的方式，迎接哥哥到访。列奥纳多是杰出大师，可能参与了相关的准备活动。不过，对他所起的作用，传记作者们莫衷一是。

　　日记作者兰杜奇写道：“几千人提前苦干一月，甚至节假日也不休息”，耗费 7 万弗罗林之巨，“弄出一些不能长久维持的东西”。

　　1515 年 11 月 20 日，星期五，丽莎·盖拉尔迪尼和她的孩子们——小的 11 岁，大的 21 岁——发现，自己所在的城市焕然一新，仿佛变为人间天堂。无论走到哪里，映入眼帘的都是美妙绝伦的新景象：凯旋门雄伟壮观；一座城堡搭建在 21 根柱子上；圣人和古代神灵的雕像庄严肃穆；一座方尖石碑高高矗立；教堂圣坛的围屏上装饰着寓言人物；甚至尚未完工的大教堂正面也用一面巨大的绣帷遮盖起来。在那个最荣耀的日子里，弗朗切斯科·德尔·焦孔多和“所有重要公民一起，列队迎接教皇”。

　　教皇利奥身穿镶嵌珠宝的白色长袍，头戴闪闪发光的三重冠，高视阔步地进入罗马门，就像凯旋的征服者。跟在他后面的是身着猩红长袍的红衣主教们，还有手持双刃斧、身披闪亮铠甲的教皇军队。教皇的随从们掏出银币，撒向欢呼的人群。乐手们一边演奏，一边吟唱赞美诗。在圣费利切广场上——距离丽莎·盖拉尔迪尼出生的那幢房子不远——竖立着豪华者洛伦佐的巨幅肖像。上面所用的拉丁文几乎到了亵渎程度：这是我的爱子。此语来自天堂，是圣父看到基督受洗时所说。教皇一见肖像，顿时热泪盈眶。

　　游行队伍场面盛大，跟在教皇一行后面。那是美第奇兄弟在佛罗伦萨的最后豪华表演。最引人注目的是一名男童。他从头到脚金光闪闪，站在一个台座上，被视为佛罗伦萨黄金时代再次到来的象征。幕布尚未落下，男童突然倒下，一命呜呼。其原因在于，覆盖他身体的颜料使他窒息。

列奥纳多继续待在佛罗伦萨，接受美第奇兄弟的堂哥——洛伦佐·迪·皮耶罗·美第奇——的委托，为其设计豪宅。那座豪宅就在美第奇府邸的对面，距离德尔·焦孔多的住处仅仅几个街区。列奥纳多在那段时间里是否拜访过丽莎呢？我乐于想象这样的情形：在开始为丽莎绘制肖像 10 年之后，63 岁的艺术家和 36 岁的模特再次聚首。但是，没有任何证据显示，两人那时见过面。

从朱利亚诺·德·美第奇那里，列奥纳多领取定期津贴，支付自己的日常开支。他还陪同教皇利奥，前往博洛尼亚，会见新任法兰西国王弗朗索瓦一世（1494—1547 年）。那位国王登基时还不到 20 岁，青涩未退。他身高 6 英尺，与那时的大多数男子相比，堪称巨人。他身材魁梧，两眼闪烁着快乐的目光，鼻子坚挺有力。他喜欢身披亮光闪闪的铠甲冲锋，看上去就像童话故事中的骑士。

列奥纳多为那位新任国王设计了一份特别礼物——一头机械狮子。它内含精巧的机器，可以朝前走几步，同时敞开胸膛，露出心中的百合花。它象征着狮子教皇与法兰西的百合花国王之间的友谊。那位国王后来表示，自己“十分喜爱”列奥纳多的天才。国王认为，列奥纳多不仅是艺术家，而且是伟大的哲学家。于是，他邀请列奥纳多到法兰西居住。列奥纳多有些犹豫，没有立刻表示接受。

列奥纳多的资助人朱利亚诺·德·美第奇的身体每况愈下。自称圣父的教皇本人给圣奥尔索拉修道院捐资，让修女们为他的弟弟祈祷。

在一段时间里，修女们的虔诚祈祷可能产生了效果。但是，朱利亚诺日渐消瘦，最后只剩皮包骨头，于 1516 年 3 月 17 日逝世。卡斯蒂廖内撰写了《廷臣论》，赞美朱利亚诺，将其称为绅士，让他成为不朽人物。"他心地善良，行为高尚，彬彬有礼，寿命应该更长一些。"

朱利亚诺的庄严葬礼在圣洛伦佐教堂举行。弗朗切斯科·德尔·焦孔多加入了哀悼者的行列。列奥纳多更是伤心欲绝。他再次失去了一位朋友，一位资助人，一位保护者。朱利亚诺去世之日，这位艺术家草草数笔，写下了他的最耐人寻味的句子之一："造我者 medici，毁我者 medici。"他没有大写 medici 这个单词中的字母 m。他说的究竟是美第奇家族，还是他不信任的医生呢？没有谁能够确定。

一方面，列奥纳多渴望拥有慷慨的资助人，渴望得到收入稳定的职位；另一方面，他却不愿迁居陌生国度。佛罗伦萨与米兰，距离不到 200 英里。到那时为止，他实际上在两座城市里度过了自己的整个人生。然而在当时的意大利，没有哪个地方可以给他提供庇护之所，没有哪个资助人愿意聘用他。对比之下，法兰西的君主们表示了很高的热情，表现出实实在在的欣赏之意。他就像一个被人收养的儿子，对此已经深有感觉。

1516 年秋天，已经 65 岁的列奥纳多踏上了自己一生中的最长旅程。他从罗马出发，跋涉 3 个月，途经佛罗伦萨和米兰，翻越阿尔卑斯山脉，然后转道里昂，最后抵达昂布瓦斯。陪伴他的有萨莱和梅尔齐。骡子驮着他的全部家当。箱子里装着图书、科学仪器、衣物、镜子，还有《蒙娜丽莎》。

在吕塞庄园，列奥纳多找到了最后的安全港湾。那是一幢漂亮的庄园，红墙灰瓦，有一条地下通道，连接弗朗索瓦国王的大城堡。我回忆自己访问昂布瓦斯的情景，脑海里浮现出沐浴在温和的金色光芒之中的周围乡村。我可以想象这样的画面：在和煦的阳光中，列奥纳多有时两眼凝视远处的树木、炮塔和教堂的塔尖，有时在起伏的大地上徜徉。

"我将继续下去。"列奥纳多那时在笔记本的一角上写道。他确实那样做了。在那个安静的环境中，他继续思考、建议、口述、教授。他从事几何学研究，设计新的皇宫。而且，他还研究了卢瓦尔河的水流，为宫廷的戏剧表演提供专业咨询。在列奥纳多留下的最后绘画中，有的捕捉到他经久不衰的嬉戏特征，其中包括猫、龙和想象出来的动物的速写画，一幅幅充满奇思妙想。

国王弗朗索瓦一世常常与列奥纳多交谈，认为他是"视觉领域中的哲学魔术师"。许多访问者也停下脚步，向列奥纳多表示敬意。在其中的一次邂逅期间，列奥纳多为一位女士绘制了肖像，留下了最后的杰作。她究竟姓甚名谁？这个疑案至今尚未破解。

～

1517 年 10 月 10 日，阿拉贡的路易吉红衣主教来到昂布瓦斯。他的随行秘书安东尼奥·德·贝亚蒂斯善于言谈，详细记录了那次旅行的情况。路易吉红衣主教家境富有，是教会的世俗王公。列奥纳多客居米兰期间，他住在古老的公爵宫。在德·贝亚蒂斯的印象中，65 岁的艺术家那时已是无法绘画的"老人，脸上露出他惯有的可爱笑容"。

两人到访时，列奥纳多将客人领进自己的画室，展示了三幅作品：一幅是年轻的施洗者约翰；一幅是圣母、婴儿耶稣和圣安妮；一幅是"佛罗伦萨的某位女士。在已故豪华者朱利亚诺·德·美第奇的敦促之下，他绘制了她的肖像。作品已经完成，堪称完美无瑕"。

次日，在布卢瓦的皇家城堡，那两位来自意大利的客人看到了列奥纳多创作的另外一幅肖像——伦巴第的某位女士（她可能是卢多维科·斯福尔扎公爵的情妇卢克雷齐娅·克里韦利）。她"相当漂亮，但是我觉得，她比不上瓜兰达夫人"。德·贝亚蒂斯写道。他这里所说的不是肖像，而是朱利亚诺·德·美第奇的那不勒斯情妇伊莎贝拉·瓜兰达。

但是，如果"佛罗伦萨的某位女士"确实是丽莎·盖拉尔迪尼，列奥纳多为什么说，朱利亚诺"敦促"他为她绘制肖像呢？有人推测，丽莎肯定是朱利亚诺的秘密情人。这一说法见于许多关于丽莎·盖拉尔迪尼生平的虚构作品之中，然而完全没有任何根据。还有人解释说，德·贝亚蒂斯的描述证明，画作中的那位妇女肯定不是丽莎。

在她自称的小书《豪华者朱利亚诺的焦孔达》中，艺术史家约瑟芬·罗杰斯·马里奥蒂提出了这个观点，我对此表示赞同：也许，曾为廷臣的朱利亚诺见多识广，深谙文艺复兴时期的男欢女爱之道，喜欢柏拉图式骑士传统。他要求列奥纳多完成那幅长期搁置的作品，以此向女性之美的理想表示敬意。它颇像吉内芙拉·德·本奇的肖像——多年之前，艺术家曾为她的仰慕者绘制了那幅作品。朱利亚诺久经世故，曾经创作献给理想女性的情诗。他可能仿照自己当初在乌尔比诺宫廷的做法，"敦促"艺术家完成这幅肖像，将其作为不朽的赞美颂歌。

也许，朱利亚诺曾经打算自己收藏这幅作品。也许，他曾经打算将它送给弗朗切斯科·德尔·焦孔多——他的政治盟友和支持者。殷勤男子朱利亚诺罹患肺结核，或许根本无法活到接受画作的日子。

列奥纳多是否将与丽莎的肖像分开呢？有人推测，列奥纳多爱上了自己创造的那个形象。我们知道的证据显示，他一直将丽莎的肖像带在身边，可能不时画上一两笔，直到生命终结时方才罢手。在他人生的最后几年里，那位佛罗伦萨女人的安详面孔可能提醒列奥纳多：很久很久以前，在一个遥远的城市中，他曾经年富力强，过得开心快乐。

～

　　或许，丽莎·盖拉尔迪尼也有理由渴望很久之前的幸福时光。1518 年 1 月，从圣多明我·迪·卡法焦修道院传来了可怕消息：贝雅特丽齐修女在主的关爱中去世。当年，年轻的卡米拉宣誓，毕生担任上帝的侍女，被赐予贝雅特丽齐这个名字。对她的父母来说，首先感到的是震惊，然后才是悲伤。

　　他们的爱女——那个两眼明亮的婴儿，那个呢喃细语、蹒跚学步的女孩，那个笑容粲然的调皮姑娘——死了，年仅 19 岁。死因是什么？那时，疾病横行，从肺炎到瘟疫，危险数不胜数，其中的任何一种都可能夺走性命，年轻人和隐居的修女也不能幸免。

　　根据朱塞佩·帕兰蒂的记载，德尔·焦孔多一家闻讯后深感"惊愕"或者"震惊"。在意大利语中，sbigottimento 一词准确表达了那个噩耗具有的令人心碎的力量，英语中没有恰当的对应词。悲痛的家人在窗户上悬挂黑布，穿上厚重的丧服。前来悼念的人们点燃蜡烛。一位神父为死者念经。唱诗班吟唱肃穆的安魂曲。贝雅特丽齐修女的遗体入土。

　　丽莎·盖拉尔迪尼 39 岁，曾经将 6 个孩子带到这个世界来。可是，其中的一半这时已经坠入死亡之海。

多年以前，我首次访问佛罗伦萨。我爬上古老的圣米尼亚托教堂，俯瞰整个城市。我在教堂的墓地中徘徊，那些墓碑触动了我的心灵。有些墓碑上，摆放着儿童和年轻女子的塑像，令人见后唏嘘不已，想到那些被死神夺去性命的生灵。漂亮的脸蛋，绚丽的人生，那一切都过早消逝。

在暮色中，我慢慢走下陡坡，感到十分悲伤。我抬起头来，看见落日余晖下阿尔诺河畔的艺术之城。在那个不能磨灭的瞬间，我渐渐理解自己那时还无法言喻的某种真谛。直到最近，我才在列奥纳多的一册笔记本上找到适当的语句来捕捉它："生活之美将会消亡，艺术之美永世长存。"

在列奥纳多的人生终点，他创造的永不消亡之美是否可以给他提供慰藉呢？

瓦萨里以生动——或许稍显过火——的笔触，描绘了列奥纳多的最后时光：那位艺术家研究天主教教义，深表忏悔，承认罪孽，领受圣餐。1519 年 5 月 2 日，法兰西君主弗朗索瓦一世走进列奥纳多的房间。列奥纳多在床上挣扎着坐起来，解释"他患了什么病，有什么症状"。接着，他承认"他没在艺术上竭尽全力，因此得罪了上帝"。随后，列奥纳多开始最后的抽搐，弗朗索瓦一世捧着他的脑袋，减轻他的痛苦。

对于这段夸张的故事，历史学家们一直表示怀疑。后来发现的一份王室文件显示，那位国王次日出现在远离昂布瓦斯的地方。因此，瓦萨里的杜撰并不可信。我认为，与那位国王拥抱列奥纳多的说法类似，这两点也令人怀疑：一是他在临终时刻的谈话，二是他表达的懊悔之情。

列奥纳多在遗嘱中安排自己的死后事宜：埋葬在昂布瓦斯的圣弗洛朗坦教堂；请教堂的专职教士移动棺材；请执政官、助理牧师、修士和 60 个穷人（为他们所花的时间支付酬金）端起小蜡烛；点燃 10 支大蜡烛，为他的灵魂祈祷。对于葬礼和墓碑，列奥纳多没有留下任何指示。

6 月 1 日，列奥纳多的助手梅尔齐到了佛罗伦萨，告诉他的同父异母弟弟们，艺术家已经去世。那时，家乡的人才知道他的死讯。梅尔齐写道："对我来说，他就像慈父一般。只要我一息尚存，我都会感觉到失去他带来的悲伤，直到自己生命的尽头。他每天都让我看到，他激情不减，热情依然。"

丽莎·盖拉尔迪尼听到噩耗时，可能完全不知道自己肖像的下落。但是，我感到疑惑，她听到列奥纳多去世的消息时，是否号啕大哭？

也许，丽莎那时还在为一年前死去的女儿伤心落泪。也许，她心里千遍念叨，上帝的意志将会实现。但是，关于她的小女儿19岁的玛列塔，上帝的意志是什么呢？我们知道，时间到了1519年，那个姑娘已经超过了新娘候选人的最佳年龄，住进了圣奥尔索拉修道院。在7月14日的账本上，记录了18弗罗林的收入，交款人为"丽莎·德尔·焦孔多夫人的女儿"。也许，丽莎交那笔钱，是为了保证让自己的女儿得到某些特殊待遇或特权。

卡米拉去世之后，丽莎本人可能在圣奥尔索拉修道院度过更多时间。她在礼拜堂中祈祷，参加连续九天的祈祷、守灵和弥撒，并且慷慨捐款。那一做法被称为"已婚妇女资助"，是佛罗伦萨中上阶层妇女的一种常见的慈善之举。而且，它似乎是女士们在家庭之外可以参与的唯一合理活动，延伸了她们给予家人的爱意和关心。

随着她的孩子长大成人，她操持家务也越发熟练，丽莎可能接济穷人，探视病患。那样的善行大有好处，可以增加她丈夫在市民心目中的信誉。但是，对丽莎来说，信仰和慈善可能仅仅起到一种作用：提供她无法以其他方式找到的慰藉。对她的女儿而言也是如此。

1521年10月20日，在一个庄严的仪式上，玛列塔·德尔·焦孔多披上白色面纱，接受金戒指，成为基督的新娘，获得了卢多维卡修女这个名字。一年以后，在平安夜欢快的大弥撒上，举行了正式的宣誓仪式。那个22岁的姑娘发誓终身服从，坚守贫穷和贞洁。在她余生的每一天，她将进入圣奥尔索拉修道院的礼拜堂，面对她父亲定制的两幅画像祈祷：一幅是她的主保圣人圣卢多维科，一幅是父亲的主保圣人圣方济各。

但是，卢多维卡修女还有其他活动。吟唱了早晨赞美诗以后，她有时和其他修女一起织布，有时在锦缎法衣上绣花。她拥有父亲的商业禀赋，参与修道院的房地产管理事务——在圣奥尔索拉修道院档案室保存的几份地契上，出现了她的名字。

现有的材料显示，修女们干的事情如果说不是事业，至少听起来像是工作。这一点让我深感惊讶。我查阅了关于修道院女性的研究文献，其中包括许多近年发表的新作。我发现，在文艺复兴时期的佛罗伦萨，只有从事历史、会计、企业、药品和管理事务的女性才穿传统的宗教服装。有些修女——毫无疑问，她们纯属凤毛麟角——记录编年史，创作话剧，撰写专著，绘制宗教画本或"制作插图"，编配教堂音乐，在当地的政商两界中影响较大。

我情不自禁地提出一些带有假设性质的问题：如果可以选择，我是否愿意与自己并不了解、但是或许会逐渐爱上的老男人结婚？我是否愿意接受男方的家人，与他们住在同一个屋檐之下？我是否愿意数十年如一日，承担单调、无聊的家务琐事？我是否愿意冒险一试，去面对怀孕和生产可能带来的致命后果？如果可以选择，我或许觉得，当修女也有一些好处。但是，文艺复兴的女儿们没有这样的机会。

当然，丽莎·盖拉尔迪尼不大可能考虑到上述问题。但是，这一点可能给予她某些安慰：她的女儿玛列塔进入修道院，与遵从上帝意志的女人一起生活，避开了男人的非分之想和无休争斗。或者说，她有这样的祈愿。

或许，丽莎本人也开始了自己的精神之旅。与那个时代的许多虔诚妇女一样，她可能逐渐将宗教活动融入到自己的日常生活：在卧室里对着圣母画像祷告；早上去听弥撒；白天阅读给人灵感的宗教书籍；黄昏吟唱晚祷曲；睡觉前吟诵经文。曾几何时，虔诚笃信给玛格丽塔·达蒂尼——丽莎在普拉托的那位血气方刚的祖先——带去了淡定的心境；如今，它也可以安慰她的灵魂。

1521 年 12 月，来自美第奇家族的狮子教皇利奥十世满 46 岁。在一个寒冷的冬夜，他坐在敞开的窗户前，染上风寒后去世。这是梵蒂冈教廷在讣告中宣布的死因。但是，许多人觉得，他树敌很多，可能中毒身亡。利奥十世在世时挥霍无度，罗马教廷的财富几乎消耗殆尽。红衣主教们选一个与他截然相反的继承者：一位来自佛兰芒的苦行僧。他住在罗马教廷的一个角落之中，每天只喝少许稀粥度日。

阿德里安六世在位时间很短，两年之内便宣告结束。他一本正经，甚至威胁说，要洗去西斯廷教堂里米开朗琪罗绘制的裸体画像上的色彩。这位不得人心的教皇死于"肾病"。几乎可以肯定，这是中毒的一种委婉说法。对登上圣彼得大教堂宝座的男人来说，中毒几乎成为一种职业病。

美第奇家族的支持者们——其中包括弗朗切斯科·德尔·焦孔多——非常希望，红衣主教朱利奥·德·美第奇（1478—1534 年）将会当选。他就是豪华者洛伦佐遭到谋杀的弟弟朱利亚诺的私生子。但是，红衣主教们参加的教皇选举会议陷入僵局。在接近两个月的时间里，罗马教会的那些显贵们待在没有清扫的房间里，忍受汗液和老人体味混合而成的臭气，吸不到清新空气，见不到自然光线，依靠定量供应的面包、葡萄酒和白水度日。最后，他们决定让朱利奥继任，名号为教皇克雷芒七世。

克雷芒七世"闷闷不乐，难以相处"。历史学家圭恰迪尼写道：他"以贪婪著称，生性不愿行善，根本不值得信任"。克雷芒七世在位时期，佛罗伦萨实质上变为罗马的卫星国。美第奇家族有两名私生子少年：一个名叫伊波利托，是朱利亚诺·德·美第奇和乌尔比诺的情妇所生；另一个名叫亚历山德罗，据称是那位教皇自己的儿子。两人入住家族宫邸之后，多名官员奉命进行监视。

在他们寻欢作乐的聚会上，弗朗切斯科·德尔·焦孔多可能获得前排座位。1525 年，他年满 60 岁，再次穿上深红长袍，戴上金链，入住维琪奥王宫。他开始自己在执政团中的第二个任期，履行执政官的职责。但是，他从未停止对利润的不懈追逐。例如，一位名不见经传的画师兼雕塑师——人称瓦莱里奥师傅——去世时欠了他的钱，弗朗切斯科扣留了那位艺术家的全部作品，但是仅仅免除其部分债务。在动荡不安的日子里，他将资金投入房地产——那是他的托斯卡纳的曾祖父认定的唯一稳赚不赔的生意。他因此获得大量乡村地产，其中包括斯特罗齐家族原来拥有的一处庄园。

大约在那个时期，弗朗切斯科的岳父安东马里亚·盖拉尔迪尼去世。安东马里亚在 1526 年立下的遗嘱显示，盖拉尔迪尼家族一直拼命维持家族的光鲜门面，长期以来其实入不敷出。在 1526 年之后的岁月中，他们不得不出售家族一半以上的乡村财产，以便偿还债务。最后，留在家族手中的，只有老祖宗在科尔蒂内的一处宅地。

丽莎一直扮演负责任的大姐姐的角色，心里惦记着贫穷潦倒的兄弟姐妹。后来，她的一个弟弟撒手人寰，抛下妻子和孩子，其境遇尤其让她不安。她可能带着些许惶恐和忧虑问丈夫，是否能让娘家的亲属们搬到德拉斯杜法街，住进她家隔壁的房子？帕兰蒂提到此事时语言幽默，但不形于色：弗朗切斯科·德尔·焦孔多"心里明白，那样的安排不是什么好事"，但是表示同意。那样做肯定是为了"取悦他的妻子"。也许，他可能偷偷地私下挪用了丽莎弟弟遗孀的嫁妆。

列奥纳多·达·芬奇的财产带来了不同的问题。根据当时的惯例，如果宫廷画师去世，其作品通常归资助人所有。但是，弗朗索瓦国王给予列奥纳多特殊优待，允许他将财产留给他确定的任何继承人。那位艺术家决定：笔记本和素描留给了助手梅尔齐；一处带花园的房子留给他疼爱的萨莱；现金留给他的同父异母弟弟；一些物品赠给各色仆人。

几幅画作，包括《蒙娜丽莎》，可能落入萨莱手中。1524 年，萨莱在意大利与人发生激烈口角，在他的师傅去世 5 年之后丢了性命。20 世纪 90 年代初，在米兰发现了一份盖有遗嘱查讫证的目录，上面列着萨莱拥有的 12 幅画作——有的是列奥纳多的原作，有的是出类拔萃的摹本。在两幅女人肖像画中的一幅上，最初有 "La Honda" 字样。但是，它们随后被划掉，写了 "La Ioconda"（焦孔达一词的米兰式拼写）。这可能以另外一种方式，证实列奥纳多的模特就是 "焦孔达的女人"。

从初次看到那幅肖像时起，法兰西国王弗朗索瓦一世可能就一直希望将其据为己有，哪怕付出任何代价也要得到 "她"。他为此开出天价，总计大约 1.2 万法郎，相当于现在的 1000 万美元。

那位法兰西国王追求的另外一项活动也耗资巨大，那就是与自己的主要对手查理五世（1500—1558 年）的战争。查理五世是西班牙、奥地利和几个较小公国的统治者，曾经数次在一对一的战斗中与那位法兰西国王过招。在两位年轻气盛、争强好斗、自负自大的君主看来，意大利就像一张棋盘，任凭自己多年以来在上面调兵遣将。教皇克雷芒七世几乎处于瘫痪状态，在冲突中举棋不定，多次选边站队，让本已不稳的局面变得越发糟糕。

他的立场摇摆不定，让罗马教廷付出了巨大代价。1527 年，因为查理五世拖欠报酬，克扣给养，超过 2.5 万西班牙军人和德国雇佣兵倒戈，开始向永恒之城罗马进发。5 月 6 日拂晓之前，警钟敲响，枪声大作，将罗马人从睡梦中吵醒。近乎疯狂的士兵一波接着一波，向寡不敌众的守军发起攻击，大肆屠杀敢于挡道的每一个人。男女老幼，神父农夫，无一幸免。那场大屠杀毫无节制，充满欲望和暴力，造成了前所未有的毁灭性打击。战斗结束时，一半罗马人要么逃之夭夭，要么陷入死亡之海。

"实际上，"荷兰的人文主义者伊拉斯谟写道，"陷落的并不仅仅是一座城市，而是整个世界。"

我们可以说，佛罗伦萨不久也遭到相同的噩运。罗马遭到攻击的消息传到佛罗伦萨之后，公民立刻行动，将他们年轻的美第奇领袖们护送出城。象征美第奇家族的红球被人从建筑物上敲掉，扔在人行道上。当时，弗朗切斯科和丽莎·德尔·焦孔多待在德拉斯杜法街上的家里，可以听到人群的叫喊，听到石头落地的响动。一位历史学家告诉我，美第奇家族的饰章全被毁掉，无一幸存。

在佛罗伦萨市中心的那场激战中，遭到损坏的另外一件物品是米开朗琪罗的《大卫》。支持共和国的军人控制了维琪奥王宫。他们从一个窗口上扔下一条板凳，砸向攻击王宫的美第奇拥趸。结果，那条板凳落在佛罗伦萨人珍视的自由象征上，敲断了它的一条胳膊。战斗平息下来，那位未来的艺术史家瓦萨里——当时，他还是一名年轻学徒——迅速冲出遭到围困的维琪奥王宫，抢回散落地上的雕塑碎片。（瓦萨里保存了那些碎片数年，于1543年修复了残缺的雕像。）

美第奇家族再次遭到驱逐，佛罗伦萨共和国获得重生。曾被教皇开除教籍的具有反抗精神的公民们集会，选举耶稣基督为他们的君主。他们张贴在维琪奥王宫墙上的一幅标示上写着："耶稣，佛罗伦萨人民之王，民心所向。"全城上下的墙壁上，到处写着这个口号："虽然贫穷，但是自由！"

弗朗切斯科·德尔·焦孔多一贯我行我素，肯定没有资格加入穷人的行列。有些人惶惶不安，变卖可以出手的一切。但是，档案文献显示，弗朗切斯科 1528 年花费近 5000 弗罗林，扩展他在基安蒂的大农场。我曾经询问几位历史学家，弗朗切斯科是否可能将自己的家人带到那里，以便躲避即将到来的巨大动荡？他们的回答是否定的。其原因在于，乡下很快将会变得非常危险，甚至超过佛罗伦萨城内。

我查阅了多本回忆录，利用点点滴滴的资料，重构出丽莎·盖拉尔迪尼在家乡最黑暗时可能的生活情景。她骨子里是意大利母亲，家庭女眷之长。1529 年，她已经年届 50。她将子女、孙子、兄弟姐妹、堂弟堂哥、侄女侄儿聚集起来，做好应对最糟局面的准备。他们贮备可以弄到的一切日用物品，还在房顶和院子里栽种蔬菜。最后，他们可能以家具、百叶窗、木门为燃料，维持室内的温度。

安德烈亚·盖拉尔迪尼是丽莎的堂弟之一，是她的叔祖父安东尼奥（她的祖父诺尔多之弟）的后代。他在人称"马尔佐凯斯基（马尔佐科之子）"的公民武装组织中担任队长，训练佛罗伦萨的年轻人，进行模拟战斗。为了让自己显得更成熟，更有杀气，那个面目清秀的佛罗伦萨年轻人蓄起络腮胡须，剪掉了披肩长发。丽莎和弗朗切斯科效仿其他公民，上交金项链和银餐具，以便铸造硬币，为保卫者们购买武器。

首先，遵照政府的命令，奉告祈祷的钟声每天敲响两次，佛罗伦萨全城不分老幼，一律下跪祈祷。他们选择的表达形式是游行。一位日记作者写道，执政官们打着赤脚，每天都在游行，其中的老家伙们一瘸一拐地走路，"压得街道不停呻吟"。曾经以绵羊、山羊和小鸡为伴的小孩们穿上天使的服装，佯装偷越敌方阵地。历史学家们回顾那些颇具仪式感的游行场面，管它们叫"共和国的死亡游行"。

～

　　佛罗伦萨共和国死在美第奇家族的教皇手里。1527 年 12 月，克雷芒七世扮成小贩，终于溜出了罗马。到了那时，他已经失去了一切，金钱、影响力、盟友和武器荡然无存。但是，他赌咒发誓，无论面对什么样的魔鬼，甚至包括恶魔的宿敌，他也不会将曾让家族获得至高显赫地位的城市拱手让给他人。查理五世不仅被教皇加冕为神圣罗马皇帝，而且还得到其他诸多好处。作为交换，查理五世同意提供军队，以便让美第奇家族在佛罗伦萨重掌大权。在几个月内，在佛罗伦萨周围的山岭上，积聚大量军队，总数将近 4 万人之众。

　　"交出你们的锦缎吧，佛罗伦萨！"帝国军人奚落城里的纺织工匠，"我们将用长矛，一匹一匹地丈量它们。"

　　那些士兵们低估了佛罗伦萨人的反抗力量，低估了他们对盛大的象征行为的热爱。1530 年 2 月 17 日，德尔·焦孔多一家人听到小号声，出门观看传统的足球比赛。小伙子们分别穿上各自的队服，一方人称白队，另一方绿队。他们大踏步穿过狭窄的街道，涌向宽敞的圣十字广场。乐手们聚在圣十字教堂的房顶上演奏，以便显示对敌人的鄙视。比赛正式开始，一发炮弹从人们的头顶呼啸而过，落在圣十字教堂的另外一侧。没有人受伤。比赛继续进行，呼喊声越发响亮。那场比赛的最终比分很快被人遗忘，然而所有的佛罗伦萨人都沉浸在胜利的喜悦之中。

　　那座城市历尽磨难，随后又坚持了 6 个月。小麦价格飙升，达到了正常年份的 4 倍。分配供给的食物越来越少，饥饿让佛罗伦萨人虚弱不堪。他们开始死于瘟疫和其他大肆蔓延的传染病。生命的唯一希望来自一位勇敢、粗犷的指挥官。他名叫弗朗切斯科·费鲁奇，多次穿过敌方阵地，弄来物资。1530 年，在夜色的掩护下，弗朗切斯科·费鲁奇领着一队人马，深入托斯卡纳乡村，招募志愿军。在皮斯托亚的山区中，他们遭遇敌人伏击。费鲁奇奋力战斗，最后身负重伤。敌方的一名指挥官手持短剑，猛地向他冲来。他气喘吁吁地说："你杀的是死人。"

佛罗伦萨人心里的某种信念也死了。城里的人饥肠辘辘。城市的元老们估计，剩下的面包大约只能维持 8 天时间。

1530 年 8 月 12 日，佛罗伦萨派出的代表宣布无条件投降。教皇保证，将以宽厚之心善待佛罗伦萨人。但是，军人涌入城市，抢掠财物，强奸妇女，摧毁人民治理的所有制度。反教皇力量的领袖们遭受酷刑，死于非命。数十位公民领袖被判永久流放，不得返回佛罗伦萨。丽莎的堂哥安德烈亚·盖拉尔迪尼也在其中。

"但愿过去那个佛罗伦萨根本没有存在！"有人听到教皇克雷芒七世感叹。他的愿望几乎成为现实。那座城市本身几乎湮没于毁灭之海。

丽莎和弗朗切斯科·德尔·焦孔多活了下来。这一事实本身证明，夫妻俩拥有巨大的韧性。根据 1532 年之后的纳税文件记载，那时弗朗切斯科 67 岁，丽莎 51 岁，住在德拉斯杜法街。和他们在一起的，还有两个儿子——巴尔托洛梅奥和皮耶罗——和儿媳，以及七个孙子。（关于他们的儿子安德烈亚的命运，没有留下任何记录。）所有的人都将面对我们可称为"新常状"的时局。

佛罗伦萨的衣着风格反映了那场巨变。兰杜奇写道，男人们不分老少，纷纷效仿围城期间拿起武器的年轻的马尔佐凯斯基。他们"开始剪短头发，留络腮胡须；从前，大家都蓄披肩长发，无一例外"。

教皇克雷芒七世将自己的私生子亚历山德罗（1511—1537

年）——那个变幻莫测、长着卷发的笨蛋——任命为佛罗伦萨总督。
1532 年 5 月 1 日，那个不可一世的年轻人废除了共和国制度，其中包
括拥有 250 年历史的执政团。我们知道，弗朗切斯科·德尔·焦孔多
曾经两度进入该机构，担任执政官。刚刚宣布就任的公爵宣布严令：
所有佛罗伦萨人通通交出武器。在市政广场，奶牛大钟被掀下钟楼，
摔成碎片。它破碎时发出的响声在佛罗伦萨公民的心里反复震荡。

尽管经济遭到毁灭性打击，弗朗切斯科·德尔·焦孔多还是想方
设法，保住了大量财富。他白发苍苍，依然忙碌不停。他重操旧业，
利用很高的兑换率，从各个教团搜刮钱财。1536 年，那个 71 岁老头
被拉上教会法庭，面对发放高利贷的指控。

佛罗伦萨本身似乎丧失了所有的道德指引。亚历山德罗公爵是美
第奇家族中性欲最旺的家伙，两眼盯着佛罗伦萨人的妻子、女儿和修
女。后来，一个帮助他寻欢作乐的同伙背叛，他的肮脏统治随即宣告
结束。那个人是公爵的远亲，个子不高，外号矮子洛伦佐。因为他作
恶太多，后来人称龌龊洛伦佐。

有一次，亚历山德罗转动贼溜溜的眼睛，看上一个具有无暇美德
的已婚妇女。矮子洛伦佐夸下海口，计划在 1537 年 1 月的主显节前
夜，为他安排一次幽会。亚历山德罗公爵赶到约会地点，宽衣解带，
上床躺下。完事之后，他昏昏入睡。矮子洛伦佐领着自己雇用的一名
杀手，突然冲入那个房间，将公爵从梦中惊醒。亚历山德罗拼命挣扎，
紧紧咬住矮子洛伦佐的一根手指，试图摆脱他的控制。杀手一刀刺入
公爵的喉咙，结束了他的性命。数天之后，亚历山德罗的尸体被人发
现，两名刺客早已逃之夭夭。

暗杀行动引起巨大骚动，流放在外的佛罗伦萨人抓住时机，试图
夺回大权。一队军人和骑士向佛罗伦萨进发。但是，他们遭到帝国军
队的镇压。一批领头人被捕入狱，丽莎的堂弟也在其中。我在国家档

案馆的文献上看到，安德烈亚·盖拉尔迪尼与以前谋反的前辈一样，最终面对残酷的结局：他被"砍下脑袋"。

红球党人——美第奇支持者们这样自称——决定，让一个名不见经传的人担任新的统治者：他就是18岁的科西莫·德·美第奇（1519—1574年）。他的父亲名叫乔瓦尼·德勒·邦德·内雷（"黑带约翰"），曾是勇敢的雇佣兵，几年前被人杀死。在科西莫的统治下，美第奇君主国应运而生。该王朝长期统治，直到19世纪60年代美第奇家族后继无人时为止。

"他们是另外一类的美第奇家族。"佛罗伦萨历史学家法布里齐奥·里恰尔代利说。在距离圣十字广场不远的斯皮内利宫，我和他进行了一次话题广泛的交谈。

"那是怎么回事呢？"我问道。

"您到瓦萨里走廊看一看，就明白其中的原因了。"他神秘兮兮地答道。

一天晚上，我参观了那个让人浮想联翩的地方。1565年，遵照科西莫公爵的指示，瓦萨里修建了那座走廊，将维琪奥王宫内的办公室与公爵在皮蒂宫的卧室连接起来。在10英尺宽的走廊两侧，悬挂着数百幅绘画，其中有许多艺术家的自画像。但是，让我深感兴趣的是那些凹窗。它们有的宽大，有的狭小，给人提供了独特视野，观赏阿尔诺河、旧桥和下面川流不息的人群。

我从这些居高临下的位置凝视，立刻理解了里恰尔代利教授那句话的意思：豪华者洛伦佐曾与其他佛罗伦萨人一起，有时漫步街道，有时唱歌、跳舞。但是，科西莫及其后代喜欢在民众的上方行走，傲慢地俯视下面的芸芸众生。这让我想到了盖拉尔迪尼家族，想到了过去数百年中修建碉楼的豪强们。

1537 年，弗朗切斯科·德尔·焦孔多病魔缠身，老态龙钟，开始
准备最终遗嘱和遗言。与当时类似的正式文件一样，遗嘱由公证人用
拉丁文书写。我阅读了遗嘱的意大利文和英文译本，感觉到弗朗切斯
科对与自己共度人生的那个女人的喜爱。他满怀深情，将这些东西留
给"爱妻"：当初作为她的嫁妆的那座农场、两人最幸福时他送给她
的衣物和珠宝、供她有生之年享用的充足款项。弗朗切斯科宣示了自
己的爱意，而且称赞丽莎具有"天生自由的"精神。

此外，焦孔多家族的那位族长还赋予女儿卢多维卡修女重任，让
她照顾母亲的生活，并且要求她的弟弟们尊重她的选择。他做出安排，
每月直接付给卢多维卡修女一份定期津贴，"以免修道院挪用其中的一
分一毫"。他还订购了修女服装、衬衣、亚麻床单和羊毛床单，而且
还有上等兰斯亚麻布，以便她制作新的白色头巾。他指定巴尔托洛梅
奥和皮耶罗为自己的法定继承人，并且为他们的女儿留出了嫁妆。他
规劝自己的孩子避免争端，努力维护家庭团结、安宁和兄弟情谊。他
信任的公证人、一位同事和其他七人作为见证人到场，其中包括一名
菜贩。

1538 年，弗朗切斯科·德尔·焦孔多去世，享年 73 岁。他的家
人穿着厚重的丧服，手持蜡烛，聚集在圣母领报大教堂的殉道者礼拜
堂里。圣母玛利亚会修士多年以来熟知那位资助人和供应商，那天悉
数到场，为他唱诗和祈祷。香烛的青烟在空中飘荡。丽莎看到，那个
与自己共同生活了 43 年的男人被抬入地下室。她丈夫的最后要求是：
在他的坟墓上点燃一盏长明灯，灯油的费用由他的法定继承人支付。

按照习俗，丽莎的两个儿子成为她的正式保护者和供养者。尽管
如此，她行使了她刚刚获得的某些权利，以便在余生中掌控自己的生

活。丽莎行使遗孀的特权，将从丈夫手里继承的地产和财产，全部转给女儿卢多维卡修女。我从关于文艺复兴的历史书籍中了解到，那种做法并非异常。当富有的女人转移自己的财产时，她们与男人不同，更倾向于选择其他女性，以及诸如修道院之类的机构。

1539 年，丽莎的儿子们正式达成一致意见，巴尔托洛梅奥率领他的一家人，迁出德尔·焦孔多家族在德拉斯杜法街的那幢宽大住宅。他们的母亲将和皮耶罗一家，继续住在那里。丽莎另有打算。关于自己的生活安排，她做出了可能是她一生中唯一的独立决定。已经 60 岁的她迁往圣奥尔索拉修道院。寡妇每月只需支付 2 弗罗林，便可入住那里。有些人推测，丽莎那时可能要么太虚弱，要么病得很厉害，需要得到修女们的照顾。也许，她不愿成为儿子及家人的累赘（虽然那时和现在一样，子女和孙辈们都热情欢迎祖母）。

我相信丽莎表现出来的是盖拉尔迪尼家族的独立精神。那种精神引导她实现了自己希望的状态：在受到上帝庇护的家园里，待在心爱的女儿身边，躲开了常常让那个城市陷入抽搐状态的浩劫。她之后从未离开那座修道院。

1542 年 7 月 15 日，丽莎·盖拉尔迪尼去世，享年 63 岁。圣奥尔索拉修道院的全体人员出席她的葬礼，向一位受人珍爱的同伴表示悼念。按照逝者本人的要求，她被安葬在修道院里，而不是服从丈夫的指示，被送往圣母领报大教堂的焦孔多家族墓穴。

这样的安排并非反常。"享有特权的妇女也许在这个社会中形影相吊，然而有权决定自己葬于何处。她们之中的绝大多数愿意加入其他女性的行列，选择在教堂或者其他教会建筑中安息，而不是与她们的丈夫、父亲或者家族的其他男性成员葬于一处。"历史学家玛格丽特·金在《文艺复兴时期的女性》中如是说。

其原因何在呢？金解释说，一个女人选择不与家族墓穴中的丈夫会合，以此拒绝"男方在过去做出的所有决定"。一个女人一辈子被禁锢在女儿、妻子和母亲的角色中，寡居之后终于可以强调自己作为个体的特性。关于丽莎的临终决定，我在佛罗伦萨认识的一位教授提出了另外一种可能的动机：也许，文艺复兴时期的女性"在世时受够了丈夫的言行"。

丽莎·盖拉尔迪尼是否也有这样的想法呢？我的感觉是，她的最终选择在很大程度上出于她个人的感情和愿望，而不是她对脾气暴躁的丈夫的感受。从她出生的那一刻开始，丽莎一直生活在女人堆里——教母、婶婶、堂姐堂妹、女性亲戚、女性朋友、女性邻居。她们一起欢笑，一起唱歌，一起跳舞，一起祈祷，一起流泪，互相安慰。在她人生的日日夜夜里，女性之间的种种纽带包围并且支撑她，即使死亡也无法将它们断开。

丽莎·盖拉尔迪尼在世时从未想到，自己的容貌数百年魅力不减，将让千百万男人着迷。她选择和姐妹们一起永远安息。

〜

按照朱塞佩·帕兰蒂的说法，巴尔托洛梅奥和皮耶罗·德尔·焦孔多两兄弟没有守住父亲留下的"巨大遗产"。佛罗伦萨的丝绸商人遭到其他国家的竞争者挤对，失去了他们的最佳客户，收入大大减少。债务日积月累，他们开始出售地产，以便支付欠款。1561 年 12 月 2 日，弗朗切斯科的长子巴尔托洛梅奥去世，既给他的儿子瓜斯帕里留下了可观的遗产，也留下了危机四伏的生意。

瓜斯帕里·德尔·焦孔多找到了新的合作伙伴，但是仍旧无法让公司正常运行。1564 年，他不得不宣布生意破产。一位法官向他发出传票，要他到斯廷凯的法庭接受询问。斯廷凯是一座凄凉的监狱，距离皇帝党路不远，破产的债务人在那里服刑。在那个可怕的环境中，他确认了债权人名单，其中包括佛罗伦萨城的著名手工技师、商人和银行家。法官下令，在审查案子期间，瓜斯帕里不得离开该城。

帕兰蒂写道，那个年轻人"不在乎自己遭遇的财物困境，采取了不负责任的态度"。他继续沉迷于自己喜欢的娱乐活动，继续赌博，结果导致处境更加艰难。他无法弄到现金，又写下了一张无法偿还的债务欠条。对方一纸诉状，将他告到法院，要求将自己的名字添在德尔·焦孔多的债权人名单上。法官怒不可遏，没收了瓜斯帕里的货物以供拍卖，并且公告全城：第一，在各条街道上张贴破产公告；第二，公开出售罚没物品。

"在长达半年的时间里，坊间一直都在谈论德尔·焦孔多家族的问题。"帕兰蒂写道。到了次年4月，瓜斯帕里与相关各方达成一项协议，支付三分之二债权人的欠款，以便获得被扣押的货物和自己的人身自由。但是，那次事件给家族名声造成的压力长期延续，挥之不去。后来，瓜斯帕里进入圣母领报大教堂，干起了文书工作。在那里，他至少可以赚到足够的工资，让祖父奉献的长明灯继续亮着。弗朗切斯科·德尔·焦孔多生前可能根本没有预料到，用于维持自己的长明灯的那笔款项短期内便消耗殆尽。

如今，安放他的遗体的礼拜堂笼罩在黑暗之中。天花板上悬挂的许愿灯锈迹斑斑，肮脏不堪。祭台画已经褪色，让人难以辨识原本的模样。我凝视那里的私人忏悔间——丽莎·盖拉尔迪尼当初可能跪在那里，祈求上帝赦罪。我伸手抚摸木制框架，发现自己的手指上沾着剥落的油漆。

在地上的一块石头上，依稀可见弗朗切斯科的家族姓氏的唯一残留。请注意，那座礼拜堂本来属于焦孔多家族。在后来的某个时候，它转移到新主人——安福尔蒂斯家族——的名下。那个家族的人也消失在历史的尘埃之中。如今，留下的只有一种幽灵般的死寂，甚至让我在温暖的夏日里不寒而栗。

卢多维卡修女——丽莎的女儿——比她的兄弟姐妹们更长寿。她于 1579 年 4 月 8 日去世,活到了令人敬佩的 79 岁高龄。她也埋葬在圣奥尔索拉修道院内。

我在最近一次探访中看到,那座修道院摇摇欲坠,简直不堪入目,给人造成的压抑感超过以往任何时候。我离开修道院的阴森围墙,朝着阿尔诺河走去。我爬上陡峭的山冈,到了圣米尼亚托教堂的墓地。在那里,我俯瞰丽莎·盖拉尔迪尼和列奥纳多曾经自称的家乡,想到他们两人去世的情形:一个在城里,一个在他乡。

直至生命的最后一刻,列奥纳多依然闪耀着天才的光芒。直至生命的最后一刻,他的指头一直在速写,两眼一直在观察,大脑一直在思考。"他说得多,做得少,"瓦萨里写道,"然而他的名字和声誉永远也不会失去光彩。"瓦萨里的这一见解肯定是正确的。但是,列奥纳多在事业上却屡遭失败:骑马者雕塑没能铸造,《最后的晚餐》颜色剥落,《安吉亚里战役》无果而终,留下了数十件没有完成的作品。我感到疑惑,这些因素是否令列奥纳多寝食难安呢?

"告诉我,是否有什么事情尚未完成。"这是列奥纳多常常在笔记本写下的句子。如果按照他定下的难以达到的标准,什么事情也没有完成。时间——"那个毁灭一切的因素"——只会向死亡这个"最大的邪恶"屈服。他曾以令人痛苦的笔触,描述了灵魂的命运:"它极不情愿地离开躯体;我觉得,它的痛苦和悲叹不无道理。"

列奥纳多从未在任何场合表示自己相信来世。只有艺术才能永存。他曾经谈到,绘画可以"保留转瞬即逝的凡人之美,赋予它超过自然之作的永恒。其原因在于,自然之作是时间的奴隶"。他自己也是如此。

在她生命的最后日子里，丽莎·盖拉尔迪尼没有像列奥纳多赋予她的肖像那样，显露出任何永存不朽的迹象。但是，她心中的遗憾可能寥寥无几。丽莎一辈子植根于家庭，植根于佛罗伦萨。她看到小孩长大成人，怀着欣慰之情，迎接孙子们来到人间。她享受喜悦，哀叹损失，见证历史。她扮演妻子、母亲和缪斯的角色，曾经沐浴在金色时光之中。从根本上讲，她的精神之旅可能让她升华，超越文艺复兴时期佛罗伦萨人贪得无厌地追求的浮华和财富，达到更高的层面，获得更多的安宁。

我想象丽莎的最后时光，列奥纳多的另外一段话浮现在我的脑海里。那是他在米兰度过人生中最快乐岁月时写下的句子："充实的一天让人幸福入眠；充实的一生让人幸福死去。"在丽莎的临终时刻，她终生崇拜的圣母玛丽亚可能赐予她温和的路径，让她走进永恒的死亡之海。

第五编　世上最著名的画作

第十三章 丽莎夫人的奇特经历

多年之前，丈夫和我去了巴黎郊外大约 34 英里的枫丹白露，参观了枫丹白露宫。在那座金碧辉煌的大厅里，响起了丈夫典型的得克萨斯州鼻音，让我对那里繁复炫目的内饰有了新的理解。

那个低沉的声音说："这座城堡真见鬼的太夸张了！"

在我俩那次旅行期间，这个说法成了点睛妙语：巴黎圣母院？这座教堂真见鬼的太夸张了！凯旋门？这座大门真见鬼的太夸张了！

我了解到，将文艺复兴带入法兰西的弗朗索瓦一世当年下令，送来刚刚到手的焦孔多肖像，悬挂在枫丹白露他的私人浴室中。我立刻意识到，那间厕所真见鬼的太夸张了。

其实，这里所说的浴室是一个带有六个房间的"沐浴"套房，配有游泳池、蒸汽浴室、棋牌室和客厅。在那个仅供男性享乐的俱乐部中，弗朗索瓦与他的朋友、侍臣和客人（常为女客，而非王室家眷）

一起玩牌、饮酒、抽烟、发汗、放松，进行各式各样的娱乐活动。

那幅名画大约在 1525 年前后在那里安家。那时，丽莎·盖拉尔迪尼 46 岁，还要活上 17 年才离开人间。她是否知道它的去处呢？一个与她同时代的人知道。乔治·瓦萨里最早描述了她的肖像。1524 年至 1550 年，他断断续续在佛罗伦萨居住。

多年之前，我在为意大利语传记进行调研期间，第一次接触了那位非凡的文艺复兴男子瓦萨里——艺术家、建筑师、工程师、历史学家和作家。我了解到，1543 年（丽莎·盖拉尔迪尼去世之后不久），他在罗马的法尔内塞宫与人用餐。他在交谈中首次想到，应该为意大利艺术家撰写传记。在座的客人全是名流，聊到了曾给意大利增光添彩的那些艺术巨匠们的逸事。他们担心，那些故事可能很快被人遗忘，永久失传。一位博学多才的神父自告奋勇，表示要撰写一本专著。但是，他不久便将任务转交给精力非常旺盛的瓦萨里。

为了写出首本艺术史著作，瓦萨里采访了许多人。他们在生活中认识形形色色的画家和雕塑家，并且亲眼见过他们的作品。瓦萨里开始调研时，丽莎·盖拉尔迪尼和她丈夫已经去世。但是，他可能采访了他们的子女，谈及的人物不仅涉及列奥纳多，而且还有曾为弗朗切斯科·德尔·焦孔多完成定制的其他二三流艺术家。瓦萨里的《艺苑名人传》出版之后，很快在痴迷艺术的佛罗伦萨人中流传，成为他们常常讨论的著作。1550 年，巴尔托洛梅奥 56 岁，皮耶罗 54 岁。两人可能在该书的首版中，读到瓦萨里对列奥纳多生平的记叙。

瓦萨里是否如实记录了关于《蒙娜丽莎》的史话呢？答案取决于是谁回答这个问题。数百年来，批评家们质疑之声不断，有的说他使用的日期可能有误，有的说他的文笔过于花哨。但是，有关列奥纳多的那个篇章大体上经受住了时间的检验。

我曾经询问历史学家法布里齐奥·里恰尔代利，他对这个问题持

何观点？他提出了另外一个思路："想一想吧，如果瓦萨里采用现代人
为甲壳虫乐队写传记的方式，为列奥纳多树碑立传，将会形成什么样
的结果呢？"如果一个没有听过甲壳虫乐队现场演唱的年轻人现在为该
乐队创作传记，所写的东西有可能与事实明显不符，其他看过现场演
唱会的人肯定会提出质疑。同理，如果没有见过《蒙娜丽莎》的瓦萨
里的说法有误，大量亲眼见过那幅作品的人肯定会表示异议。1568 年
《艺苑名人传》再版之前，瓦萨里更正了许多史实方面的错误，并且
补充了一些材料。在关于列奥纳多的篇章中，仅仅出现了这一处改动：
在第一版中，他将塞尔·皮耶罗·达·芬奇误为列奥纳多的叔叔，而
不是他的父亲。

法兰西的君主们像对待宫中任何其他女人一样，对《蒙娜丽莎》
态度变幻无常。有的非常喜欢，有的置之不理。皇家洗浴套房蒸汽弥
漫，根本不是悬挂画像的地方。但是，在 16 世纪晚期之前，那幅女人
肖像一直没有挪动位置。后来，一位来自荷兰的修复工匠在肖像表面
上覆盖一层厚厚的亮漆。也许，其目的旨在修复数十年侵蚀造成的损
坏。可是，那种处理方式注定造成倒霉的后果。表面涂料淡化了肖像
颜色。而且，它后来破裂，形成称为龟裂缝的网状细小裂痕。从那以
后，《蒙娜丽莎》便蒙上了一层面纱式的东西。

到了 17 世纪初，肖像被移至装裱馆，即后来所称的画家馆。法
兰西国王路易十三（1601—1643 年）看来对《蒙娜丽莎》没有多大兴
趣。1625 年，那位年轻的君主曾经考虑，与英格兰国王查理一世做一
笔交易，用肖像换取一幅提香的画作和一幅荷尔拜因的画作。他的大
臣们表示异议，声称肖像是列奥纳多的最佳作品之一，应该留在法国。
最后，他们劝说他改变初衷，放弃交换的主意。

后来，肖像的美誉回升。1642 年，一份详细目录被制定出来，名叫《枫丹白露宫皇家艺术宝藏和珍品》。皇家修道院长达恩神父在目录里写道，肖像"刻画了一位具有美德的意大利女士……《蒙娜丽莎》人称《焦孔达》，在王室藏品中知名度最高，系美妙绝伦之作"。

还有一位君王对这位意大利女士很感兴趣，他就是路易十四（1638—1715 年），一位富有经验和见识的艺术鉴赏家。那位太阳王下令，将《焦孔达》运到凡尔赛的新宫殿，挂在他的卧室里。在他的长期统治期间，她就在那里，注视着他的情人们纷至沓来，并且注定逐个离去。路易十四将他的情人们一个接着一个地送进了修道院。一直受到他青睐的只有《焦孔达》。

路易十四的钦定史家安德烈亚·费利比安也对它喜爱有加。"我从未见过哪件作品如此精美，如此传神。"他留下了极力赞美之词："她的眼神非常优雅，十分温馨，容貌栩栩如生。它给我留下的印象是，这确实是一个乐于让人注视的女子。"

路易十四去世之后，《蒙娜丽莎》失去了那份愉悦。肖像的命运与他的前情人相同，最后以隐居告终。她的去处是凡尔赛宫的王室建筑总管办公室。但是，那次失宠可能是值得庆幸的变化。当时的法兰西将要爆发革命。

我曾经得出结论，在列奥纳多和《蒙娜丽莎》与任何可以想象的话题之间，间隔小于六度分离。[1] 但是我当初没有预测到，这幅肖像与法国大革命，与法兰西国王路易十六的王后玛丽·安托瓦内特

---

[1] 又称六度分割理论或小世界理论，1967 年由美国社会心理学家斯坦利·米尔格拉姆提出。简单地说，该理论认为，在人际交往的网络中，任意两个陌生人都可以通过"亲友的亲友"建立联系，其间最多只需通过五个朋友，就能达到目的。——译注

（1755—1793 年），与本杰明·富兰克林之间，竟然存在联系。在所谓的《弗农藏蒙娜丽莎》的故事中，我发现了其中之一。

　　根据这个精彩的故事，命途多舛的路易十六（1754—1793 年）宫廷以拥有两件《蒙娜丽莎》而自豪：其一是受人欢迎的那幅镶板画，其二是挂在玛丽·安托瓦内特王后（1755—1793）寝宫中的一幅帆布画。那位王后是否觉得，那幅帆布画是出自列奥纳多之手的真迹呢？我们不得而知。但是，她亲手挑出了它，加以特殊看管。

　　坊间传言，在她 1793 年丧命令人恐怖的断头台之前的某一天，玛丽·安托瓦内特取出那幅肖像，托付给一个年轻的美国人威廉·亨利·弗农。她那样做也许是为了妥善保管，也许是作为礼物，谢谢他挽救她的儿子——法兰西王储和王位继承人——的性命。

　　弗农的父亲是罗得岛殖民地的一位造船业主，通过销售甜酒、奴隶和糖浆，聚敛了大量财富。在美国独立战争时期，老弗农担任了大陆海军局局长，结识了乔治·华盛顿、约翰·亚当斯和法兰西的拉法耶特侯爵[1]。战争结束之后，老弗农将儿子送到巴黎，让他一边学习法语，一边了解旧世界的某些优雅习俗。

　　巴黎充满魅力，让小弗农如痴如醉。后来，他学会了涂抹润发脂打扮自己，成了法兰西国王路易十六宫廷中的常客。小弗农过着王公贵族式的生活，债台高筑。有一次，他向父亲的另外一位具有影响力的朋友、时任美国驻法大使本杰明·富兰克林借钱。富兰克林担心那个年轻人的未来，于是给他父亲写信，敦促老弗农出手挽救，以免小弗农继续浪费生命。

---

[1] 拉法耶特侯爵，吉尔伯特·德·莫蒂勒（1757—1834 年），法兰西贵族，志愿参加美国革命。1789 年出任法兰西国民军总司令，提出人权宣言并制定三色国旗，成为立宪派首脑。1830 年再次出任国民军司令，参与建立七月王朝。他参加了美国独立战争，经历了法国大革命，因此被称为新旧两个世界的英雄。——译注

"如果他继续待在巴黎，这一辈子肯定就完蛋了。"富兰克林警告说，"我建议您，亲自来法兰西一趟，以便挽救他，将他领回家。"

那个浪子公开反抗父亲让他回家的强烈要求，结果在法国大革命中被关押了一段时间。后来，他去了英格兰和俄罗斯。1797 年，他回到了罗得岛，随身携带的大箱子中装满锦衣绣服，还有米开朗琪罗、牟利罗、凡·戴克和其他大师的精美画作。[1] 他将自己最喜欢的那幅画称为《修女》。那是"列奥纳多·达·芬奇的一幅已经完成的作品"。

小弗农告诉他的亲属，他从玛丽·安托瓦内特那里，获得了那幅作品。他们的反应与其说是怀疑，毋宁说是震惊。据说，他的几个老处女姑姑觉得，那位法兰西王后十分邪恶。她们甚至烧掉了她写给她们的侄子的信件。

小弗农将《修女》挂在自己的卧室里，视为最珍爱的宝贝。据说，他的家里人看见他跪在画前，热泪盈眶。他去世之后，他的继承人拍卖了他的全部藏品。一位亲戚购买了《修女》。后来，那幅作品作为家里的一件宝物，代代相传，最后送进一家金库，一直存放到现在。

～

大革命之后，法兰西公民宣布，王室的无价之宝属于人民。政府组建的一个专门委员会挑选最精美的画作，运送到卢浮宫博物馆——"人民艺术"的新家。《蒙娜丽莎》作为最后选中的作品之一，于 1797年送到那里，但是并未保存多长时间。

原来，一位征服者对她产生了兴趣。1800 年，拿破仑·波拿巴

---

[1] 牟利罗（1617—1682 年），17 世纪下半叶西班牙最著名的画家。凡·戴克（1599—1641 年），比利时画家，英王查理一世时期的英格兰宫廷首席画家，为查理一世及皇族创作了许多著名画像。其画风轻松高贵，影响了英格兰肖像画将近 150年。——译注

（1769—1821 年）获得了这幅画作。他称它为"丽莎夫人"，将它悬在杜伊勒里宫的卧室中。过了一段时间以后，那位皇帝迷上了一位年轻的意大利女人。她颇像肖像中的女士，可能是丽莎·盖拉尔迪尼的后代。

纳塔利娅·圭恰迪尼·斯特罗齐，那位长着黑色眼睛的公主，是盖拉尔迪尼家族的现存后裔。她讲述家族传说中的那一段逸事时，两眼闪闪发光。

"她名叫特雷萨·瓜达尼。"她笑着说，"但是，拿破仑管她叫'意大利美女'。"

我很想知道他们各自的道路是如何交叉的，于是潜心研究法兰西历史上一个不被人注意的篇章。1805 年，法兰西参议院宣布建立法兰西第一帝国以后，拿破仑任命他的妹妹——埃莉萨殿下——统治意大利半岛的一大部分地区。她拥有三个封号：卢卡女大公、皮翁比诺公主、托斯卡纳女大公。1807 年，那位夫人——她的意大利臣民们这样称呼她——建立了埃莉萨学院。那是一所招收贵族女孩，旨在将她们培养为受过良好教育、举止高雅的妻子的学校。学校招聘当地最漂亮的贵族女孩作为"侍女"。

在那些侍女中，有一个女孩名叫特雷萨·瓜达尼。她生于 1790 年，可能十多岁时进入宫廷。拿破仑的妹妹常常带着随员，到巴黎探访。特雷萨·瓜达尼可能引起了那位皇帝的注意。拿破仑热情追求，特雷萨不为所动。1810 年，拿破仑与发妻约瑟芬离婚，娶奥地利的玛丽-路易丝·哈布斯堡为妻。5 年以后，他在滑铁卢作战失败，然后被流放国外。

埃莉萨·波拿巴被捕，并且遭到短期监禁。后来，她获准出狱，待在意大利的里雅斯特附近的一座乡间别墅内。她以前的侍从特雷萨·瓜达尼与意大利的一位伯爵结婚。据说，数十年以后，她的儿子阿道夫出售了家族保存多年的丽莎·盖拉尔迪尼的肖像，以便偿还债务。盖拉尔迪尼家族的后裔们根本不知道那幅肖像的下落。

拿破仑的部下在欧洲的博物馆和图书馆中大肆抢掠，法兰西学者从那些藏品中形成自己的意大利情结：列奥纳多·达·芬奇。仅仅米兰的安布罗夏纳图书馆这一家机构，就失去14卷著作和绘画。那些著作全用镜映文字写成，无疑出自列奥纳多之手。卢浮宫博物馆的工作人员见到那些文献，简直欣喜若狂，开始分类、研究和抄写。

经过他们的研究，列奥纳多不为人知的侧面一一显示出来：科学家、工程师、博物学家、宇宙天才。他成为人们的崇拜对象，广受赞扬，不仅因为他创作的许多没有完成、遭到破坏或散失各地的艺术品，而且因为他体现出来的孜孜不倦、广泛涉猎的"现代"精神。法兰西人骄傲地宣称："列奥纳多·达·芬奇"是他们认养的儿子，他们真正欣赏他的天才。

到了1815年，"丽莎夫人"回到了卢浮宫博物馆，一个与她以前的居所迥然不同的地方。那座中世纪要塞的历史充满故事，见证了审判、政变、革命、绞刑、暗杀、攻击和皇室婚礼。多年以来，妓女们在那里的阴影中招揽客人。艺术家们携家带口，在那里居住和创作。他们在院子里拉起绳索晾衣，搭起炉灶做饭。据说，拿破仑将他们驱赶出去，以免那座宫殿遭受火灾。

在之前的长达300年的岁月中，《蒙娜丽莎》被少数特权者占为己有。此时，她终于进入了公众的视线。最初，她几乎仅仅是另外一个漂亮脸蛋而已。1840年，专家们统计卢浮宫博物馆收藏的画作，一一评估它们的市场价值。他们认为，《蒙娜丽莎》——弗朗切斯科·德尔·焦孔多的妻子——价值9万法郎。列奥纳多的《岩间圣母》，15

万法郎，拉斐尔的《神圣家庭》，60万法郎。与它们相比，《蒙娜丽莎》的估价偏低。

有的艺术家在卢浮宫博物馆里竖起画架，复制一些艺术杰作，增加了那幅肖像的知名度。1851至1880年（那时，摄影技术问世，给影像的传播带来了革命性变化），艺术家们对着《蒙娜丽莎》，绘制了71幅临摹画。这个数量引人注目。但是，与复制的委罗内塞和提香的作品相比，那就小巫见大巫了。

列奥纳多笔下的那位夫人确实给予一个人巨大灵感，让他专心致力地模仿。伟大的意大利版画家路易吉·卡拉马塔呕心沥血，用了整整21年时间，精心雕刻出肖像的首幅精确模板。1857年，他制作的版画发行，一炮走红，将丽莎的图像传遍整个欧洲。

版画发行的时机堪称完美。当时，全世界的人迷上了爱情，其中以巴黎人为最，到了令人晕眩的程度，超过了其他地方。对生活在19世纪末的浪漫主义者来说，丽莎的容貌令人倾慕不已，浮想联翩。追求者们有的捧着鲜花，有的吟唱诗歌，有的带着充满激情的笔记，爬上卢浮宫博物馆的宏伟阶梯，一睹她"清澈明亮、楚楚动人的眼眸"。列奥纳多笔下的这位美女让散文家们倍感痛苦。她究竟是圣母还是妓女？是慈母还是妖妇？她诱惑别人还是被人诱惑？她是清纯的，还是令人无法抗拒的？在这个女人的魔幻微笑背后，究竟隐藏着什么？

"恋人、诗人和做梦者来来往往，纷纷跪倒在她的脚下。"法兰西的一位博物馆管理者1861年写道。这并非夸张之词。1852年，艺术家吕克·马斯佩罗从巴黎一家酒店的四楼纵身跳下，在一张纸条上留下的最后遗言是："我渴望理解她的笑容，苦苦挣扎多年，依旧未能如愿。我宁可一死了之。"

艺术评论家泰奥菲尔·戈蒂耶认为，丽莎的"嘴唇微微蠕动，富于质感"，让观赏者胆怯，就像"小学童见到了女大公"。他深感震撼，将《蒙娜丽莎》称为"美丽之谜"。

"小心啊,《焦孔达》是一幅危险的画作。"法兰西历史学家朱勒斯·米舍莱见到肖像后心灵震撼,道出了自己的感受,"这幅画让我着迷,让我抗拒,让我力竭。我情不自禁,挪到她的面前,就像鸟儿遇到了大蛇。"

在其具有影响的著作《文艺复兴》中,英国作家沃尔特·佩特谈到了浪漫主义者的"高山深谷"情结。"世上所有人的心思全都汇聚在她的头部。"他叹息道,"一种美从内心迸发出来,显现在肌肤表面。奇特的念头、遐想和近乎完美的激情,它们一点一点地沉淀……她历尽沧桑,超过了身边的岩石:她仿佛是吸血鬼,已经去世多次,知道坟墓的秘密。"

我在略带紫色的文字构成的激流中挣扎,甚至无法辨认自己在佛罗伦萨已经逐步了解的那个丽莎·盖拉尔迪尼。假如她听到这些故弄玄虚的言辞,心里会有什么想法呢?那位文艺复兴时期的女性遵守妇道、不温不火、中规中矩,可能深感恐惧。

为了恢复对这位真实存在的女人的看法,我再次探访了斯特罗齐宫。那是一处建筑奇观,于 1489 年——丽莎 10 岁时——开始修建。它是一座地标建筑,也是国家文艺复兴研究所图书馆所在地。它保存的那些资料是独一无二的珍品,都与文艺复兴相关,有的就是那个时期的遗物。它们安放在那里,给人十分恰当的感觉。

各个房间里摆放着一排排书架,从地板到天花板,映入眼帘的全是书。阳光从高高的窗口散落下来,空气中弥漫着陈旧皮革和发霉纸张的气味。我沿着一道楼梯拾级而上,前往顶层阳台,去浏览关于列奥纳多的书籍。我的脚步声在安静的空间中回荡。

　　我蜷缩在狭窄的过道里，一本接着一本翻阅破旧的图书，并不十分明确自己搜寻的目标。后来，我发现了一本薄薄的粉红封面专著——《列奥纳多·达·芬奇与焦孔达》。它大约100年前在佛罗伦萨出版，用作礼物，送给购买《焦孔达》复制品（标价2里拉）的读者。

　　"可读性极高！"在该书的封面上，写着这条广告词。事实的确如此。书中许多关于丽莎的说法已被证明有误，例如，她是那不勒斯贵族等等。但是在泛黄的书页中，我发现了一段摘选。它出自俄国作家德米特里·梅列日科夫斯基的小说《诸神的复活：列奥纳多·达·芬奇》。那是一本畅销各国的作品，1900年被译成意大利语。

　　梅列日科夫斯基的记叙充满哲学意味，我开始时觉得相当乏味，十分艰涩。后来，我读到他描写的列奥纳多与丽莎之间的互动，不禁浮想联翩。我感到疑惑，自己是否偶然发现了某些更深层次的真实？依我所见，那样的信息只有小说才能揭示出来。

　　根据那位俄国作家的描写，在列奥纳多绘制肖像的过程中，丽莎并非被动坐着，耐心等待。实情恰恰相反。她努力向他倾诉自己内心深处最真实的感情，以便让他的画笔捕捉她脑海里的思绪，再现她灵魂中的激情。艺术家与模特作为创作过程中的拍档，常常形成非常融洽的关系，几乎无须借助任何语言，达到心灵相通的境界。

　　通过梅列日科夫斯基所说的"触及心灵的神秘爱抚"，列奥纳多和丽莎共同努力，创造了"一个全新的不朽形象……它来自他们两人，甚至堪比父母共同孕育的孩子"。那个过程改变了丽莎，让"一个平凡的血肉之躯"得以升华，幻化为"列奥纳多本人的女性替身"。就两人之间的相似性而言，面部特征其实关系不大，主要体现在十分传神的眼睛和微笑之中。当然，微笑尤其突出。

　　二人故事的结局并不圆满。丽莎决定离开，和丈夫一起，到意大利南部旅行。分别的一幕令人感动：列奥纳多一把抓住她的手，放在自己的嘴唇上。那样的举动之前从未出现。她俯身亲吻他低下的脑袋。不料,丽莎在那次旅行中突然去世,两人再也没有重逢。

列奥纳多遭到毁灭性打击,返回自己的画架。在肖像中,他看到了丽莎·盖拉尔迪尼的精髓——他仿佛偷走了那个充满活力的女人的灵性,将它注入她的形象之中。"宇宙之谜",他得出结论说,"就是蒙娜丽莎之谜"。

在现实生活中,有关肖像的悬疑十分奇特,超过了小说之中的虚构。

～

"《焦孔达》不见了!"卢浮宫博物馆的保安人员气喘吁吁地报告。那天是 1911 年 8 月 22 日,星期二。在悬挂画作的墙面上,剩下了四个铁钩,还有画框移开之后露出的幽灵般长方形阴影。

博物馆星期一闭馆,没有人注意到她已经离开。在一处楼梯上,发现了完好无损的画框。那位佛罗伦萨女士似乎从画中走了下来,"毫不费力,就像一个女人脱去身上的衣衫"。

在那一瞬间,《焦孔达》从一件丢失的艺术杰作,变为一个失踪者,变为一个全世界寻找的女人。"焦孔达事件"的消息立刻引起轰动,随着电报和电传迅速传开,吸引了千百万读者,其中包括许多从未听说过那幅肖像的人。低俗小报连篇累牍,炮制大量文章,洋洋洒洒地讨论那幅绘画以及那位魅力四射的模特。公众群情激愤,仿佛发生了劫持案或绑架案。

8 月 29 日,卢浮宫博物馆重新开馆。悲痛的巴黎人排起长龙,竞相观看画框移走之后留下的空荡荡的墙面。《费加罗报》载文说:"那处巨大空白令人震惊,目瞪口呆。"参观人数创下纪录,有的献上鲜花,有的失声痛哭。纪尧姆·阿波利奈尔是一位言辞炫耀的诗人和文化坐探，曾经呼吁人们烧毁卢浮宫博物馆，被当作嫌疑人遭到逮捕。警方还找来他的朋友、那时在巴黎工作的西班牙画家巴勃罗·毕加索询问。

《蒙娜丽莎》在巴黎市中心失踪之后，几乎可以在其他任何地方突然冒出来。我不禁觉得，关于它踪迹的说法就像据称见到了歌星猫王的报告。有人报告，看见肖像越过边界，进入了瑞士；有人报告，肖像在一列驶往荷兰的货车上；还有人报告，肖像上了一艘驶往南美的汽船。一名目击者说，亲眼在圣彼得堡的一家私人美术馆里见过肖像；另外一个人说，肖像出现在纽约布朗克斯区的一套公寓中。早在让她的影像大肆泛滥的技术问世之前，蒙娜丽莎的微笑就像柴郡猫一般，可以从稀薄的空气中幻化成形，出现在报摊、广告牌和杂志封面上。

两年多过去了，关于肖像的谣传渐渐消散。卢浮宫博物馆将《蒙娜丽莎》从展品目录中删除，在她原来所在的那面墙上，悬挂了拉斐尔所画的巴尔达萨雷·卡斯蒂廖内的肖像。卡斯蒂廖内是宫廷作家，朱利亚诺·德·美第奇的朋友和仰慕者。

1913 年 11 月 29 日，阿尔弗雷多·杰里收到一封来自巴黎、署名为列奥纳多的信件。杰里是佛罗伦萨的古董商，在诸圣教堂街上开了一家高档商店。写信者是意大利人，给人感觉不大可能是"世纪抢劫"的嫌犯。他名叫温琴佐·佩鲁贾，32 岁，业余作画，有时在卢浮宫博物馆干些杂活。他双手灵巧，从自己帮助制作的画框里取出肖像，藏在衣服下面，悄悄带出了博物馆。

"失窃的列奥纳多·达·芬奇作品在我的手里。"那封短信称，"这幅作品出自意大利人之手，看来属于意大利。我的梦想是，将这件杰作送回它诞生的那片土地，送回给予它灵感的那个国度。"杰里半信半疑，将信件交给了乌菲兹美术馆馆长乔瓦尼·波吉。波吉建议，杰里提出要求，出价之前先看一看画作。

12 月 10 日，在距离佛罗伦萨火车站不远的潘扎尼街上，一个皮肤黝黑的男子入住一家二流酒店。他身材矮小，不到 1.6 米，头发油光水滑，一字胡须上了蜡，直直地翘起。酒店当时名叫"阿尔贝戈特里波利意大利"，后来改为"焦孔达"，以此纪念那幅画作具有的知名度。从那以后，酒店的知名度大大提高。在狭窄的大堂里，我问是否可以入住发现《焦孔达》的那个房间里？一名满眼疲倦的接待人员告诉我，20 号房间已经住了客人，不过我可以去看一看。

我一边走，一边想象当年的情景：那个"列奥纳多"走在前面，肥硕的杰里和体面的波吉紧随其后，爬上同一段陡楼梯。在那个遥远的日子里，那个窃贼领着两人，进了自己的房间，随即锁上房门。他一言不发，从床下拉出一个木箱，笨手笨脚地抬到乱糟糟的床上。他倒出一堆东西——羊毛内衣裤、衬衫、鞋子，以及杰里所说的"其他脏兮兮的东西"。箱子底部有一个夹层，下面放着一件红绸包裹的东西。

"让我们深感惊讶的是，神圣的《焦孔达》出现在我们的眼前。它完整无缺，竟然保存得如此之好。"杰里声称，"我们将它拿到窗口前，与随身携带的一幅照片比对。波吉仔细查验。我们确定，那幅画作就是真迹。"我们进一步细看以后发现：第一，她的一侧面部有一处损伤，就像一团淤血；第二，左肩上有一道擦刮的痕迹。除此之外，《蒙娜丽莎》的状况相当不错。况且，她已经 400 岁高龄，先在巴黎的破房间里待了两年，然后搭乘火车，一路颠簸，好不容易抵达了佛罗伦萨。

乌菲兹美术馆的波吉坚持认为，应该将肖像带到博物馆，以便与列奥纳多的其他作品进行比较。佩鲁贾希望，为了"他提供的良好服务"，意大利政府应该支付他 50 万里拉——约合现在的 214 万美元。他在房间里等候佳音。不出一个小时，警察猛敲他的房门。那个窃贼从午睡中惊醒，没有弄明白是怎么一回事，一言不发地跟着警察离开。他信心满满，自己很快将会获释，而且还将领到报酬，被人奉为英雄。

在法庭上，佩鲁贾添油加醋，反复讲述画作的事情。到场的一位精神病医师诊断：他有"心理缺陷"。他开始时宣称，他的唯一动机是出于爱国。但是，他对自己编造的说法越来越有兴趣。后来，那个艺术品窃贼说，自己"迷上了"《焦孔达》："我被她的微笑彻底征服。我每天晚上目不转睛，欣赏自己的宝物，每次都在她的身上发现新的美，新的异乎寻常之处。我爱上了她。"

在 1914 年 6 月 4 日的庭审期间，法兰西方面没有提出严惩罪犯的要求。况且，他们也深觉尴尬，一是因为安保太差，二是因为调查不力。被告律师认为：第一，佩鲁贾是一个头脑简单的打工者；第二，他犯案时身处一个充满敌视的国家，被人讥笑为"通心粉"；第三，他的工具被人偷窃，甚至葡萄酒也被人放了盐。于是，最初 1 年零 15 天的刑期被减为 7 个月零 9 天。刑满之后，佩鲁贾随即被放了出来。他身无分文，当庭将衣裤口袋一个一个翻了出来。

在伦巴第的小镇杜门扎，佩鲁贾受到家乡人给予英雄的热情欢迎。在第一次世界大战期间，他加入了意大利军队，体面地为国效力。战后，他结了婚，返回法兰西，有了一个女儿，并且在上萨瓦省开了一家托儿所。1925 年 10 月 8 日，就在他 44 岁生日那天，他突发心脏病去世。

即便现在，有些人还坚持认为，佩鲁贾的盗窃行为是精心设计之举，其主要目的旨在偷梁换柱，用伪造的摹本取代失窃的《蒙娜丽莎》原作。但是，在 1913 年，意大利人高兴地看到，他们失散多年的女儿终于回到了故乡。

当时，许多佛罗伦萨人希望，"他们的"丽莎将会留在故乡，然而意大利政府立刻做出安排，决定将画作移交给法兰西人。他们"将以列奥纳多应有的严肃性，本着《焦孔达》应有的幸福精神"，完成那项任务。但是，在该决定公布之后两周时间里，《焦孔达》是兴奋不已的意大利人欣赏的对象。

12 月 14 日，仪仗队和全副武装的宪兵夹道护卫，列奥纳多笔下的那位夫人的画像展现在一个华丽的 16 世纪的画框里。人们怀着尊崇的心情，默默地抬着她，穿过乌菲兹美术馆的走廊。士兵们敬礼，男人们脱帽，妇女们画十字。《焦孔达》放置在一个铺着天鹅绒的台子上，两侧是列奥纳多的早期杰作——《天使报喜》和《三王来拜》。3 万多人冲过门卫，涌进博物馆，争先恐后，一睹她的风采。

展出 5 天之后（最后一天为学校师生专场），《焦孔达》被装入一个量身定制的装填垫料的紫檀木盒，抬上火车的私人包厢，启程前往罗马，送给维托里奥·埃马努埃莱国王欣赏。1913 年 12 月 21 日，在一场堪比加冕庆典的隆重仪式上，《蒙娜丽莎》正式入住法尔内塞宫的法兰西大使馆。在罗马度假期间，意大利王后带领王太后及整个外交使团成员，前去一睹她的风采。随后，《焦孔达》在雅致的博尔盖塞别墅展示 5 天。

后来，肖像离开罗马，到了米兰的布雷拉美术馆。在展出的最后一天，该美术馆午夜之后闭馆，接待了 6 万观众。一枚纪念章上刻着列奥纳多的头像，还有一行题词："愿她的神圣微笑永远绽放。"接着，《焦孔达》上了米兰至巴黎的私人列车包厢，离开了意大利。从那以后，肖像再也没有返回故乡。

巴黎人以其特有的方式，迎接自己的养女返回。她面露微笑，出现在招贴画和旗帜上。上层社会的妇女画了"焦孔达"妆，表达自己的敬意：首先，在面部和脖子上施用黄色化妆粉，模仿她的金色皮肤；然后，固定面部肌肉，模仿她的笑容。在巴黎的夜总会里，舞者装扮成焦孔达的模样，表演活泼的康康舞。

美术学院的专家彻底查验了画作。艺术史上最著名的女性已经做好准备，参加为自己举行的绚丽入场式。在经过数字化处理的 1914 年 1 月 4 日的报纸上，我看到几张黑白照片：欢庆的人流簇拥着《焦孔达》，走向卢浮宫博物馆。巴黎居民万人空巷，欣喜若狂，齐声欢呼。在展览开幕之后的头两天里，12 万人鱼贯而入，争先恐后，一睹焦孔达的风采。参观者数量太多，卢浮宫博物馆一度为她设立专属展厅。

但是，后来出现的某些变化超越了人们对那幅画作的狂热。《蒙娜丽莎》当年离开卢浮宫博物馆时，仅仅是一件艺术品；返回时，它已经成为公众财产，成为首个大众艺术偶像。任何人都可以评论她，使用她的形象，以可能想到的任何方式，对她进行改造。实际情况确实如此。

1919 年，马塞尔·杜尚找来一张印有《蒙娜丽莎》的单色明信片，给她画上小胡子和山羊头。他管它叫 L.H.O.O.Q（在法语中，这些字母拼起来的发音颇似一个俚语，意为"她的屁股热烘烘"）。他曾经宣称，艺术可以利用任何东西，其中包括小便池。一大批 20 世纪艺术家步其后尘，无法抵抗诱惑，纷纷拿丽莎夫人开涮，其中包括达利、莱热、马格里特、劳森伯格和安迪·沃霍尔。

第二次世界大战爆发前夕，《蒙娜丽莎》再次淡出人们的视线。
1939 年，法兰西人秘密运走画像，先后藏在数个安全地方。那些场所
全都装有中央供热系统，以便让周围温度保持恒定。在接下来的几年
之中，她先后被送往列奥纳多故居附近的昂布瓦斯城堡、洛克－迪厄
修道院，以及蒙托邦的安格尔博物馆。

即便离开了公众的视线，《蒙娜丽莎》依然被人们挂在嘴边。英国
人曾经使用一个密码，名叫"蒙娜丽莎保持微笑"，以便与法兰西抵抗
运动人士接头。1947 年 10 月，战争结束两年之后，肖像返回卢浮宫
博物馆。

很快，世界各地的人开始为她歌唱。歌曲作者杰伊·利文斯顿和
雷·埃文斯联袂创作一首歌曲，让我至今依然无法遗忘。1950 年，在
一部显然可以忘记的影片《美国凯里上尉》中，纳京高首唱《蒙娜丽
莎》，不但获得美国电影艺术与科学学院颁发的最佳原创歌曲奖，而
且荣登当年畅销唱片榜单之首。几代柔声演唱的流行歌手，其中包括
宾·克罗斯比、埃尔维斯·普雷斯利、汤姆·琼斯、迈克尔·布勃莱，
先后诠释了这首歌曲。他们温情脉脉地问："你是否温馨，是否真实，
蒙娜丽莎？你是否仅仅是一件艺术品，冷漠，寂寞，可爱？"

那件可爱的作品也曾经遭到攻击。1956 年，一个人故意将酸液泼
在画像的下半部分。同年晚些时候，一个年轻的玻利维亚人向它扔了
一块石头，损坏了她左手肘部的一处颜料。最近，玻璃护罩挡住了若
干飞来横祸，其中包括一个赤陶土马克杯。原来，一个俄罗斯女人因
为精神错乱，被剥夺了法兰西公民资格。她进了卢浮宫博物馆，在礼
品店购买了那个马克杯，然后扔向肖像。艺术批评家们提出的说法是：
肖像受到攻击的原因可能与得到赞美的相同，也是列奥纳多的作品唤

起的激情。

随着全球化新时代的到来，《蒙娜丽莎》作为法国的文化大使，开始像摇滚明星一样，在世界各地巡回展出。1962 年，两位精通政治、擅长推销的大师，一位是法兰西总统夏尔·戴高乐，另一位是他的文化部长安德烈·马尔罗，特地安排了一次高调旅行。卢浮宫博物馆的管理者们强烈反对那次展出，但是列奥纳多创造的那位女士还是启程前往新世界。当年，哥伦布发现美洲大陆时，丽莎·盖拉尔迪尼是一个年仅 13 岁的小姑娘。

《蒙娜丽莎》抵达美国时气派非凡。肖像投保 1 亿美元（相当于现在的 6.08 亿美元），在 S.S. 法兰西号邮船上拥有专用的头等舱。那个舱室的一侧住着安保人员，另一侧住着来自卢浮宫博物馆的紧张不安的文物保护者。放置肖像的箱子是特制的，使用了合金钢，里面衬有聚苯乙烯泡沫塑料，重达 350 磅，全密封，可以漂浮在水上，温度和湿度均可控制。在那艘豪华邮轮上，她无疑是最安全的旅客。

在纽约港，国家美术馆馆长和情报局的一个小分队与法兰西代表团见面。肖像被装上一辆经过改装、内衬泡沫乳胶的救护车，动身前往华盛顿。国家美术馆预先想到了各种需要。考虑到大气压力的变化，美术馆改装了空调系统，以便模拟《蒙娜丽莎》在巴黎呼吸的空气。

约翰·F. 肯尼迪总统以通常接待国家元首的礼遇，欢迎那位显要访客。"这幅绘画历史悠久，"他特别提道，"覆盖了新世界建立以来的全部岁月。在它问世时，我们这些来自各国的公民尚未出生。现在，我们和其他人一道，继承并且维护赋予它生命的那些理想。"在华盛顿国家广场上，参观者们排起长龙，以求一睹芳容。"我们共有的文明，我们维护的信念，我们努力实现的追求，这三大因素创造了这件伟大的作品。"

肖像运抵纽约之前，大都会艺术博物馆已将为期一个月的门票销售一空。根据《纽约客》的估计，在一周之内，大约25万参观者在肖像前驻足。他们面对列奥纳多花了多年创作的作品，每人平均凝视4秒钟。《蒙娜丽莎》的美国之行结束时，参观者总人数超过160万。

我走进《生活》——当时最受人欢迎的杂志——的档案馆，寻找那次巡展的相关报道，看到了另外一张熟悉面孔，即所谓的《弗农藏蒙娜丽莎》。弗农家族的人相信，它是出自列奥纳多之手的一件真迹。1964年，那幅画作在洛杉矶奥蒂斯艺术学院展出。

根据《生活》报道，弗农家族愿意出售他们的传家宝，开价250万美元。没有买家，《弗农藏蒙娜丽莎》被送回新泽西州的银行金库。后来，专家们逐步达成一致意见，认为该画是一件超乎寻常的摹本，可能出自17世纪或18世纪的法兰西艺术家之手。

《蒙娜丽莎》原作安全返回卢浮宫博物馆之后，博物馆管理者们发誓，绝对不能让她再次离开他们的保护。但是到了1974年，《蒙娜丽莎》变身阔太太，乘喷气式飞机越过半个地球，从巴黎抵达东京。为了避免受到飞行途中出现的任何压力变化的影响，她被放入一个铝材箱子，外面还加了一个钢制保护箱。

在东京，出现了蒙娜丽莎热。肖像被当作圣迹展示。参观者被单个放行，每人只有10秒钟欣赏时间。在俄罗斯，参观者们趋之若鹜，成群结队，竞相一睹她的风采。不过，他们的反应显得低调。苏共领袖列昂尼德·勃列日涅夫认为：她是"一个朴素的模样端庄的女人"。

～

就《蒙娜丽莎》而言，那几次旅行实现了某些人所说的"法兰西化"。《蒙娜丽莎》获得了名人地位，没有任何出自法兰西艺术家之手的画作可以与之相提并论。但是，我开始时对此百思不得其解：法国送去了一件意大利画家绘制的意大利女士的肖像，将它作为自己的艺术遗产的象征。后来我意识到，《蒙娜丽莎》超越了地理意义上的边界。与埃菲尔铁塔、泰姬陵或长城一样，这幅肖像已经跻身世界奇迹之列，成为世界各地的人——无论他们来自哪个国家和文化——都可以欣赏的杰作。

2004 年，在卢浮宫博物馆和法国博物馆研究与修复中心的支持下，官方为《蒙娜丽莎》举行了 500 周年诞辰。从那时开始，丽莎夫人接受了绘画史上最全面的技术检查。卢浮宫博物馆馆长亨利·卢瓦雷特解释说，其目的是"揭开覆盖这件作品的神秘面纱"。

大卷本著作《蒙娜丽莎：画作内幕》详细记录了相关发现。我以前所未有的方式，仔细研究了那本书中《蒙娜丽莎》的影像检测结果，包括 X 光检查、红外线和多光谱摄影、紫外荧光扫描。在许多情况下，丽莎显现彩色抽象图像或幽灵般幻影。但是，让我深感兴趣的是一张红外线反射图像。它深入到不透明的颜料内部，揭示画作在历史上出现过的模样。

两幅放大的照片提供了"以前"和"其后"的丽莎形象。在红外线反射图像上，她表情冷漠，脸型近于长方，五官沉重，面颊肥厚，皮肤纹理并不规则。在画作终稿照片上，丽莎的面部变为椭圆形，五官精巧，皮肤细腻。以上两张照片的差异令人感到震惊。它们证明，列奥纳多采用大量细腻笔触，让丽莎变得美丽。在我的想象中，一位老人面对自己创造的形象，半眯着眼睛，俯下身体，一笔一笔地细细涂抹。

在另外一次富于创新的评估中，卢米埃尔技术公司创始人、巴黎工程师帕斯卡尔·科特使用超强"多谱"相机，制作了画作的数字化影像。他的专家团队应用 2.4 亿像素技术，一点一点地消除数百年来在画作表面上留下的污迹，让更明亮的色彩显露出来。于是，她的面容变得更加生动，背景的色彩更加丰富。

如果使用传统相机，拍摄《蒙娜丽莎》的背面，照片描绘的影像就大不相同了：一块已经褪色的粗糙木板。在木板的右上角，有一道已经存在数百年的缝隙。若干粗糙的细布条呈字母 T 形，覆盖在它的上面。撇开这一道裂缝不谈，专家们认为，肖像虽然颜色偏暗，显得肮脏，其总体状态相当不错。

卢浮宫博物馆决定，让她维持原状。春天来到巴黎时，博物馆的空气在温度和湿度两方面接近理想状态。他们将《蒙娜丽莎》从画框中取出来，进行一年一度的例行检查。20 多位分析人员仔细观察，看一看那块杨树木板是否出现了变形，是否存在吞噬木头的"守尸"甲壳虫。那样的昆虫曾经损坏了以前的画框。

在一年的其余时段中，《蒙娜丽莎》悬挂在一个经过改建的展厅的漂亮墙面上。肖像单独陈列，画面前配有三层非反射防弹玻璃。画作外面的护罩可以维持华氏 55 度的恒温。在世界上参观人数最多的博物馆中，这件最吸引人的展品盛情接待川流不息的客人，面对照相机实施的连续不断的闪电式攻击。男人、女人和儿童来自世界各国，使用各种不同的语言。他们只为一个最简单的理由：欣赏这幅世界上最著名的画作。

我也如此。

多年之前，我气喘吁吁地穿过卢浮宫博物馆，跑到《蒙娜丽莎》跟前。我的初次印象是，它比我想象的小一些，颜色黯淡一些。我当时并不知道，存在着丽莎·盖拉尔迪尼这个人物。沉思片刻之后，我和丈夫挪动脚步，浏览似乎绵延数英里的名画。在博物馆出口处，我几乎崩溃，处于彻底的审美疲劳状态，不禁骂了一句："这博物馆真见鬼的太夸张了！"

后来，我重访卢浮宫博物馆，采用了比较闲适的方式，"她"注意到了。我和其他许多参观者一样，有了忐忑不安的体验，产生了有些人所说的幻觉：我觉得，在我注视丽莎时，丽莎也看着我。她的凝视似乎可以洞察心灵，她的两眼似乎可以分辨善恶。我意识到，这个女人尽管不露声色，然而正在思考。

我站在肖像前，一边观察，一边用心感受《蒙娜丽莎》。我发现一种超越美貌的感染力：女性的智慧；姐妹的温暖；沉静的力量；温柔的怜悯；深邃的淡定；诡秘的才华；一点恶作剧的意味。还有，嗯，没错，一分神秘。

我报以微笑。

第十四章
最后的微笑

无论我何时重返佛罗伦萨，我都渴望找到一个适当的地方，以便向它的最著名的女儿表示敬意。没有那样的去处。它不是丽莎·盖拉尔迪尼出生的令人作呕的斯瓜扎街，不是她度过大多数成年时光的难以名状的德拉斯杜法街。当然，肯定不是城里那个煞风景的地方——圣奥尔索拉修道院的原址，她最后的安息之处。

丽莎·盖拉尔迪尼度过最后日子的那家修道院已经不复存在——拿破仑的军队入侵之后，许多宗教场所都被改作其他用途。从19世纪开始，那家修道院所在地经历了一系列变迁，开始是烟草加工厂，后来作为佛罗伦萨大学的讲演厅。20世纪80年代，佛罗伦萨警察局制定计划，将那里的建筑改造为营房。于是，他们开挖车库。推土机将几栋楼房夷为平地，卡车运来了建房所用的砖块和石头。墓地也被推平，送到市政当局指定的一处垃圾填埋场。后来，使用那块土地的计划搁浅。圣奥尔索拉修道院每况愈下，最后沦为废墟。它被木板围了起来，涂鸦累累，污迹满目，丑陋不堪。

近年来，世界各地的记者纷至沓来，进入被遗弃的修道院，寻找丽莎·盖拉尔迪尼，或者不如说，寻找她的遗骸。一个人名叫西尔瓦诺·温切蒂，自称艺术侦探，是颇有官方意味的"历史文化遗产促进会"主席。他组织力量，发掘一处地下室。2012 年，温切蒂站在国际电视摄制组的数十盏泛光照明灯下，煞有介事地宣布：发现了几具骸骨。按照那时的习俗，它们是叠放在一起的。

丽莎·盖拉尔迪尼的遗骸是否就在其中呢？没有人知道答案。在漫长的岁月中，圣奥尔索拉修道院见证了数百名妇女的生活和死亡。丽莎的遗体可能被送进了当地的那一处垃圾填埋场，而不是埋藏在那座教堂的地下室。

一年秋季，我和温切蒂一起，待了整整一天。他瘦削，秃顶，说话很快，在电视台干过播音员和制片人。我问他，确定丽莎遗骸的概率有多大？"40%。"他回答说，不过并未解释他是如何得到那个数字的。我的估计要低很多。

科学家对那些已经解体的骨骸进行了放射性碳含量测定，以便计算死者的年龄，看一看是否有 16 世纪去世的。为了确认任何遗骸确实属于丽莎·盖拉尔迪尼，他们还必须提取 DNA，与已知的血亲的进行比对。

血亲的首位候选对象是丽莎的亲生大儿子皮耶罗——他于 1569 年安葬在圣母领报大教堂墓地。2013 年，一批研究人员得到温切蒂的促进会的赞助，进入那个地下室。他们宣布，在一个光秃秃的石头架子上，发现了由散落骸骨组成的怪异图像。其中的一些骸骨可能属于另外一个家族——该家族从德尔·焦孔多家族手中，接管了那个地下室。其他遗骸可能属于弗朗切斯科从新圣母玛利亚教堂迁来的祖先。

如果那批研究人员可以确定，其中的一具骷髅肯定是皮耶罗·德尔·焦孔多，那么，科学家们就可提取他的 DNA，然后与在圣奥尔索拉修道院获得的样本进行比对。如果配对成功，我们就可以知道，哪些遗骨属于丽莎·盖拉尔迪尼。温切蒂说，届时他将委托相关专家，根据数百年前的骷髅头，利用计算机技术，重构蒙娜丽莎的面部三维模型。他还预测，"那时便可清楚知道她的真实容貌"，误差不会超过5%。

意大利的艺术史家嘲笑他的全部活动，特别是像食尸鬼那样挖掘尸体的做法。"令人讨厌，骇人听闻，恐怖万分！"梵蒂冈博物馆受人尊重的馆长安东尼奥·保卢奇说，"让蒙娜丽莎安息吧！"

这样的可能性不大。

～

尽管他的探索引起怀疑，尽管批评他的人蔑视有加，温切蒂依然毫不动摇。他是自学成才的艺术专家，而且具有令人不可思议的诀窍，可以引起公众舆论的关注。2010 年，他以炫耀方式向全世界宣布：他发现了艺术家卡拉瓦乔的遗骸。那个说法立刻遭到专家们的质疑。

2011 年，那位从未接触过《蒙娜丽莎》原作的业余侦探宣称，一件数字化摹本显示，在丽莎的瞳孔里，有字母 L（他提出，也许它表示丽莎）和 S（也许它表示列奥纳多的助手萨莱）图案，在画作背景中有 72 这个数字。卢浮宫博物馆利用每种已知的成像技术，仔细检查了画作，然后明确表示：画作上不存在"任何题词、字母或者数字"。温切蒂批驳说：卢浮宫博物馆的管理者十分尴尬，所以不承认他们一直"真的被蒙上了双眼"。（我和他们一样，在他出示的画作的数字化摹本的放大照片中，只看到一些没有任何意义的划痕。）

根据一家报纸的消息，温切蒂还宣称："蒙娜丽莎其实是一个男人。"温切蒂所说的是那个迷人的萨莱：或许，萨莱不仅是《施洗者圣约翰》的模特，而且还是列奥纳多的情人。温切蒂提出这一点的根据有三：第一，两个人物的笑容有相似之处；第二，那些隐藏的数字；第三，若干涉及古希伯来神秘的喀巴拉学派的说法。

在与温切蒂交谈的过程中，我努力理解他讲得飞快的意大利语，以便跟上他的思路，尽量不让自己摇头表示质疑。但是，所有说法都与列奥纳多的画作相关。

首先，请想一想丽莎的无处不在的微笑吧。有的牙医认为，她闭嘴微笑的原因要么是牙疼，要么是齿落。不过，在文艺复兴时期，没有哪位淑女会张开大嘴，毫无顾忌地显露愉快笑容。根据有的医生的分析，与丽莎容貌相关的原因包括：失聪（据说，这是列奥纳多的模特偏着脑袋、露出期待笑容的原因）、妊娠（这是丽莎手指头肿胀的原因）、甲状腺肿大、高胆固醇引起的脂肪沉积、一种人称"贝尔麻痹"的面部神经瘫痪。最恶毒的说法甚至宣称，丽莎闭着嘴巴微笑的原因是，她曾经接受性病治疗，被医生使用的汞弄坏了牙齿。

最近，某些神经科学家们开始插嘴帮腔。其中一位解释说，由于视觉神经传导方面的原因，人们往往以侧面扫视——而不是正面注视——的方式，观察丽莎的笑容。其他神经科学家们宣称，"随机噪音"从视网膜传到视区，对人们是否发现她上翘的嘴巴造成影响。但是，丽莎的面部表情究竟是微笑，还是傻笑呢？在一份计算机做出的分析中，"情感辨识"软件评估了丽莎的笑容：高兴占83%，厌恶占9%，恐惧占6%，愤怒占2%，不确定占比不足1%。

一位艺术史家对《蒙娜丽莎》的众多崇拜者进行了分类。他认为，对"希望在争论中占有一席之地"的各色人等来说，"不确定"一说肯定不适用。无论所建议的模特候选对象是否太老、太年轻、太丑陋、太荒谬，全都不是问题。支持一种说法的人撰写了常常显得偏激的文章，声称只有他们才揭示了关于列奥纳多笔下的缪斯的真实情况。相关细节清楚明白，不可动摇，无论是她的头颅尺寸、刺绣节子，还是《达·芬奇密码》中的复杂情节，全都无一例外。

关于丽莎的微笑的起源，关于列奥纳多所画肖像中那位女性的身份，人们激烈辩论，莫衷一是。但是，与是否存在多幅《蒙娜丽莎》这一争议相比，其他问题全都显得无足轻重了。

～

也许，在列奥纳多创作《蒙娜丽莎》的过程中，其他艺术家们已经开始临摹这幅作品了。现存大约 60 到 70 件摹本，有的几乎与原作一模一样，甚至博学多才的权威人士也可能受骗上当。乔舒亚·雷诺兹爵士（1723—1792 年）是著名艺术家、收藏家，曾任英国皇家美术院首位院长。他用一幅自画像换来一件《蒙娜丽莎》，并且对其真实性深信不疑。他甚至认为，卢浮宫博物馆收藏的那幅画作是赝品。

最著名的摹本之一顺利进入马德里的普拉多博物馆。在某个时期，一位艺术家将该画作的背景改为黑色，其目的也许是为了与附近展示的其他肖像保持一致。几年之前，一位技艺娴熟的画作修复师不惜劳神费力，抹去了那一层黑色，让明快的颜色显示出来：背景细节丰富，年轻模特容貌迷人（她的面部与蒙娜丽莎相去甚远）。有人采用高度发展的成像技术进行研究。其结果显示，与卢浮宫博物馆收藏的那幅画作一样，在这幅画作的表面之下，模特的姿势出现了变化。

与卢浮宫博物馆所藏画作中的那位夫人相比，这位丽莎可能更接近乔治·瓦萨里在列奥纳多传记文章中提供的描述。另外几幅摹本的情况也是如此。瓦萨里使用的文字实际上赞美了丽莎的面容。他以欣赏的口吻写道，她的眼睛"恰如生活中总是见到的那样，闪闪发光，水灵灵的。两眼周围呈玫瑰和珍珠色泽，睫毛和眉毛非常自然"。她的"鼻孔十分漂亮，红润，柔嫩，看上去栩栩如生"。她的"嘴唇的红色与脸庞的肉色相得益彰。给人的感觉是，它似乎不是用颜料画上去的，而是鲜活的肌体"。

有的专家认为，瓦萨里的描述与实际的《蒙娜丽莎》差别很大。其原因有二：第一，随着时间的推移，添加的颜料和上光漆掩盖了原来的色彩；第二，有的见证人不够可靠，给瓦萨里提供的描述与原作有所出入。其他专家提出了另外一种可能性。鉴于它引起了极大争论，在此不能不提。

根据那些专家的设想，列奥纳多可能还画了另外一幅丽莎肖像。不过，它并非列奥纳多独自完成的作品。他仅仅画了她的面部和身体的某些部分，其余的留给了助手们。在某个时候，他可能让丽莎和弗朗切斯科·德尔·焦孔多看过那幅画作。如果实际情况如此，它可能是乔治·瓦萨里本人在佛罗伦萨见过、然后详细描述的画作。

存在两幅《蒙娜丽莎》这一说法已经流传了很长时间。1584 年，乔瓦尼·保罗·洛马佐出版了《论绘画的艺术》。他是佛罗伦萨的艺术家兼编年史家，据说与长期担任列奥纳多秘书的梅尔齐有一面之交。他在该书中写道，"列奥纳多创作的最漂亮和最重要的肖像有两幅，一幅是《蒙娜丽莎》，另一幅是《焦孔达》"。

我们知道，它们之中的一幅最后被卢浮宫博物馆收藏。如果还存在另外一幅，它在什么地方呢？

英国是可能的去处之一。不过，没有谁能提供证据，说明它是什么时候、从什么地方以什么方式运送到英国的。1913 年，住在英国萨默塞特的某位名叫布朗洛的伯爵谨慎地透露，他有意出售家族收藏多年的一件据称出自列奥纳多之手的画作。英国的休·布莱克（1873—1936 年）是一位精明画家和艺术品商人，苦苦寻觅多年，打听几乎带有神秘色彩的"第二"《蒙娜丽莎》的下落。他知道消息之后，急切希望看到画作。

根据布莱克后来的说法，他去了那位贵族的豪宅，看到了那幅肖像，确定它是列奥纳多的作品。他怦然心动，但是竭力掩饰内心的激动，与对方讨价还价，希望"以合适的价格"，收购那幅作品。最后，那位艺术品商人带着自己心仪的作品，回到位于伦敦郊区的艾尔沃思的家里，将它存放在画室里。从那以后，那幅画作被称为《艾尔沃思蒙娜丽莎》。

"《蒙娜丽莎》非常漂亮，堪称完美……"布莱克写信告诉他的妹妹简，"我觉得，它价值连城。画作的背景与卢浮宫博物馆收藏的那幅完全不同。画作的两侧各有一根柱子，它们在原作中仅仅看到底部（原文如此）……我确定，它是在列奥纳多的画室中完成的，时间早于卢浮宫博物馆收藏的那一幅。有鉴于此，这件作品并非我们所理解的摹本……它确实是一件来之不易的作品。"

当时，战争的乌云笼罩欧洲。布莱克出于安全起见，将自己刚刚获得的珍藏送往波士顿美术馆。在那里，它被悬挂在管理人员的办公室里。1922 年，布莱克的岳父约翰·艾尔和一位受人尊重的艺术收藏家一起，将肖像带到意大利，请当时研究列奥纳多的一流专家评估。

"哇，漂亮，漂亮，真漂亮！"其中的一位专家兴奋地说，"这是我见过的最漂亮的《蒙娜丽莎》，仅次于卢浮宫博物馆收藏的那幅。"
另外一位专家说。大多数专家都认为，肖像的面部和头发可能是列奥
纳多画的，脖子、双手和背景出自他人之手。所有的赞同意见全都基
于"鉴赏"或所谓的主观评估。尽管如此，艾尔和他的女婿布莱克并
未实现自己的愿望：确定那幅肖像是列奥纳多留下的真迹。

"我将她的内在之美和神秘笑容留了下来，让她的崇拜者们困惑不
解。"写这些文字时，艾尔"已经老态龙钟，疾病缠身"。

她确实让人"困惑不解"。1936 年，一位英国艺术爱好者——他
名叫亨利·F. 普利策——来到艾尔沃思，走进私人开设的莱斯特美术
馆。他一见肖像，便深深地爱上了她。"这是一段伟大的爱情故事。30
年前，我与这位女士初次见面，仰慕之情之后从未改变。"普利策在
《蒙娜丽莎在何方？》中写道。1966 年，他自费出版了该书。

普利策是列奥纳多迷，看过列奥纳多的全部已知作品，收集了画
家生平各个方面的大量文献。他多次参观卢浮宫博物馆，面对列奥纳
多笔下的那位著名女士，凝视数小时也不愿离开。但是他承认："令人
痛苦的是，它没能唤起我心中的欢乐和满足——当初，我站在莱斯特
美术馆收藏的《蒙娜丽莎》前面时，那样的感觉曾经出现过。"

得益于他所说的"最不可能的偶然机遇"，普利策 20 世纪 60 年代
终于如愿以偿，收购了《艾尔沃思蒙娜丽莎》。一个"瑞士的财团"提
供了部分资金。为了筹措自己的那部分资金，普利策不得不出售他在
肯辛顿的豪宅，外加全部家具和部分画作。

"为了实现梦想，"他写道，"任何牺牲也在所不惜。"

根据他的一个长期同伴的回忆，普利策将那幅肖像挂在会客室里。
他"实际上住在那里，甚至在那里吃饭。这样，他就可以每时每刻和

他的蒙娜丽莎待在一起"。艺术界一直没有放弃对该画作的怀疑态度，但是普利策从未改变初衷。

"最终结论出来时，我可能不在人世。"他写道，"那也没有什么大不了的……一件伟大的艺术品将永恒存在，给予后人愉悦和幸福。"但是，在普利策去世之后数十年的时间里，他所敬慕的那位女士被锁在一家瑞士银行的金库里，没有给任何人带来愉悦。

后来，出现了白雪公主与王子故事的 21 世纪版本。一个名为"蒙娜丽莎基金会"的民间机构宣告成立，其宗旨是促进对它所称的《蒙娜丽莎》的"早期版本"的研究。它着手复活普利策的睡美人，其方式不是给她亲吻，而是使用前沿技术。该基金会的董事们希望，他们借此可以证明长期以来似乎无法证明的一点：除了卢浮宫博物馆收藏的那位庄严女士的肖像之外，列奥纳多还绘制了普利策生前收藏的那幅画作。

在数年时间里，国际专家们耗资大约 100 万美元，对《蒙娜丽莎》的"妹妹"进行评估。与当初检验卢浮宫博物馆那幅肖像的做法类似，他们也使用了多种技术，包括 X 光检查、多光谱摄影、高清晰度成像。根据蒙娜丽莎基金会的说法，在他们的研究结果中，没有哪一项可以"推翻列奥纳多的作者身份……没有哪一项可以让人质疑列奥纳多所用的技法"。然而，在那些专家中，只有一位认为它是列奥纳多的真迹。

他就是美国艺术鉴定专家约翰·阿斯穆斯。那位专家供职于加州大学圣地亚哥分校，对比研究了卢浮宫博物馆肖像和所谓的"早期版本"。就尺寸而言，蒙娜丽莎基金会肖像比卢浮宫博物馆肖像稍大一些，而且在画面的两侧矗立着柱子。他将大的一幅缩小，发现两者之间存在三个相似之处：其一，几何尺寸（基本的三角形、简略的轮廓和比例）；其二，柱状图形（明暗光影形成的"指纹"）；其三，用像素测量出来的用笔的浓淡度。他认为，以上三个方面的相似度很高，绝非偶然。其他专家后来也进行了检测，一是证实了他所说的几何方面的相似性，二是证明所用的油画布本身产于 15 世纪晚期。

学者们依然持怀疑态度。牛津大学荣誉教授、从事列奥纳多研究的主要学者之一马丁·肯普认为："错误太多，它们涉及服饰、头发和背景等诸多方面。"列奥纳多很少在油画布上作画。蒙娜丽莎基金会肖像的背景缺乏"氛围方面的微妙变化"，头部"没有捕捉到原作那种难以捉摸的深奥特征"。而且，还有显而易见的年龄差异。"如果说在这幅画作中，她的面容显得年轻一些，"肯普说，"其原因仅仅在于，临摹者就是那样处理的。"

"早期版本"可能是摹本。怀疑者的数量超过相信者，在学术圈子中肯定如此。但是我发现，早期版本中的女士十分迷人。这位丽莎年轻一些，脸上散放着少女的光彩，面部瘦一些，笑容明显一些，双眸闪烁，仿佛期待未来。而且，她不是待在阴影之中。蒙娜丽莎基金会以远东为首站，举行了为期一年的全球巡展，以便让"人们"自己做出判断。

～

人们——基本字面意义上的人们——已经以种种方式，表达了看法。"他们的"蒙娜丽莎不受任何约束，仿佛是媚俗艺术的女王。她的形象滑稽夸张，经过无数次模仿，已被装配和变形，被人操纵和大量复制。它们有的戴着太阳镜，顶着发卷；有的身穿穆斯林长袍；有的裹着和服；有的披着印式莎丽，并且佩戴鼻饰；有的长着米老鼠式耳朵，足穿黑色靴子，头顶圣诞老人帽子；有的穿着透视上衣；有的甚至一丝不挂。那位刚毅美女有时骑着摩托车；有时骑着骡子，内衣随风飘荡；有时踩着滑板冲向天空；有时嘴里叼着大麻烟，从事各种各样的色情活动。

这幅绘画究竟有什么与众不同的东西，让人们喜欢利用它来引起轰动效应，产生令人震惊的效果，表现超现实或直截了当的愚蠢？多年之前，我住在博尔戈平蒂街上的蒙娜丽莎酒店，首次仔细研究了这个问题。该酒店位于佛罗伦萨中心，前身是一座 14 世纪建造的修道院。每天上午，我都要到酒店的沙龙去，品尝那里的卡布奇诺。沙龙的墙壁上，悬挂着各式各样的蒙娜丽莎画像。有的抽烟，有的袒胸露背，有的金发碧眼，有的呈现立体派，有的长着弗兰克·扎帕式络腮胡须。

现在，形形色色的蒙娜丽莎画像依然层出不穷。2013 年，在旧金山的现代乐园美术馆，举办了一场展览，主题是近年出现的相关衍生画作。《傻瓜蒙娜丽莎》《长着动物脑袋的蒙娜丽莎》《长着连心眉的蒙娜丽莎》《小丑脸蒙娜丽莎》《独角蒙娜》（前额上长着小角的蒙娜丽莎），诸如此类，不胜枚举。

插图作者们喜欢将著名人物的面孔蒙娜丽莎化，并似乎一直乐此不疲：例如，毛泽东（见《红色焦孔达夫人》）、希拉里·克林顿、莫妮卡·莱温斯基、贝拉克·奥巴马总统，除了艺术家之外，还有许多人喜欢戏仿这位生活在文艺复兴时期的女士。蒙娜丽莎出现在雷·布拉德伯里的科幻小说里，出现在鲍勃·迪伦的情歌中，出现在一部接着一部的电影中，例如，《蒙娜丽莎的微笑》（女主角朱莉娅·罗伯茨的笑容露出大牙）和《重访卢浮宫》。此外，《辛普森一家》中，也有相关的一集，题为《蒙宁·丽莎》。在最近创作的一首民谣中，著名乡村音乐歌手布拉德·佩斯利唱道："我就像困住蒙娜丽莎的画框。如果只能这样，我也毫不在乎。"

商贩们利用列奥纳多笔下的这位女士大做广告，有的叫卖牙膏（"蒙娜丽莎发现了伦勃朗！"），有的兜售除臭剂（有一个品牌自称"老大师"），有的推销避孕套（焦孔达液态乳胶套）。此外，还有荷兰的雪茄、法属马提尼克的朗姆酒、阿根廷的火柴、加州的牛奶（产自一个名叫哞娜·丽莎的奶牛品种），以及世界各地生产的鼠标垫、帽子、糖果罐、冰箱贴、抽屉把手、浴帘、靠枕和彩色画图本。不久之前，在我的电脑屏幕上，一条广告弹了出来，推销一种新的阴道润滑剂，其名称就是"蒙娜丽莎"。

2013 年，美国国家航空航天局选中了蒙娜丽莎的图像，在首次测试一种激光星际通信系统时，将它发向了月球。

何乐而不为呢？她无处不在，担任各种角色。拥趸们复制她的面孔，让它出现在吐司、织品、意粉、乐高玩具、软心豆粒糖、珠宝、咖啡杯、勺子以及其他任何可以想象的东西上面。

蒙娜丽莎热以许多形式出现，其灵感之源是人造的形象，而不是那个真实存在的女人。蒙娜丽莎享有近乎疯狂的知名度。我们可以因此指责列奥纳多，也可将它"归功于"列奥纳多。他创作的那幅肖像无与伦比，使用任何语言也无法充分描述。当然，其他人也让这件天才作品在世界各地名气大增：法兰西国王将艺术家本人带到了法兰西，君主们将肖像悬挂在自己的卧室中，浪漫主义者撰写了关于它的激情文字，画家们大量临摹，盗贼冒险偷窃，许多人肆意戏仿，千万人争相欣赏。

可是，假如没有那个名叫丽莎·盖拉尔迪尼的真实存在的女人，以上所说的情形就不可能出现。最后，她的家乡也向她表示敬意。

～

我上次访问那个城市时，恰逢 6 月 15 日。那天是她的生日，被定为"蒙娜丽莎日"。我看到了一张招贴，上面赫然写着：蒙娜丽莎返回佛罗伦萨！在奥尔特拉诺区，她的故居所在街道举行了盛大庆祝活动：在斯瓜扎街上她的出生地，举行了一次象征性仪式；当地的艺术家举办了画展，作品全是在那位神秘缪斯启发之下创作出来的。此外，人们还品尝了壮阳美酒，欣赏了音乐会。次日，聚会继续进行。在附近的帕塞拉广场上，人们跳起来了雷盖舞。

"应该如此。"我心里默默念叨。你想想吧，在长达 500 年时间里，佛罗伦萨几乎忘记了丽莎·盖拉尔迪尼这个人。然而，她其实从未离开。在过去 20 年里，无论我何时访问那座城市，我总是想方设法，以这样或那样的形式，寻觅她的踪迹。

有一次，在一条步行街的人行道上，我看见了一个年轻意大利人。他留着黑色卷发扎成的马尾小辫，俯身站在人行道上，用粉笔绘制一幅广告牌大小的蒙娜丽莎肖像。他挥洒自如，先勾勒她的体型，然后以浓淡相间的笔法，画出她的面部轮廓。画面色调充满活力，引来大批身穿 T 恤衫的游客驻足观看。他一边灵活地挥动经过反复练习的手指，一边告诉我，他模仿各种各样的杰作，以便赚取游客的施舍。蒙娜丽莎是他最喜欢绘制的人物。

"为什么呢？"我问道。

"蒙娜丽莎（焦瓦达）依然活着！"那位街头画者回答。

她的 giocondità 也是如此。我翻开字典，发现了 giocondità 这个古老词汇的意思："令人感到愉快的品质"。不过，我更喜欢一位艺术史家所说的更具诗意的定义："灵魂得到满足或者淡然时展现的状态。"我重访丽莎·盖拉尔迪尼的故乡时寻觅的正是这种精神。它一直体现着女性的品质，体现着永恒的佛罗伦萨特征。

一天上午，我沿着阿尔诺河漫步，遇到红灯时停下脚步。我注视前方，远处有一个闪亮的光点正在朝着我移动。我发现，那是一个骑自行车的年轻女子。但是，她与其他骑车的意大利人明显不同，并不是在繁忙的街道上呼啸飞驰。

她从头到脚全是白色，身穿配有丝绸吊带的乳白色紧身连衣裙，脚踏高跟露趾鞋，脚踝上套着一条珠链，肩头上丝巾随风飘动，列奥纳多喜欢绘制的那种长卷发微微在肩头颤动。她怡然缓行，稳稳当当，看来不费多大力气。在那种优雅，那种古典美，那种超凡脱俗的气场中，存在着什么东西，立刻吸引了我。

那个身材苗条的女子平稳下车，推着自行车，走过宽大的街口。我俩在人行横道上擦肩而过，短时间里四目相遇。她随即将目光转开，端庄之举恰如文艺复兴时期的姑娘。我走了几步，然后转过身来，以便再看她一眼。她也转过身体。这时，我恍然大悟。

她嘴角上的微笑。

那是一个真实存在的女人的微笑，一位蒙娜丽莎式美女的微笑。

致谢

　　"佛罗伦萨人就像他们建造的宫殿：外表看似冰冷、可怕，里面藏着最美妙的宝贝。"

　　我听见纳塔利娅·圭恰迪尼·斯特罗齐这样说，不禁笑了起来，表示完全赞同。但是。从丽莎·盖拉尔迪尼的后裔口中，从人称"蒙娜丽莎"的女人的后裔口中，听到这些话，这让我心里更觉欣慰。在数年时间里，我探寻了她的人生踪迹。我希望对佛罗伦萨的许多人深表谢意，是他们让我分享了他们的宝贝，分享了他们的珍贵知识、睿智见解和深厚友谊。

　　首先，我想感谢两位姓氏都叫帕兰蒂的人。第一位是我们夫妻俩的世交，斯特凡诺·帕兰蒂博士。他的家族在佛罗伦萨历史悠久，始于但丁生活的时代。他让我认识了朱塞佩·帕兰蒂（后来证明，两人不是本家）。朱塞佩·帕兰蒂从事档案研究，挖掘出了关于丽莎的长期不为人知的史实，其中包括她出生、生活和死亡的记载。他不厌其烦，让我分享他的评述和尚未公之于世的最新发现。

　　卢多维卡·塞布雷贡迪和她的丈夫马里奥·鲁菲尼给了我最好的礼物——他们的友谊。这份友谊带来了一个出人意料的结果。我发现，他们所住的房子正是丽莎·盖拉尔迪尼的母亲500多年之前长大成人的地方。卢多维卡是艺术史教授、博物馆管理者和作家，一直是我的灵感、信息、指引和知识之源。在她策划的展览中，有两场对我产生了重大影响，帮助我了解文艺复兴时期佛罗伦萨的名门望族的命运沉浮。一场是2010年在佛罗伦萨艺术学院举办的"爱的文献"，另一场是 2011 年在斯特罗齐宫举办的"金钱与美丽"。

几位学者以生动方式，给我展现了那个黄金时期。加州大学伯克利分校的历史学家丽莎·卡博利查引导我研读了佛罗伦萨城邦档案，回答我提出的问题，并且审阅了本书终稿的各个章节。肯特州立大学的克里斯廷·斯塔西奥夫斯基是终稿的另外一位审读者。在我俩的每天谈话中，她都保持热情洋溢的状态，展示了对文艺复兴时期佛罗伦萨的广博学识，展示了作家和教育家的精准本能。

在完成本项目的过程中，我结识了一个由艺术史教授们组成的梦之队。佛罗伦萨雪城大学艺术史系主任拉布·哈特菲尔德花费大量时间，审阅本书手稿，讲授我个人可能无法把握的艺术史知识，让我受益匪浅。假如没有他的精准指导和无与伦比的知识，我可能在基本史实方面犯下许多错误。我非常感激他。

我对文艺复兴艺术的了解得益于诸多学者赐教，谨此一一表示谢意。他们是佛罗伦萨美术学院的马里奥·钱基教授、乌菲兹美术馆的焦万纳·朱斯蒂教授、雪城大学的加里·拉德克教授、荷兰大学艺术史研究所的赫特·扬·范德斯曼教授、佛罗伦萨国际艺术中心的海伦·曼纳·沃特森教授和玛丽·贝金赛尔教授。加州大学的杰弗里·鲁达允许我旁听他开设的艺术史课程，而且就列奥纳多的作品提供了睿哲之见，在此谨表谢意。

我对文艺复兴时期女性的理解和欣赏应该归功于一大批学者：尊敬的安杰拉·比安基尼邀请我到她家作客，让我分享她对丽莎·盖拉尔迪尼那个时期妇女的睿哲观点。就女性、家庭和两性关系，佛罗伦萨雪城大学的萨拉·马修斯-格列科提供了十分宝贵的见解。佛罗伦萨大学荣休教授吉廖拉·萨切尔多蒂·马里亚尼的陪伴和智慧为我带来了极大的欢愉。佛罗伦萨圣母百花大教堂美术馆馆长蒂莫西·韦尔东阁下提供了恰当语境，帮助我理解列奥纳多在艺术上的衍变过程。

就丽莎·盖拉尔迪尼的丈夫在佛罗伦萨政治生活中的作用，中西部联合学院佛罗伦萨项目主管约瑟芬·罗杰斯·马里奥蒂提供的资料起到了填补空白的作用，我在此也谨表谢意。

肯特州立大学的历史学家兼切尔基宫主管法布里齐奥·里恰尔代利提供帮助，让我深入理解文艺复兴时期佛罗伦萨重要的政治和社会趋势。佛罗伦萨古丝绸厂的萨比内·普雷奇为我介绍了佛罗伦萨丝绸行业的历史。在自修文艺复兴史课程的过程中，我拜读了加州大学伯克利分校荣休教授兼历史学家吉恩·布鲁克的多本著作，我个人对此深表感激。就我在研究过程中遇到的语言问题，著名作家、罗马大学的瓦莱里娅·德拉·瓦尔教授一一加以厘清，并且对本书终稿中的相关事宜提供了建议。

佛罗伦萨之友协会主席西莫内塔·布兰多利尼·达达女伯爵为我提供信息，介绍相关人士，并且给予热情鼓励。鲁切拉伊宫研究所的斯特凡诺·U. 巴尔达萨里、奥利娃·鲁切拉伊女伯爵帮助我确定鲁切拉伊家族家谱，在此深表感激。西尔瓦诺·温切蒂花费时间，给我讲述他挖掘并确定丽莎·盖拉尔迪尼的遗骨的情况，我对此谨表谢意。

承蒙詹尼·农齐安特邀请，我们夫妇两人到他位于五月葡萄园的豪华别墅做客。对盖拉尔迪尼家族故居的那次探访令人愉快，很有价值，帮助我追寻该家族的历史。朱利亚诺·达·恩波利起到关键作用，让我见到了丽莎·盖拉尔迪尼的后裔。我珍视与迷人的纳塔利娅和艾丽娜·圭恰迪尼·斯特罗齐姐妹俩见面的机会，感谢她们讲述其家族与丽莎·盖拉尔迪尼长达数百年之久的史话。多梅尼科·萨维尼给我讲述了他探寻其家族数百年历史的过程，在此谨表谢意。感谢焦尔贾纳·科尔西尼公主的盛情款待，让我有机会与她家三代人见面。

感谢亲爱的克里斯蒂娜·福尔纳里引荐我们，感谢她丈夫阿兰从欧洲出版社给我寄来的相关背景文章。我在意大利逗留期间，还有一些人也给予我特别的快乐体验。他们包括安德烈亚和洛伦佐·法索拉·博洛尼亚兄弟及他们的妻子、罗伯特·希奥及佩利卡诺酒店的员工、亚历山德罗·坎波内斯基及他的团队、诗人埃莉萨·比亚吉尼、托尔纳博尼别墅的迈克尔·布罗德和加布里埃勒·玛丽亚·泰勒、秕糠学会的尼科莱塔·马拉斯基奥和多梅尼科·德·马丁诺、佩珀代因大学的苏珊·萨拉斯、参与萨拉·劳伦斯的佛罗伦萨项目的克里斯蒂娜·安齐洛蒂。

此外，我还希望谢谢安蒂卡托雷迪维亚托尔纳博尼酒店的丹尼尔·福曼和玛丽亚·丽塔·贝利尼。安东内拉·法比亚诺和安娜丽莎·卡米利待人热情，我在马尼亚尼费罗尼宫酒店总有宾至如归之感。在我较长逗留期间，"意大利之窗"的安娜·罗斯特伦和"完美意大利"的帕特·伯恩给我提供帮助，找到不错的公寓。丹布罗西奥兄弟——克雷申佐、西莫内和安德烈亚——恰似我的意大利孩子，非常可靠，绝对珍贵，始终如一。

多年以来，我的出版代理人和珍爱的朋友乔伊·哈里斯（名副其实的快乐之人）培养了我的写作能力。没有她的帮助，本项目无从谈起，我也不可能完成本书写作，甚至说不敢有试一试的念头。亚当·里德是一位无名英雄。他辛勤工作，无私奉献，效率很高，长期以来让我深得裨益。

在写作本书的过程中，亚历山德拉·巴斯塔尼起到独特作用，一是安排编辑事宜，二是提供相关咨询。她以尽量明晰和使人信服的方式，讲述关于丽莎·盖拉尔迪尼的情况，令我不胜感激。

西蒙与舒斯特出版社的编辑团队对我表示欢迎和重视。特里什·托德堪称出版界专业精神的优美典范，是本书呈献的蒙娜丽莎的名副其实的教母。

在本书的编辑过程中，承蒙吉普赛·达·席尔瓦提供专业指导。

在编辑本书的过程中，责任编辑弗雷德·韦默展示了非凡才能。在校对过程中，安娜·贾丁发挥了双语特长。营销人员安德烈亚·德沃德和文宣人员萨拉·里迪起到重要的引导作用，让本书呈献的蒙娜丽莎为世人接受。珍妮弗·韦德曼提供了法律方面的审阅意见，莫莉·林德利提供了令人愉快的协助。在此，我谨向以上各位深表赞赏和感谢之意。

此外，瓦伦蒂娜·梅达是我的意大利语保护天使，提供了大力协助。旧金山州立大学的伊丽莎白·内尔森帮助我联络佛罗伦萨的相关人士。德布拉·特纳提供了《蒙娜丽莎》的鼓舞人心的图像。在此一并表示谢意。与 xuni.com 网站的专家们共事令人愉快，特别是富于创意的马迪拉·詹姆斯和珍·福伯斯。圣智学习出版公司的约兰达·科西奥、艾琳·伯格、内达·罗斯和教材团队的其他成员一直是我的支持之源。承蒙以下人士组成了一个温馨的虚拟社群，给予我极大鼓励：他们是朗达·安德森、玛丽·舍曼、《美丽的语言》的热心读者、脸书的朋友们和其他人士。

我非常看重我丈夫鲍勃的意见，多年前曾将关于本书的一页写作报告拿给他看。从看到它的那一天开始，他一直提供既无条件又无限制的支持。无论这意味着和我一起到意大利进行相关研究，还是数次审读草稿，他的态度均是如此。与往常一样，他不仅是我的最佳丈夫，而且还是最佳伙伴和最好的男性。我们多才多艺的女儿朱莉娅是我的灵魂之光。她提供了各种各样的帮助：进行研究，准备饭菜，拍摄照片。我爱你！

衷心感谢所有人的关心！

与蒙娜丽莎相关的历史事件

1444：　丽莎的父亲安东马里亚·迪·诺尔多·盖拉尔迪尼出生。

1449：　洛伦佐·德·美第奇出生。

1452：　列奥纳多·达·芬奇出生。

1465：　弗朗切斯科·德尔·焦孔多出生，他将成为丽莎·盖拉尔迪尼的丈夫。

1469：　洛伦佐·德·美第奇在佛罗伦萨掌权。

1476：　安东马里亚·盖拉尔迪尼第三次结婚，新娘是卢克雷齐娅·德尔·卡恰（前两任妻子生产时去世）。

1478：　帕齐密谋，试图刺杀洛伦佐·德·美第奇；佛罗伦萨与罗马教廷和那不勒斯交战。

1479：　丽莎出生，父亲是安东马里亚·盖拉尔迪尼，母亲是卢克雷齐娅。

1480：　洛伦佐·德·美第奇与那不勒斯和教皇西克斯图斯四世媾和。

1480—1520：　德尔·焦孔多家族先后有 40 人在佛罗伦萨政府中任职。

1482：　列奥纳多离开佛罗伦萨，迁居米兰。

1491：　弗朗切斯科·德尔·焦孔多与第一任妻子卡米拉·鲁切拉伊

结婚。

1492：　洛伦佐·德·美第奇去世；其子皮耶罗掌权。克里斯托弗·哥
　　　　伦布发现新大陆。

1493：　弗朗切斯科·德尔·焦孔多的儿子巴尔托洛梅奥出生。

1494：　弗朗切斯科·德尔·焦孔多的第一任妻子卡米拉去世。

　　　　佛罗伦萨驱逐皮耶罗·德·美第奇，终结美第奇家族的
　　　　统治。

　　　　查理八世率领法兰西军队入侵意大利，包围佛罗伦萨。

　　　　多明我会的萨伏那洛拉修士扩大在佛罗伦萨的影响力。

1495：　丽莎·盖拉尔迪尼和弗朗切斯科·德尔·焦孔多举行婚礼。

1496：　丽莎的儿子皮耶罗·德尔·焦孔多出生。

1497：　丽莎的女儿皮耶拉·德尔·焦孔多出生。

1498：　萨伏那洛拉修士被处决。

1499：　丽莎的女儿皮耶拉·德尔·焦孔多去世。

　　　　丽莎的女儿卡米拉·德尔·焦孔多出生。

　　　　法兰西军队占领米兰；列奥纳多逃走。

1500：　列奥纳多返回佛罗伦萨。

　　　　丽莎的女儿玛列塔·德尔·焦孔多出生。

1502：　　　　列奥纳多在切萨雷·波吉亚麾下担任军事工程师。

　　　　　　丽莎的儿子安德烈亚·德尔·焦孔多出生。

1503：　　　　列奥纳多创作丽莎·盖拉尔迪尼的肖像。

　　　　　　米开朗琪罗创作的《大卫》安放在市政广场上。

　　　　　　列奥纳多获得定制项目，在维琪奥王宫中绘制《安吉亚里战役》。

1504：　　　　列奥纳多的父亲塞尔·皮耶罗·达·芬奇去世

1506：　　　　列奥纳多应召前往米兰完成长期备受争议的作品。

1507：　　　　丽莎的儿子焦孔多·德尔·焦孔多出生，一个月之后去世。

1512：　　　　丽莎的妹妹卡米拉修女被控在修道院里与男人发生"猥亵行为"。

　　　　　　弗朗切斯科·德尔·焦孔多因为忠于美第奇遭到短期监禁。

　　　　　　洛伦佐之子乔瓦尼·德·美第奇红衣主教和朱利亚诺·德·美第奇在佛罗伦萨重掌大权。

　　　　　　佛罗伦萨共和国结束。

1513：　　　　乔瓦尼·德·美第奇红衣主教被选为教皇利奥十世。

　　　　　　弗朗切斯科·德尔·焦孔多担任佛罗伦萨执政团执政官。

1514：　　　　列奥纳多迁居罗马，在朱利亚诺·德·美第奇资助下进行创作。

1516：　　　　朱利亚诺·德·美第奇去世。

　　　　　　法兰西国王弗朗索瓦一世成为列奥纳多的资助人。

　　　　　　列奥纳多迁居法兰西。

1518：　　　　丽莎的长女卡米拉（贝雅特丽齐修女）去世，年仅 19 岁。

1519：　　　　列奥纳多在法兰西去世。

1521：　　　　丽莎的小女儿玛列塔宣誓成为修女（取名为卢多维卡修女）。

1523：　　　　朱利奥·德·美第奇成为教皇克雷芒七世。

1525：　　　　弗朗切斯科·德尔·焦孔多在执政团第二次担任执政官。

1527：　　　　罗马陷落。

　　　　　　佛罗伦萨共和国复辟。

1530：　　　　佛罗伦萨遭到围困，佛罗伦萨共和国垮台。

　　　　　　美第奇家族重掌大权。

1538：　　　　弗朗切斯科·德尔·焦孔多去世，葬于圣母领报大教堂修道
　　　　　　院内一处私家礼拜堂。

1540：　　　　丽莎·盖拉尔迪尼到圣奥尔索拉修道院居住。

1542：　　　　丽莎·盖拉尔迪尼去世，葬于圣奥尔索拉修道院。

主要人物表

盖拉尔迪尼家族

佩利恰·盖拉尔迪尼·达·维尼亚马焦（生卒日期不详），1360 年被控企图推翻佛罗伦萨政府，判处死刑，被迫流亡，所有指控最后撤销。

迪亚诺拉·盖拉尔迪尼·班迪尼，佩利恰·盖拉尔迪尼之女，多梅尼科·班迪尼之妻（多梅尼科 1360 年被视为叛徒处决），育有七个子女，其中包括小女儿玛格丽塔。

玛格丽塔·班迪尼·达蒂尼（1360—1423 年），迪亚诺拉·盖拉尔迪尼之女，1376 年嫁给"普拉托的成功商人"弗朗切斯科·迪·马尔科·达蒂尼。她留下的信件提供了那时女性生活的全面记录。

诺尔多·盖拉尔迪尼（1402—1479 年），丽莎的祖父，将全家从基安蒂迁往佛罗伦萨。

安东马里亚·盖拉尔迪尼（1444—1525 年），诺尔多之子，丽莎的父亲，三次结婚（时间分别为 1465、1473 和 1476 年），安排了丽莎与弗朗切斯科·德尔·焦孔多的婚事。

丽莎·盖拉尔迪尼（1479—1542 年），安东马里亚·盖拉尔迪尼之女，弗朗切斯科·德尔·焦孔多的妻子，生育六个孩子，抚养一个继子，是列奥纳多创作的著名肖像的模特。

卡米拉·盖拉尔迪尼，丽莎的妹妹，因为没有嫁妆被迫当了修女。

德尔·焦孔多家族

雅各布（绰号焦孔多），生于1357年前后，是一个天性快活的酒桶工匠。投资房地产，赚得足够钱财，让其家庭一跃脱离工薪阶层。

巴尔托洛梅奥·德尔·焦孔多，雅各布的孙子，弗朗切斯科的父亲，成功的丝绸商，将全家迁往德拉斯杜法街居住。

弗朗切斯科·德尔·焦孔多（1465—1538年），经营家族的丝绸生意，并且从事其他行当。两次结婚（1491年娶卡米拉·鲁切拉伊，1495年娶丽莎·盖拉尔迪尼），共有七个子女。在佛罗伦萨的多个委员会中供职，据信聘请列奥纳多为其妻子绘制肖像。

德·美第奇家族

洛伦佐·德·美第奇（1449—1492年），人称豪华者，1469年掌权，成为佛罗伦萨的无冕之王，随即创造一个受到公民赞誉的繁荣时期，

皮耶罗·德·美第奇（1472—1503年），洛伦佐的长子。继承父亲的位置，1494年被迫逃离佛罗伦萨。

乔瓦尼·德·美第奇（1475—1521年），洛伦佐之子。13岁时被任命为红衣主教，1513年被选为教皇利奥十世。

朱利亚诺·德·美第奇（1479—1516年），洛伦佐·德·美第奇的小儿子。政治上与弗朗切斯科·德尔·焦孔多结盟，1513—1516年是列奥纳多·达·芬奇的资助人。

朱利奥·德·美第奇（1478—1534年），洛伦佐·德·美第奇遭到谋杀的弟弟朱利亚诺的私生子。1523年被选为教皇克雷芒七世，1527年率领教廷军队攻陷罗马，1530年包围佛罗伦萨。

达·芬奇家族以及相关人员

塞尔·皮耶罗·达·芬奇（1427—1504年），（私生子）列奥纳多的父亲。膝下另有11个子女，佛罗伦萨城人缘很广的法律专业人士。

列奥纳多·达·芬奇（1452—1519年），佛罗伦萨举世无双的艺术家。人生三分之一的时间在米兰从事艺术活动，创作了许多杰作，其中包括《最后的晚餐》和《蒙娜丽莎》。在法兰西国王弗朗索瓦一世的庇护下度过了生命的最后日子。

萨莱，又名吉安·贾科莫·卡普罗蒂·达·奥雷诺（1480—1524年）。喜欢恶作剧的美少年，10岁时进入列奥纳多家，直至列奥纳多逝世为止。

弗朗切斯科·梅尔齐（1491—1570年），另外一个美男子。1507年进入列奥纳多家，终生担任列奥纳多的助手兼秘书。

其他人物

卢多维科·斯福尔扎公爵（1452—1508年），从合法继承人手中夺得对米兰的控制权，将许多才华横溢的艺术家和学者招进宫中，其中包括列奥纳多。1499年遭到驱逐，后被法兰西人监禁。

切萨雷·波吉亚（1475—1507年），来自西班牙的教皇亚历山大六世的私生子。冷酷无情的指挥官，曾以其父亲的名义出兵征服意大利中部，1502年聘请列奥纳多担任军事工程师。

尼科洛·马基雅维利（1469—1527年），佛罗伦萨政府的职业官员。在阿尔诺河改道工程中与列奥纳多合作，著名的《君主论》的作者。

米开朗琪罗·博纳罗蒂（1475—1564年），当时被誉为佛罗伦萨最著名的雕塑家，因为创作《大卫》雕像一举成名。曾经接受定制邀约，与列奥纳多同时在维琪奥王宫的一个大厅中创作壁画。

法兰西国王查理八世（1470—1498年），1494年率军入侵意大利，一度占领佛罗伦萨，觊觎那不勒斯王位。

法兰西国王路易十二（1462—1515年），1499年率军入侵意大利，试图夺取对米兰的控制权，后来成为列奥纳多的资助人之一。

法兰西国王弗朗索瓦一世（1494—1547年），充满活力的年轻君主，成为列奥纳多的资助人，后来将他安置在卢瓦尔河谷的一座城堡中，让他度过人生的最后岁月。

注释

一个真实存在的女人

2　　一天晚上，在位于皇帝党路的她的寓所里：卢多维卡·塞布雷贡迪，斯特罗齐宫特聘研究员，佛罗伦萨大学艺术史教授，出版多部关于意大利艺术的著作。

2　　在当代意大利文中，Monna（蒙娜）一词的拼写有两个 n：长期以来，Monna 看来是更常见的拼写。不过，mona 既不是英式拼写，也不是错误的拼写。根据曼利奥·科尔泰拉佐和米凯莱·科尔泰拉佐的说法，从词源上看，mona 一词始于 13 世纪。瓦萨里在《艺苑名人传》提到 Mona Lisa（蒙娜丽莎）。但是，根据佛罗伦萨雪城大学的艺术史家拉布·哈特菲尔德的考证，到 16 世纪时，mona 一词已经过时，佛罗伦萨人不再广泛使用。在当代意大利语中，正确的拼写是 Monna。卢多维卡·塞布雷贡迪告诉我，在意大利东北部的威尼托大区中，mona 是一个贬义词。

2　　强烈的好奇心驱使我开始探索：朱塞佩·帕兰蒂发现了关于丽莎·盖拉尔迪尼的档案资料。其成果于 2006 年问世，意大利文著作书名为 *La Vera Identitdella Gioconda*，英文可以译为 *Mona Lisa Revealed*。该书信息全面，是研究丽莎·盖拉尔迪尼及其丈夫弗朗切斯科·德尔·焦孔多的可靠文献。在最近几年中，帕兰蒂博士还让我分享了没有公开发表的研究成果，其中包括丽莎·盖拉尔迪尼的女儿皮耶拉的小传，以及丽莎·盖拉尔迪尼的六个孩子新近得到证实的出生日期。此外，帕兰蒂博士还通过交谈和信函的方式，提供了关于丽莎·盖拉尔迪尼及其家庭的非常宝贵的睿哲之见，纠正了许多流传甚广的不准确说法，例如，她的丈夫弗朗切斯科·德尔·焦孔多曾有两段婚史。

4　　1479 年，她在佛罗伦萨出生并且接受洗礼，是古代贵族的后裔：吉恩·布鲁克将盖拉尔迪尼列为佛罗伦萨的名门望族。参见 Gene Brucker, *Florence: The Golden Age, 1138-1737*。

4　　丽莎在一生中见证了佛罗伦萨历史上动荡最大的年代：吉恩·布鲁克在美国加州大学伯克利分校任教授，是研究文艺复兴时期佛罗伦萨历史的领军人物。他著作颇丰（在本书参考文献中一一列出），是我研究佛罗伦萨历史的主要资料。此外，我还借鉴了 Christopher Duggan, *A Concise History of Italy*；David Gilmour, *The Pursuit of Italy*；以及 Lisa Kaborycha, *A Short History of Renaissance Italy*。

5　　"到她生活的那些街道去住吧！"一位艺术史家向我建议：对于这个明智的建议，我谨向约瑟芬·罗杰斯·马里奥蒂表示谢意。

7　　我跪下来，看到一块大理石地板上镌刻着两个拉丁单词 *"familiae iucundi"*（焦孔多家族）：那块大理石地板于 1738 年安放在圣母领报大教堂祭台后面的殉教者礼拜堂内，上面写着：*"Olim familiae iucundi, nunc de anfortis"*（曾为焦孔多家族，现为安福尔蒂斯家族）。我在自己的个人网页 www.monalisabook.com 上，贴出了该题词的照片。

8　　他以无可比拟的"镜书"方式，写下了数千页手稿：有人曾经估计，列奥纳多的笔记大约为 5000 至 7000 页。可能还有数千页尚未被人发现。

8 他骑马时英姿焕发，傲视群雄：瓦萨里宣称，列奥纳多可以单手掰直马蹄铁。

8 与丽莎同时代的市民有时受人羡慕，常常让人恐惧，从不招人喜欢：布鲁克列举了佛罗伦萨人的"恶习"，参见 Gene Brucker, *Florence: The Golden Age, 1138-1737*。

9 更有甚者，某些土生土长的佛罗伦萨人也对自己故土另有微词：在写给菲利波·斯特罗齐的一封信函中，阿尼奥洛·阿恰约利说，佛罗伦萨是"魔鬼居住的天堂"。

9 在他度过三分之一人生的米兰：在研究列奥纳多·达·芬奇的过程中，我参阅了相关笔记和传记，其中包括 Serge Bramly, *Leonardo: The Artist and the Man*；Fritjof Capra, *The Science of Leonardo*；Charles Nicholl, *Leonardo da Vinci: Flights of Mind*；Martin Kemp, *Leonardo*；Carlo Pedretti, *Leonardo: Art and Science*；Sherwood Nuland, *Leonardo da Vinci*；Giorgio Vasari, *Le Vite*；以及 Frank Zöllner, *Leonardo da Vinci*。

11 然而，越来越多的证据显示，丽莎·盖拉尔迪尼确实是列奥纳多的模特：弗兰克·策尔纳详细分析了丽莎·盖拉尔迪尼为列奥纳多充当模特的相关证据。参见 Frank Zöllner, "Leonardo's Portrait of Mona Lisa del Giocondo," in *Gazette des Beaux Arts* 121 [1993]: 115-138。

12 但是，直到 2007 年，系谱学家多梅尼科·萨维尼才细致地梳理了丽莎的 15 代后裔的详细情况，确定了她今天的最终后代：关于他使用该图表的意大利语和英语文章，参见网页 http://www.

prestigefoodwine.com/Monna_Lisa.pdf。

12 我们绕过那座有"中世纪的曼哈顿"之称的小城：网页 www.guicciardinistrozzi.it 使用意大利语和英语，介绍了圭恰迪尼·斯特罗齐葡萄酒厂，并且附有该庄园的精美照片。

第一章　内心的火焰

19 我开始自己的探索，一头扎进我一生中翻阅过的最古老的图书：关于盖拉尔迪尼家族的千年历史，我参阅的档案资料包括一本家族传记 Niccolò Gherardini, *Memorie Domestiche di Niccolò Gherardini,1585-1596*；Eugenio Gamurrini, "Familia Gherardina," in *Istoria Genealogica delle Famiglie Nobili Toscane et Umbre*；以及 Galvani, *Sommario Storico delle Famiglie Celebri Toscane Compilato da D. Tiribilli-Giuliani*。关于盖拉尔迪尼家族和埃涅阿斯传奇，我参考的资料还有 *Medieval Italy: An Encyclopedia*, vol. I, A-K。根据该书的说法，盖拉尔迪尼家族在佛罗伦萨的最早记录是公元 910 年。

20 我从佛罗伦萨最古老的编年史中了解到：为了重构佛罗伦萨的历史，我参考了早期的历史著作，主要包括 Giovanni Villani, *Nuova Cronica*；Francesco Guicciardini, *The History of Italy* 以及 *The History of Florence*。后来出版的资料包括 Lisa Kaborycha, *A Short History of Renaissance Italy*；Herlihy and Klapisch-Zuber, *Tuscans and their Families*；Baldassariand Saiber, *Images of Quattrocento Florence*；R. W. B. Lewis, *The City of Florence*；Gene Brucker, "Florentine Voices from the Catasto, 1427-1480," in *I Tatti Studies: Essays in the Renaissance*。

23 在一本佛罗伦萨的历史著作中，我偶然看到一张草图：盖拉尔迪尼家族的碉楼的素描，参见 Gene Brucker, *Florence: The Golden Age*, p. 38。该城被划分为四个街区。

24　在盖拉尔迪尼的家族史中，除了记录恃强凌弱的武士之外：1250 年，维拉尼在其著作 Nuova Cronica 中，将盖拉尔迪尼家族列为圣·皮耶罗·斯凯拉焦的贵族之一。从 1293 年开始，在佛罗伦萨市长编撰的"la lista dei Grandi fiorentini"中，出现了盖拉尔迪尼家族。克里斯蒂亚娜·克莱皮施—朱伯引用这一点。参见 Christiane Klapisch-Zuber, *Ritorno alla Politica*。除了这本著作之外，吉恩·布鲁克和卡罗尔·兰辛详述了豪强时代佛罗伦萨的情况。参见 Gene Brucker, *Florence: The Golden Age, 1138-1737*；Carol Lansing, *The Florentine Magnates*。

25　新富豪（其意大利语为 popolo grasso，字面意义是肥人）：下层市民（popolo minuto）长期食不果腹，个头矮小，财力有限。

27　当他们不攻击其他豪强的时候：在历史学家克拉皮斯－朱伯的笔下，盖拉尔迪尼家族是好战的、未开化的捣乱者。

29　后一批人的领袖名叫卡瓦列雷·盖拉尔杜乔·盖拉尔迪尼：在网页 http://effigiesandbrasses.com/monuments/gherarduccio_de_gherardini/ 上，有一张那座古老骑士陵墓的照片。

29　在一个空气清新的秋日，我和丈夫穿过柏树成荫的林道：在网页 http://www.vignamaggio.it 上，可以查到关于五月葡萄园的信息，还有相关的照片库。

30　用一位历史学家的话来说，他们中的许多人甚至沦为"羞于露脸的穷光蛋"：这位历史学家名叫戴维·赫利希。

30 盖拉尔迪尼家族——历史学家将其归入"最不妥协和反动的"豪强之列——根本不考虑那种做法：关于此处引用的材料，参见 Brucker, *Florentine Politics and Society, 1343-1378*。

31 我潜心研读了一位学者用意大利语写就的关于佛罗伦萨豪强的历史著作：克拉皮斯－朱伯描述了盖拉尔迪尼家族成员互相仇视的情况，参见 Klapisch-Zuber, *Ritorno alla Politica*。

32 他们的计划付诸实施之前，参与密谋的人员之一：萨尔韦斯特罗·德·美第奇是老科西莫（Cosimo the Elder）的叔祖父，后者于 15 世纪确立了美第奇家族在佛罗伦萨的统治地位。

33 在五月葡萄园酒店（它出售香味浓郁的基安蒂葡萄酒，名叫"蒙娜丽莎城堡"）的墙壁上：我在那封信函的一份复印件上看到，Amidio 也拼写为 Amido、Amideo 和 Amadio。那时，能够识文断字的人不多，拼写带有任意性。因此，Amido、Amideo 和 Amadio 三种拼法见于各种文件中。2014 年，该庄园——它在广告中自称"蒙娜丽莎的出生地"——挂牌出售，标价为 5000 万欧元（大约 6300 万美元）。

34 在他漫长的人生中，达蒂尼不但亲笔抄写自己撰写的信件，而且保存自己收到的信件：在为艾里斯·奥里戈的《普拉托商人》撰写的引论中，历史学家芭芭拉·塔奇曼指出，玛格丽塔·达蒂尼"生性叛逆，直言不讳"。

34 我从那些信件中了解到：2012 年，卡罗琳·詹姆斯和安东尼奥·帕利亚罗的《致弗朗切斯科·达蒂尼》出版。该书将玛格丽塔的几乎全部信件首次译为英文。

第二章　没有面孔的声音

36　只有在他们留下的文字中，达蒂尼夫妇才能再次出现在人们的眼前：本书对这批"珍贵的文献档案"的描述来自艾里斯·奥里戈的《普拉托商人》。

36　在艾里斯·奥里戈的具有划时代意义的著作《普拉托商人》中，我看到了两人之间的许多信件：关于玛格丽塔·达蒂尼和她的丈夫的生活，《普拉托商人》提供了基本背景和睿智之见。

37　他将那样的状态称为 malinconia：在本书中，我对 malinconia 和其他意大利语词汇的讨论一是参考 L'Etimologico Minore（Manlio Cortelazzo and Michele Cortelazzo, eds.），二是向意大利学者求教。让我受益最大的是出版了多本研究意大利语著作的学者、罗马大学的瓦莱里娅·德拉·瓦尔教授。

38　在那个蓬勃发展的商业中心：除了前面提到的历史著作之外，《黄金世纪中的意大利》生动地描绘了那位教皇遭到放逐期间阿维尼翁的情况。参见 Indro Montanelli and Roberto Gervaso, *Italy in the Golden Centuries*。

41　几乎刚刚迁入新居，焦躁不安的达蒂尼便离家前往比萨：除了《普拉托商人》之外，我还从安杰拉·比安基尼的论述中（参见 Angela Bianchini, *Alessandra e Lucrezia*），从安·克拉布的文章中，发现了对达蒂尼夫妇生活的有用见解。

42　丈夫不在家，玛格丽塔实质上担当了"代理丈夫"的角色：关于这一说法，参见 Ann Crabb, "Gaining Honor as Husband's Deputy: Margherita

Datini, 1376-1410," in *Early Modern Women* 3 (2008)。

44　她丈夫的私生子出生几个月之后：关于玛格丽塔·达蒂尼学习写信的详细情况，参见 Ann Crabb, "If I Could Write," in *Renaissance Quarterly*。

49　玛格丽塔当时 38 岁，已经接受了自己没有生育能力这个事实：关于来到玛格丽塔·达蒂尼家生活的那些孩子的情况，参见 Byrne and Congdon, "Mothering in the Casa Datini," in the *Journal of Medieval History*。

51　在 15 世纪中，佛罗伦萨吸引了最杰出的发明家和思想家：关于佛罗伦萨的辉煌的引文，参见 Dati, *Storie di Firenze*；关于佛罗伦萨是光辉太阳的说法，参见 Herlihy and Klapisch-Zuber, *Tuscans and Their Families*。

53　他将其余财产留给了长子：关于丽莎的父亲的名字，我见过各种各样的拼写方式，其中包括 Antonio Maria（安东尼奥·马里亚）。当代传记作者使用 Antonmaria（安东马里亚）这个拼写。

53　达·芬奇家族是托斯卡纳的另外一个家族，来自芬奇镇，一无悠久传统，二无贵族血统：列奥纳多的曾祖父塞尔·皮耶罗·达·芬奇 1360 年担任公证人，并且以公证人的身份，为佛罗伦萨执政团服务。

55　当时的佛罗伦萨，毛纺织业欣欣向荣：关于德尔·焦孔多家族的详细历史，我参考了 Pallanti, *La Vera Identitdella Gioconda*。

56　那个小镇人口不多，但是每天却要喝掉 7 万夸脱葡萄酒：关于佛罗伦萨人饮用葡萄酒的数量的估计，参见 Franco Francheschi, "The Merchant Bankers of 15th-Century Florence," in Ludovica Sebregondi and Tim Parks, *Money and Beauty*。维拉尼说，1338 年运进该城的葡萄酒大约为 590 万加仑。如遇产量充足的年份，还要增加 120 万加仑。

第三章 "寻求快乐者……"

59　1468 年 2 月 7 日：关于美第奇家族的生活的著作汗牛充栋，我参考的主要著作是：Franco Cesati, *The Medici*；J. R. Hale, *Florence and the Medici*；Christopher Hibbert, *The Rise and Fall of the House of Medici*；Dale Kent, *Cosimo de' Medici and the Florentine Renaissance*；Paul Strathern, *The Medici: Godfathers of the Renaissance*；以及 Miles Unger, *Magnifico*。

60　商人们运来来自各地的货物：关于 15 世纪佛罗伦萨的人口，学者们估计的数字各不相同。但是，大多数在 5 万至 6 万之间。

61　那时，人们的平均寿命很短，只有 35 岁至 40 岁：关于佛罗伦萨人的预期寿命，这里参照的是赫利希和克拉皮斯－朱伯的估计。根据两人的推测，平均寿命为 35 岁，男性稍长一些，女性略短一些。

61　"寻求快乐者，让他如愿以偿"：这是笔者的译文。

63　在这里，他养成习惯，总是随身携带记录本：在意大利语中，列奥纳多的"小本子"有各种拼写方式。我采用了瓦莱里娅·德拉·瓦尔教授的权威说法。从历史角度考证，"libroccino"是正确的。

64　不久之后，20 岁的列奥纳多在一幅阿尔诺河谷的素描背面，写下一行歪歪扭扭的文字，以罕见的方式表达了他的情感："Sono content"（我快乐）：列奥纳多用的是"chontento"；在现代意大利语中，这个词语的对应形式是"contento"。

65　1473 年，安东马里亚看上了佛罗伦萨"最美丽的花朵"之一——卡泰丽娜·鲁切拉伊：对与鲁切拉伊联姻和亲戚关系的详尽讨论，我参考的资料包括 Luigi Passerini, *Genealogia e Storia della Famiglia Rucellai*；Francis William Kent, *Household and Lineage in Renaissance Florence: The Family Life of the Capponi, Ginori, and Rucellai*；以及 Brucker, *Florence: The Golden Age*。

68　但是，那一阵兴奋转瞬即逝，很快变为悲伤：他们的女儿一个接着一个夭折。关于佛罗伦萨人对这种悲剧的反映，安杰拉·比安基尼提出一个有趣的看法：在他们看来，孩子的死亡是为他们的城市的辉煌和美丽"付出的部分代价"。

68　我最可爱的妻子，遭遇了苦难和没有料到的命运，悲伤和痛苦让我心情沉重：这位伤心欲绝的鳏夫名叫乔瓦尼·托尔纳博尼。此处引文参见 Gert Jan van der Sman, *Lorenzo and Giovanna*。

70　上层公民管理国家：关于丝绸商人的孩子的引文，参见 Brucker, *Florence: The Golden Age*。

71　与她同时代的大多数女性不同，吉内芙拉自己也创作诗歌：吉内芙拉的这一行诗系笔者的译文。意大利语原文是 "Chiego merzede, e sono alpestro tigre"。

72　但是，随着对吉内芙拉的了解不断加深：关于列奥纳多的作品，除了一般资料之外，玛丽·加勒德撰写了关于吉内芙拉·德·本琪的文章，提供了有趣的女性主义视角。

73　几年之内，那位获得成功的公证人住进了皇帝党路上的一座豪宅：朱塞佩·帕兰蒂告诉我，达·芬奇家的豪宅在皇帝党路上，距离丽莎祖父的房子仅仅 30 米。

74　在文艺复兴时期的佛罗伦萨，男性之间的性行为非常普遍：对于文艺复兴时期同性恋的全面讨论，包括这里引用的数据，参见 Michael Rocke, *Forbidden Friendship*。罗基解释说，在那时的佛罗伦萨，男性一般将结婚时间推迟到 30 岁或以后。在那之前，他们参与各种各样的性活动，既有异性恋，也有同性恋。罗基还提到一个 16 岁男童，他名叫普廖雷·盖拉尔迪尼。他可能是丽莎·盖拉尔迪尼的亲属，也是古老豪强家族的后裔。他常常与男性发生关系，并且吹嘘说，法律不会惩罚他那样出身贵族的人。他还扬言，如果有人敢于冒犯他或他的恋人，他将格杀勿论。

76　1478 年 4 月 26 日早上：关于帕齐的密谋，我借鉴了几种详细论述，包括 Miles Unger, *Magnifico*；Christopher Hibbert, *The Rise and Fall of the House of Medici*；以及 Lauro Martines, *April Blood*。

79　教皇西克斯图斯四世认为，应该采取一次性了结的果断措施，推翻不可一世的美第奇政权：关于抢掠基安蒂地区的描述，参见 Brucker, *Florence: The Golden Age*。

79　如果当父亲的无法提供嫁妆：关于姑娘嫁妆的讨论，我参考的资料包括 Julius Kirshner and Anthony Mohlo, "Dowry Fund and Marriage Market in Early Quattrocento Florence," in the *Journal of Modern History*；Brucker, *Living on the Edge in Leonardo's Florence*（该书也是编年史作者乔瓦尼·坎比的引文的来源）；以及 Margaret King, *Women of the Renaissance*（该书估计，在 16 世纪的佛罗伦萨，多达一半的精英家庭的女性住在修道院）。历史学家克拉皮斯－朱伯提出，"有地位的父母"不会让 20 岁以上的未婚女儿长期住在家里。

80 在一段时间中，女修道院是为最不受人待见的姑娘们保留的去处：戴维·赫利希引用了"社会渣滓和呕吐之物"这个说法。说出此语的教士是锡耶纳的贝尔纳迪诺。

第四章 文艺复兴的女儿

83 1479 年 6 月中旬的一天：关于婴儿出生和接受洗礼的详细情况（包括用温暖的葡萄酒洗浴新生婴儿的做法），参见 Louis Haas, *The Renaissance Man and His Children*。

83 与佛罗伦萨所有笃信天主教的父亲一样：所有婴儿都要在洗礼堂中接受洗礼，该习俗一直延续到 1965 年。参见 Michael Levey, *Florence: A Portrait*。

86 相关史料详细记录了丽莎接受洗礼的情况：在网页 http://archivio. operaduomo.fi.it. 上，我找到了丽莎·盖拉尔迪尼接受洗礼的记录。

87 丽莎的名字进入了佛罗伦萨的公民档案：历史学家们列举了许多例子，说明佛罗伦萨人使用豆子进行计算的做法，包括就艺术定制——例如，在大教堂穹顶完工时——进行投票，以及对是否判决罪犯死刑进行计票（当然，使用的黑豆）。当初，列奥纳多以 41 颗黑豆对 2 颗白豆的优势，获准进入圣约翰大教堂的兄弟会。参见 Charles Nicholl, *Flights of Mind*。

89 我阅读了一位名叫卢卡·兰杜奇的人撰写的日记：卢卡·兰杜奇的评论精辟、犀利，摘自 1927 年出版的他的日记的英译本。

90 此时，年轻的艺术家已经长大，从美少年变为成熟男人：此处对列奥纳多的外貌的描述摘自 *Anonimo Gaddiano*。该书为无名作者于 1540

年写就，曾被 the Gaddi collection（或称 the Magliabechi collection）收录。

92 斯福尔扎身材魁梧，下巴宽大，绰号摩尔人，见到礼品之后十分着迷：有人估计，米兰当时的人口多达 12 万，但是大多数人估的数字为 8 万。

93 他建议，为那位公爵的父亲制作一座巨大的青铜塑像，树立一个令人震撼的纪念像：佛罗伦萨雪城大学的拉布·哈特菲尔德告诉我，米兰的卢多维科·斯福尔扎公爵定制的骑马者纪念碑最初委托给了安东尼奥·德尔·波拉约洛。安东尼奥想到了扬蹄战马这个创意。

94 1483 年，丽莎年满 4 岁，弟弟焦万瓜尔贝托出生：关于丽莎的弟弟的名字，我使用的是朱塞佩·帕兰蒂提供的资料。

96 她和佛罗伦萨的其他人一样，学会了根据教堂钟声来确定时间：例如，巴迪亚教堂的钟声告诉工匠们，每天什么时候开始干活，什么时候结束工作。

98 1489 年，人们开始挖掘斯特罗齐宫的地基：在不同的家庭回忆录中，都有孩子将硬币和勋章扔进斯特罗齐宫的描述。一位名叫特里巴尔多·德·罗西的商人的做法是，让儿子扔大马士革蔷薇。"你将永远记住今天，对吧？"他问孩子。"是的。"那个 4 岁男童回答说，满脸严肃。

98 "如果一个人没有经商"：关于格雷戈里奥·达蒂对商人的看法，参见 Brucker, *Renaissance Florence*。

99 佛罗伦萨丝绸象征着那座城市本身具有的雅致和精美：关于佛罗伦萨

丝绸行业的评价，参见 Franco Francheschi, "The Merchant-Bankers of 15th-Century Florence," in *Money and Beauty*。

99　我十分好奇，很想看一看德尔·焦孔多的丝绸铺是什么样子：关于我借鉴的佛罗伦萨丝绸的主要资料，参见 Patrizia Pietrogrande, *Antico Setificio Fiorentino*。关于佛罗伦萨时装的大量信息，包括面料生产和用于制作礼服的面料数量，参见 Carole Collier Frick, *Dressing Renaissance Florence*。

100　女式晚礼服折褶重叠，后摆及地：我发现，根据列奥纳多在笔记本中的记载，1 "臂"的长度在各个地方可能各不相同，在佛罗伦萨是 21.6 英寸，在米兰是 23.4 英寸。

101　于是，他开始了被一位历史学家视为"倔强的文化解放尝试"：这位历史学家就是多梅尼科·劳伦扎。

103　列奥纳多沿用了为自称雌虎的吉内芙拉·德·本琪绘制肖像的方法：有关列奥纳多为切奇利亚·加莱拉尼绘制肖像的背景，许多文章都有提及，可参见 Janice Shell and Grazioso Sironi, "Cecilia Gallerani: Leonardo's *Lady with an Ermine*"；以及 David Alan Brown, "Leonardo and the Ladies with the Ermine and the Book"。

103　她的右手抚摸着一只油光水滑的白貂，摆出了一个奇特而微妙的暗示姿势：在希腊语中，白貂"ermine"是"εpμiva"（ermina），但我见过的"白貂"一词的拼写方式有 gale、galle、gallee 和 galay，它们与 Gallerani（加莱拉尼）有相似之处。

104　那个城市不乏艺术天才、商业巨子和才华横溢的人文主义者：这位历史学家名叫戴尔·肯特。她认为，对女性来说，佛罗伦萨是西欧最不

幸的地方。她还引用了马尔西利奥·菲奇诺的说法。参见 Dale Kent,
"Women in Renaissance Florence," in *Virtue and Beauty*。

104 有的学者从现代角度回顾历史：对女性生活的丰富见解，参见 *A
History of Women: Renaissance and Enlightenment Paradoxes*, edited
by Natalie Zemon Davis and ArletteFarge。更多历史背景情况，参见
Herlihy and Klapisch-Zuber, *Tuscans and Their Families*；Kaborycha,
A Short History of Renaissance Italy；Margaret King, *Women of the
Renaissance*；Ludovica Sebregondi and Tim Park, *Money and Beauty*。
琼·凯利–加多提出"女性是否有过文艺复兴？"这个问题，丰富了
我对文艺复兴时期女性的生活状况的理解。纳塔利娅·托马斯尤其
令我深受启发，参见 Natalie Tomas, "Did Women Have a Space?," in
Renaissance Florence: A Social History。

105 即便女性在社会上的生存状态没有什么大的改变，"她们的自我意
识也发生了某些重要变化"：提出这一观点的历史学家是戴维·赫
利希。

105 根据我们两人的一个共同朋友的建议，我向她提出了这个问题：比安
基尼的职业生涯很长，不乏杰出表现，创作了获奖长篇小说和短篇小
说，还撰写文学评论、历史著作、广播和电视脚本。关于她的简要介
绍，可登录网页 http://en.wikipedia.org/wiki/Angela_Bianchini。

第五章　金钱与美丽

109 庆典活动标志着，一场盛大的艺术与艺术品展示即将开始：2011 年 9
月 17 日，"金钱与美丽"开幕，延续到 2012 年 1 月 22 日结束。展品
目录、展览本身以及两位博物馆管理者——卢多维卡·塞布雷贡迪和

蒂姆·帕克斯——所做的评论让我深受启发，让我了解了佛罗伦萨的商业与创意之间的联系。

110 在数百年时间里，弗罗林支配着整个西方世界：历史学家法布里齐奥·里恰尔代利估计，如果按照现在的兑换率计算，丽莎·盖拉尔迪尼那个时代的 1 个金弗罗林相当于现在的 100 到 110 欧元，或者说，（按照 1 欧元兑换 1.35 美元的兑换率）大约为 135 到 148 美元。那么，1000 弗罗林的嫁妆现在价值 10 万欧元或 13 万美元。2000 弗罗林的嫁妆价值 20 万欧元或 27 万美元。

111 父亲存入一笔钱：尤利乌斯·基施纳和安东尼·莫霍提供了这个估计数，计算出不同阶段中的增值量，深入分析了佛罗伦萨人的嫁妆。在描述选择宗教生活的佛罗伦萨姑娘时，这也是我所用信息的来源。根据他们两位的估计，在佛罗伦萨最富有的家庭中，大约一半对嫁妆基金进行投资。此外，我还参考了 Margaret King, *Women of the Renaissance* 和 Richard Goldwaithe, *Private Wealth in Renaissance Florence*。

113 一部广为人知的专著罗列了 33 个"完美"女性特征：关于女性美貌的引文，参见 Sara Matthews-Grieco, "The Body, Appearance, and Sexuality," in Davis and Farge, *A History of Women: Renaissance and Enlightenment Paradoxes*。

114 法国的一位研究人员利用超分辨相机进行拍摄：那位法国研究人员名叫帕斯卡尔·科特，是卢米埃尔科技公司的掌门人。他使用多光谱照相机，对《蒙娜丽莎》进行数字化分析，发现唯一一根幸存下来的眉毛。

116　在一本 19 世纪的家谱中，我发现了鲁切拉伊家族的族谱图：关于我查阅的鲁切拉伊家族的家谱，参见 Passerini, *Genealogia e Storia della Famiglia Rucellai*。关于我发现的马里奥托·鲁切拉伊的更多信息，参见 Francis Kent, *Household and Lineage in Renaissance Florence*。

127　"如果你吹起号角，我们将敲响大钟。"：此为我由意大利语翻译，原文是，"Se suonerete le vostre trombe, noi suoneremo le nostre campane"。

128　在那之前的数十年中，佛罗伦萨人用自己的聪明和勤劳，换来了繁荣与和平：关于佛罗伦萨在 15 世纪末的状况，我借鉴了 Brucker, *Living on the Edge in Leonardo's Florence and Renaissance Florence.*

第六章　婚姻生意

那时与现在一样，就追求和婚礼而言，变化多种多样。关于丽莎·盖拉尔迪尼和弗朗切斯科·德尔·焦孔多，我在本章中讲述的是某些可能性最大的情况。

131　嫁妆是那种交易的必要条件：有学者估计，嫁妆一般要让新娘家的净资产减少 14%，让新郎家的净资产增加 23%。参见 Frederick Hartt, "Leonardo and the Second Florentine Republic"。

131　当年，普拉托的商人弗朗切斯科·达蒂尼出于自己的考虑：从社会角度看，弗朗切斯科·德尔·焦孔多的"高攀"行为并非罕见。哈特将此称为"资产阶级的绅士化"。

132　"没有嫁妆的婚姻"：此语引自克拉皮斯－朱伯。关于文艺复兴时期的家庭财务和婚礼的其他因素，他也进行了全面的描述。参见 Klapisch-Zuber, *Women, Family, and Ritual in Renaissance Italy*。

132 他像许多佛罗伦萨人一样，对面子超级敏感：基施纳和莫霍考察了嫁妆问题，认为许多鳏夫"愿意接受数额较小的嫁妆，以便为自己找到妻子，为年龄不大的子女找到母亲"。他们两位还指出，"在可能的情况下，真正的财产并不和妻子一起，转到她丈夫及其家中，而是依旧属于她的父亲、兄弟和男性亲戚"。

133 如果与当时数量不菲的嫁妆相比，那个农场的价值其实不大：对于圣西尔韦斯特罗农场以及那些家具，朱塞佩·帕兰蒂一一进行了估价。

134 让我首次了解那个过程的种种复杂变体：2010 年，该展览在佛罗伦萨学院美术馆举行。展览和同名展品目录提供了大量背景信息。关于其他富于启迪的信息，参见 Deborah Krohn, "Weddings in the Italian Renaissance" and "Marriage as a Key to Understanding the Past," in *Art and Love in Renaissance Italy*.

138 实际的做法是，新郎将会回赠礼物：克拉皮斯－朱伯估计了嫁妆和回赠礼品的价值，参见 Klapisch-Zuber, *Women, Family, and Ritual in Renaissance Italy*。

139 对生活在文艺复兴时期的女性丽莎来说，婚礼肯定是一生中至关重要的事件：对求爱、筹备婚礼和仪式的描述，参见 Claudio Paolini, *Virtù d'Amore*; Herlihy and Klapish-Zuber, *Tuscans and their Families*；以及 BruciaWitthoft, "Marriage Rituals and Marriage Chests in Quattrocento Florence"。

139 对丽莎来说，那一身婚纱肯定是她有生以来穿过的最漂亮的服装：有关婚礼服装、新娘嫁妆和男方回礼的详尽描述，参见 Carole Frick, *Dressing Renaissance Florence*。

140 到了 1563 年，特伦托会议拟定了第一个系统化要求，供正式的天主教婚礼使用：凯瑟琳·麦基弗（Katherine McIver）在《文艺复兴季刊》（*Renaissance Ouarterly*）上发表文章，评论 *Art and Love in Renaissance Italy* 和 *Love and Marriage in Renaissance Florence* 这两本著作。她指出，在特利腾大公会议之前，对婚礼应该使用的程序，没有什么系统化要求。

142 令人并不感到意外的是，许多新婚之夜可能引起一位学者所称的"哭声大作"：我发现，有人描述了新婚之夜的哭泣。我还发现了表现相关题材的木版画，参见 Ludovica Sebregondi, "Rituali di Nozzenella Firenze Rinascimentale" (Wedding Rituals in Renaissance Florence), in Claudio Paolini, *Virtù d'Amore*。

143 新人圆房之后，才能交割嫁妆：关于这里所说的嫁妆交割时间，参见 Kirshner and Molho, "Dowry Fund and Marriage Market in Early Quattrocento Florence"。

143 新娘的父亲失去家族财产，可能深感悲伤：在讨价还价的过程中，安东马里亚·盖拉尔迪尼占了上风。关于这一看法的来源，参见 Herlihy and Klapisch-Zuber, *Tuscans and their Families*。

第七章 商人的妻子

为了再现丽莎·盖拉尔迪尼可能了解的文艺复兴时期佛罗伦萨的生活，我借鉴了许多资料，包括 Elizabeth Cohen and Thomas Cohen, *Daily Life in Renaissance Italy*；William Connell, *Society and Individual in Renaissance Florence*；Elizabeth Currie, *Inside the Renaissance House*；Trevor Dean and K. J. P. Lowe, *Marriage in Italy: 1300-1650*；Jacqueline Musacchio, *The Art and Ritual of Childbirth in Renaissance Italy*；Richard Trexler, *Public Life in Renaissance Florence* and *Power and Independence in Renaissance Florence*。

146 对于来自盖拉尔迪尼家族那样的拮据家庭的新娘来说：关于历史学家 J. H. 普拉姆的观点，参见 J. H. Plumb, *The Italian Renaissance*。

147 由于丽莎从丈夫那里得到了数量不小的回礼：关于佛罗伦萨时装，我参考的主要资料是 Frick, *Dressing Renaissance Florence*；Jacqueline Herald, *Renaissance Dress in Italy, 1400-1500*；以及 Cesare Vecellio, *Vecellio's Renaissance Costume Book*。

150 前者主要见于受过教育的年轻的富裕男性：根据历史学家理查德·特雷克斯勒的描述，佛罗伦萨的性欲极强的男青年是完全不负责任的"白痴"。

152 相关的初级自助手册十分普及：鲁道夫·贝尔的《如何做爱》文笔轻松，博学多才，就文艺复兴的婚姻生活最私密的细节，提供了宝贵的建议。哈斯的《文艺复兴时期的男人与孩子》描述了生育和新生儿抚养的方方面面。

154 无论是否获得了性爱灵感：丽莎·盖拉尔迪尼的长子名叫皮耶罗·扎诺比。我查阅了佛罗伦萨大教堂的电子档案，证实了其出生日期。

157 他的堂哥巴尔托洛梅奥也给丽莎送上一份特殊的礼物：根据朱塞佩·帕兰蒂的描述，在每个孩子出生时，巴尔托洛梅奥·德尔·焦孔多都为妻子购买了珠宝。

158 在宽敞的大教堂中，吉罗拉莫·萨伏那洛拉修士——那位医生兼作家的曾孙：对萨伏那洛拉人生最后几年的最生动描述，参见 Christopher

Hibbert, *The Rise and Fall of the House of Medici*。

162   15 世纪慢慢进入最后几年：朱塞佩·帕兰蒂证实了皮耶拉·德尔·焦孔多的出生日期，谈到了他的短暂人生。

163   他将自己的全部存款，悉数转移到新圣母玛利亚教堂银行：根据传记作者查尔斯·尼科尔的说法，列奥纳多的存款总计 600 弗罗林。

164   "一个年近 50 的男人遭到重创，"：这位传记作家是雅各布·布罗诺夫斯基。他撰写的关于这位艺术家的文章，参见 J. H. Plumb, *The Italian Renaissance*。

第八章　新的开始

169   16 世纪初叶，有三个男人在这个受人仰慕的神殿中汇聚：多位艺术史家——包括弗兰克·策尔纳——假定，圣母领报大教堂可能是列奥纳多和弗朗切斯科·德尔·焦孔多见面的地方。朱塞佩·帕兰蒂也持同样意见。

170   佛罗伦萨的艺术家们就像现在的摇滚乐明星，享有很高地位：16 世纪初，列奥纳多返回佛罗伦萨。相关的更多情况，参见 Hartt, "Leonardo and the Second Florentine Republic"。

172   他喘了一口气，指着附近的一座建筑：我听说，圣母领报大教堂有一个房间，疑似列奥纳多的工作室。后来，我在《纽约时报》上看到一篇关于它的发现的报道，参见 James Horowitz, "A da Vinci Complex? Can It a Hypothesis," in *The New York Times*, January 15, 2005。

173   1502 年，列奥纳多在圣母领报大教堂修道院居住期间：朱塞佩·帕兰蒂提供了列奥纳多在那里居住的时段以及丽莎的孩子的出生日期。

176   1499 年，切萨雷·波吉亚和法兰西国王路易十二一起，得意扬扬地骑马进入被征服的米兰。那是两人第一次见面：关于波吉亚家族的历史，我发现最有用的资料是 Michael Mallet, *The Borgias*；Christopher Hibbert, *The Borgia and Their Enemies*；以及 Sarah Bradford, *Lucrezia Borgia*。

177   日记作者兰杜奇写道：关于卡泰丽娜·斯福尔扎的激情和生活状况，最生动的描述参见 Elizabeth Lev, *The Tigress of Forlì*。

177   有论者认为，早在 1487 年，列奥纳多的同事洛伦佐·迪·克雷迪曾为她绘制了一幅类似的肖像：一位德国学者提出，从面部特征、头发和姿势这三个方面看，这幅作品与列奥纳多的同事之一艺术家洛伦佐·迪·克雷迪创作的一幅肖像类似。因此，卡泰丽娜·斯福尔扎是列奥纳多使用的模特。2009 年 5 月 6 日，在丽莎逝世 500 周年纪念活动期间，在意大利的弗利市举办了一次国际圆桌会议。就她可能是《蒙娜丽莎》的模特一说，与会者展开了辩论。承蒙我的朋友卢多维卡·塞布雷贡迪的帮助，我得到一份那次圆桌会议的记录："Il Volta di Caterina，L'Identita e la Suggestione"。

178   对列奥纳多来说，无论他的主顾的政治动因是什么：弗雷德里克·哈特认为，列奥纳多"对政治和宗教不感兴趣（至少在正统基督教意义上如此）"。他还强调说，为切萨雷·波吉亚工作，列奥纳多没有什么内疚之感。

179   1502 年 10 月，佛罗伦萨执政团的官员们忐忑不安：关于这位著名政治策略大师的敏锐见解，参见 Maurizio Viroli, *Niccolò's Smile*；以及

Ross King, *Machiavelli: Philosopher of Power*。关于列奥纳多、马基雅维利和切萨雷·波吉亚这三位非凡人物，保罗·斯特拉森提供了有趣的描绘。参见 Paul Strathern, *The Artist, the Philosopher, and the Warrior*。

第九章　肖像创作过程

除了引用的艺术史文本之外，我在撰写本章过程中还借鉴了许多学术文章。其中对我帮助最大的包括 Kenneth Clark, "Mona Lisa" (a lecture at the Victoria and Albert Museum)；Jack Greenstein, "Leonardo, *Mona Lisa*, and *La Gioconda:* Reviewing the Evidence"；Z. Filipczak, "New Light on *Mona Lisa*: Leonardo's Optical Knowledge and His Choice of Lighting"；Gustav Kobb, "The Smile of the Mona Lisa"；Edward Olszewski, "How Leonardo Invented *Sfumato*"；Diogo Queiros-Conde, "The Turbulent Structure of 'Sfumato' within *Mona Lisa*"；以及 Webster Smith, "Observations on the *Mona Lisa* Landscape"。

189　现代研究者对画作进行深层扫描后发现：法国博物馆研究与修复中心研究《蒙娜丽莎》之后发现，受到数百年积累的尘垢和油漆褪色的影响，丝绸面纱、她的后颈部的女帽以及其他细节已经模糊不清。

189　在他的画作中，列奥纳多曾让圣母们穿上一位学者所称的"时髦的雅致服装"：在佛罗伦萨接受的一次采访中，学者蒂莫西·韦尔东阁下分享了他的观点。

189　他去除了丽莎身上的所有装饰物品：弗雷德里克·哈特指出，列奥纳多"习惯于描绘不戴戒指的女性。"他写道，丽莎与吉兰达约笔下的少女们一样，坐姿直立。她们的头发仔细梳理，服装精心制作，祷告书和念珠显示她们的虔诚。但是，丽莎的服装"显得节制而适度，面料品质精美，折褶充满艺术感，没有刻意雕饰的痕迹"。参见

Frederick Hartt, "Leonardo and the Second Florentine Republic"。

190 有的评论家认为，丽莎穿着薄纱服：艺术史家拉布·哈特菲尔德告诉我，从许多方面看，丽莎的面纱不能被视为薄纱服，例如，没有看到缝边。

192 米开朗琪罗·博纳罗蒂（1475—1564 年）比列奥纳多小 23 岁：我参考的资料包括 John Spike, *Young Michelangelo*；George Bull, *Michelangelo: A Biography*；以及 Ross King, *Michelangelo and the Pope's Ceiling*。

194 当时，一位手稿研究专家，名叫阿明·施勒希特：关于那个页边注的报道，参见 *Hanschriften des Mittelalters* (2007)。

202 《大卫》受到好评，让艺术家米开朗琪罗一跃成为社会名流：拉布·哈特菲尔德详述了米开朗琪罗在长期职业生涯中积累的财富，认为他是那时最富有的艺术家。参见 Rab Hatfield, *The Wealth of Michelangelo*。

203 列奥纳多十分渴望在工程方面一展身手，对它的爱好不亚于绘画：有关改变阿尔诺河河道失败的背景，参见 Roger Masters, *Fortune Is a River*。

206 1506 年，拉斐尔完成了另外一幅模仿画作：马达莱娜后来生了四个儿子。他们都叫乔瓦尼·巴蒂斯塔，出生不久相继夭折。

208 为各种材料支付的费用一直延续到那年 10 月：根据与肖像相关的资料，列奥纳多 1503 年 5 月收到的首笔付款为 35 弗罗林，其后每月为 15 弗罗林，延续时间至少一年，可能一直到 1505 年 2 月。

209　根据《艺苑名人传》英文版的描述：瓦莱里娅·德拉·瓦尔指出，penare 一词至今仍在使用，表示"努力完成自己希望的工作"。

209　如果说米开朗琪罗在西斯廷教堂天穹上，完成了一平方码画作：关于对两位艺术家的比较，参见 R. A. Scotti, *Vanished Smile*。

第十章　家庭问题

214　1509 年，丽莎 28 岁，发现自己再次怀孕：朱塞佩·帕兰蒂证实，焦孔多·德尔·焦孔多寿命不长。

217　在那一页的反面，就是表面比较粗糙的那一面：几位传记作者注意到，从 1508 年左右，列奥纳多在笔记本中画了嘴唇。查尔斯·尼科尔认为，它们"几乎与蒙娜丽莎的微笑一模一样"。

220　1511 年 4 月 22 日，执政团处理了一个棘手的民事和家庭问题：赫利希和克拉皮斯－朱伯讨论了嫁妆上涨的情况。待嫁姑娘没有什么选择。当时的情况是，"即便拥有嫁妆的富家姑娘也不得不下嫁"。参见 Herlihy and Klapisch-Zuber, *Tuscans and their Families*。

220　没有嫁妆，无人求婚：特雷克斯勒概括了圣多明我·迪·卡法焦修道院的修女们的情况："在那个城市的经济领域中，她们的父亲和兄弟一般没有扮演核心角色。"布鲁克注意到，精英家庭相互联姻的数量有限。因此，"到了 19 世纪，那些家族的大多数在生物学意义上已经灭绝"。参见 Brucker, *Living on the Edge in Leonardo's Florence*。

221　"甚至尚未冒险进入世界，"一位编年史作者写道：许多著作研究了佛罗伦萨女修道院及其居民们，提供了相关背景，包括 Richard Trexler, *The Children of Renaissance Florence*；K. J. P. Lowe, *Nuns' Chronicles and Convent Culture in Renaissance and Counter-Reformation Italy*；以及 Sister Giustina Niccolini, *The Chronicle of Le Murate*。

221 她们当中的大多数在 9 岁至 11 岁之间"蒙上面纱"：关于姑娘进入女修道院以及最后宣誓出家的年龄，我参考的文献是 Klapisch-Zuber, *Women, Family, and Ritual in Renaissance Italy*；以及 Trexler, *The Children of Renaissance Florence*。

222 在一个柳条篮子里，装着卡米拉的出家嫁妆：这里对出家嫁妆的描述，参见 Frick, *Dressing Renaissance Florence*。

222 一旦丽莎的女儿立下终身禁欲、保持贫寒、绝对服从的誓言：我对女修道院生活的理解得益于莎伦·斯特罗基亚的学术论文，参见 Sharon Strocchia, "Taken into Custody: Girls and Convent Guardianship in Renaissance Florence," in *Renaissance Studies*。

225 1512 年 8 月 2 日，坊间谣传四起：对那个时期的描述，参见 Brucker, *Renaissance Florence*。

227 我从一位学者那里，了解了弗朗切斯科·德尔·焦孔多的政治活动：在查阅档案的过程中，约瑟芬·罗杰斯·马里奥蒂发现了乔瓦尼·德·美第奇红衣主教的一份账本。而且，在佛罗伦萨政府档案馆中，她看到的一条页边注写道：第一，弗朗切斯科·德尔·焦孔多当选"dei 55 nel 1512"（1512 年的 55 人团成员）；第二，他提供了 500 金弗罗林；第三，他的堂弟保罗进入 200 人审查委员会，负责选举和官员任命事务。参见 Josephine Rogers Mariotti, "Selections from a Ledger of Cardinal Giovanni de'Medici, 1512-1513," in *Nuovi Studi, Rivista di Arte Antica e Moderna*。

第十一章 狮子的崛起

234　在传记作家们的笔下，朱利亚诺"模样英俊，生性软弱，对神秘事物很感兴趣"：关于这一描述，参见 Nicholl, *Leonardo da Vinci: Flights of Mind*。根据迈克尔·利维的描述，他"不爱抛头露面，心思很重"，参见 Michael Levey, *Florence: A Portrait*。

234　乔瓦尼·德·美第奇红衣主教恢复职位之后：关于洛伦佐·德·美第奇的儿子们重掌佛罗伦萨大权的情况，许多史书都有详细记载。我参考的包括 Christopher Hibbert, *The Rise and Fall of the House of Medici*；Paul Strathern, *The Medici: Godfathers of the Renaissance*；以及 FlorentinoVespasiano da Bisticci, *Renaissance Princes, Popes, and Prelates* (New York: Harper Torchbooks, 1963)。

239　那些论者提及的一个被画对象是帕奇菲卡·布兰达诺：罗伯托·扎佩里提出，帕奇菲卡·布兰达诺是列奥纳多所用的模特。参见 Roberto Zapperi, *Monna Lisa addio: La Vera Storia della Gioconda* (Rome: Le Lettere, 2013)。

241　在佛罗伦萨，弗朗切斯科·德尔·焦孔多虽然不算什么重要政治人物：弗兰克·策尔纳认为，弗朗切斯科·德尔·焦孔多的志向"略略高于一般人"。参见 Frank Zöllner, "Leonardo's Portrait of Mona Lisa del Giocondo," in *Gazette des Beaux-Arts*。

241　她曾经研究了艺术家莱奥纳尔多·马拉泰斯塔的两幅作品：约瑟芬·罗杰斯·马里奥蒂研究的这两幅作品如今保存在瓦萨里城堡。该博物馆建在乔治·瓦萨里的家乡阿雷佐，表示对瓦萨里的尊重。

243　圣奥尔索拉修道院还经营了一家女性药房：莎伦·斯特罗基亚称，科西莫·德·美第奇在圣奥尔索拉修道院购买药丸，上流社会的妇女在女修道院药房采购时，可以不带陪伴。那样做不会损害她们的名声。参见 Sharon Strocchia, "The Nun Apothecaries of Renaissance Florence"。

243　另外一家宗教机构也得到了弗朗切斯科·德尔·焦孔多的慷慨赠予：关于那些私人礼拜堂的赠予意义，参见 Jonathan Katz Nelson, "Memorial Chapels in Churches: The Privatization and Transformation of Sacred Spaces," in *Renaissance Florence: A Social History*。弗兰克·策尔纳报告说，1526 年对圣母领报大教堂的殉教者礼拜堂进行了一次大规模整修。

248　国王弗朗索瓦一世常常与列奥纳多交谈，认为他是"视觉领域中的哲学魔术师"：马丁·肯普称，弗朗索瓦一世对列奥纳多相当尊重。肯普还将其与教皇利奥十世对列奥纳多的不耐烦态度进行了对比。参见 Martin Kemp, "Late Leonardo: Problems and Implications"。

249　艺术史家约瑟芬·罗杰斯·马里奥蒂提出了这个观点，我对此表示赞同：我以此书为主要参考资料，刻画了朱利亚诺·德·美第奇，讨论了他在完成《蒙娜丽莎》的过程中所起的作用。

第十二章　死亡之海

253　在 7 月 14 日的账本上，记录了 18 弗罗林的收入：朱塞佩·帕兰蒂报告说，这笔款项支付给了圣奥尔索拉修道院。

253　卡米拉去世之后：对于文艺复兴时期妇女的信仰问题，学者们讨论很多。我发现，丽莎·卡博利查、玛格丽特·金和克里斯蒂亚娜·克拉皮斯－朱伯的见解令人深受启迪。

254 现有的材料显示，修女们干的事情如果说不是事业，至少听起来像是工作：前面引用的资料，特别是莎伦·斯特罗基亚的研究，讨论了修女们在女修道院中的各种活动。

256 他从未停止对利润的不懈追逐：列奥纳多的传记作者弗兰克·策尔纳和查尔斯·尼科尔声称，弗朗切斯科·德尔·焦孔多占有了一位艺术家的财产和作品，用来偿还对方欠他的债务。

257 从初次看到那幅肖像开始，法兰西国王弗朗索瓦一世可能就一直希望将其据为己有：马丁和其他几位论者估计，弗朗索瓦一世支付了 1.2 万法郎。

259 我查阅了多本回忆录，利用点点滴滴的资料，重构出丽莎·盖拉尔迪尼在家乡最黑暗时可能的生活情景：为了重构佛罗伦萨被围时的情况，我借鉴了在前文中引用的资料。关于教皇克雷芒七世所说的"但愿过去那个佛罗伦萨根本没有存在！"，参见 J. R. Hale, *Florence and the Medici*。

261 （关于他们的儿子安德烈亚的命运，没有留下任何记录。）：我发现的最后线索是，丽莎的儿子安德烈亚生于 1502 年。他在 1524 年之后的情况，我们不得而知。

262 一批领头人被捕入狱，丽莎的堂弟也在其中：丽莎的堂弟安德烈亚·盖拉尔迪尼入狱，1537 年被处决。参见 Gene Brucker, *Florence: The Golden Age*。

264 1537 年，弗朗切斯科·德尔·焦孔多病魔缠身，老态龙钟：我的评论借鉴了帕兰蒂翻译的弗朗切斯科·德尔·焦孔多的遗嘱。遗嘱中最重要的拉丁文短语是 *"et attento qualiter se gessit prefata domina Lisa erga dictum testatorem ingenue et tanquam mulier ingenua"*。

264 他指定巴尔托洛梅奥和皮耶罗为自己的法定继承人：策尔纳撰写的关于列奥纳多创作肖像的文章称，弗朗切斯科留下 1440 弗罗林，作为他的儿子皮耶罗的女儿卡桑德拉的嫁妆。

265 我从关于文艺复兴的历史书籍中了解到，那种做法并非异常：金论述了寡妇如何处理继承物以及确定自己希望的安葬之地的问题，参见 King, *Women of the Renaissance*。

268 直至生命的最后一刻，列奥纳多依然闪耀着天才的光芒：肯普写道，列奥纳多"富于创意的发散性智力"一直维持。在生命的最后几年中，他依旧探索不止，"思想更加深邃"，新的观念不断涌现，"创造力几乎没有减退"。参见 Kemp, "Late Leonardo: Problems and Implications"。

第十三章 丽莎夫人的奇特经历

274 那幅名画大约在 1525 年前后在那里安家：对名画的命运，唐纳德·沙逊提供了全面、简洁的概述。参见 Donald Sassoon, "Mona Lisa: The Best Known Girl in the Whole Wide World," in *History Workshop Journal*。我借鉴了他的著作 *Leonardo and the Mona Lisa Story* 和 *Becoming Mona Lisa*；以及 Roy McMullen, *Mona Lisa: The Picture and the Myth*。

281　"恋人、诗人和做梦者来来往往，纷纷跪倒在她的脚下。"：他名叫查尔斯·克雷芒，曾任拿破仑博物馆副馆长。

282　后来，我发现了一本薄薄的粉红封面专著：该书 1914 年由 the Unione Editrice Artistica Italiana di Firenze 出版。

284　"《焦孔达》不见了！"：几本著作描述了《蒙娜丽莎》失窃的情况，具有很强的可读性，包括 R. A. Scotti, *Vanished Smile*；Seymour Reit, *The Day They Stole the Mona Lisa*；以及 Noah Charney, *The Thefts of the Mona Lisa*。

289　1919 年，马塞尔·杜尚找来一张印有《蒙娜丽莎》的单色明信片：关于对《蒙娜丽莎》的艺术性戏仿，以及安托瓦妮特·拉法热提出的有趣观点。参见 Antoinette LaFarge, "The Bearded Lady and the Shaven Man: Mona Lisa, Meet Mona/Leo," in *Leonardo*。

293　2004 年，在卢浮宫博物馆和法国博物馆研究与修复中心的支持下，官方为《蒙娜丽莎》举行了 500 周年诞辰庆典：一本大型画册记录了利用高科技手段研究《蒙娜丽莎》取得的成果。参见 Jean-Pierre Mohen et al., *Mona Lisa: Inside the Painting*。对《蒙娜丽莎》进行数字化处理的视频，请登录 www.lumiere-technology.com。

第十四章　最后的微笑

297　近年来，世界各地的记者纷至沓来：关于西尔瓦诺·温切蒂挖掘丽莎·盖拉尔迪尼遗骸的活动，国际媒体进行了广泛报道。相关综述可登录 http://www.huffingtonpost.com/2012/09/17/skeleton-presumed-to-be-m_n_1889865.html。

299 最恶毒的说法甚至宣称：关于一个世纪之前对丽莎微笑的种种说法，我看到了一篇有趣的概述。参见 Kobb, "The Smile of the *Mona Lisa*," in *The Lotus Magazine*。

300 "中立"一说肯定不适用：我发现，关于"真正的"蒙娜丽莎，相关论点提出的候选对象至少不下六人。迈克·福格特吕尔森，一位住在澳大利亚的德国历史研究者是其中热情最高的之一。他认为通过肖像绣制领口上的符号确定，被画者是吉安·加莱亚佐的妻子伊莎贝拉·达拉戈纳。达拉戈纳是列奥纳多的资助人卢多维科公爵的侄女，米兰公爵的合法继承人。这位德国人还在其网页（www.kleio.org）上宣称：第一，伊莎贝拉是列奥纳多"钟爱的情人和妻子"；第二，列奥纳多采用了在《最后的晚餐》中勾画两位使徒的方法，表现了他们两人之间的相似性。杰克·格林斯坦分析了几种说法。参见 Jack Greenstein, "Leonardo, *Mona Lisa*, and *La Gioconda*: Reviewing the Evidence," in *Artibus et Historiae*。此外，蒙娜丽莎基金会概述了建议的候选对象以及表示反驳的证据。参见 The Mona Lisa Foundation, *Mona Lisa: Leonardo's Earlier Version*。

几位科学家研究了丽莎的微笑的光学特征。我使用的资料包括 Isabel Bohrn, "*Mona Lisa*'s Smile: Perception or Deception?," in *Psychological Science*；以及 Margaret Livingstone, "Is It Warm? Is It Real? Or Just Low Spatial Frequency," in *Science*。

302 "《蒙娜丽莎》非常漂亮，堪称完美"：亨利·普利策自费出版的著作收录了布莱克的信件。参见 Henry Pulitzer, *Where Is the Mona Lisa?*

303 1936 年，一位英国艺术爱好者：在《蒙娜丽莎在何方？》中，亨利·普利策解释了他对《蒙娜丽莎》的迷恋，讲述了旨在证明他那幅画作的真实性而进行的探索。约翰·艾尔发表了他对画作的真实性所持的观点，参见 John Eyre, *Monography on Leonardo da Vinci's Mona Lisa*（London: Greve& Co., 1915）。

304 后来，出现了白雪公主与王子故事的 21 世纪版本：关于第二幅《蒙娜丽莎》的说法，以及相关话题的讨论，参见 *Mona Lisa: Leonardo's Earlier Version*。其出版者蒙娜丽莎基金会经常更新网页内容，参见 http://monalisa.org/。

308 她的 giocondità 也是如此：德拉·瓦尔教授认为，giocondità 一词"现在已不广泛使用"，但是它的意思是"gioia serena e spensierata"（安详和无忧无虑的喜悦）。保罗·巴罗尔斯基对 giocondità 进行了有说服力的定义。参见 Paul Barolsky, "Mona Lisa Explained," in *Source: Notes in the History of Art*。

参考文献

Ajmar-Wollheim, Marta, and Flora Dennis, eds. *At Home in Renaissance Italy* (exhibition catalog). London: V&A Publications, 2006.

Alberti, Leon Battista. *The Family in Renaissance Florence*. Translated by Renée Neu Watkins. Prospect Heights, Ill.: Waveland Press, 1994.

Baldassarri, Stefano, and Arielle Saiber, eds. *Images of Quattrocento Florence*. New Haven, Conn.: Yale University Press, 2000.

Barber, Barrington. *Through the Eyes of Leonardo da Vinci*. New York: Gramercy Books, 2004.

Bargellini, Piero. "The Ladies in the Life of Lorenzo de' Medici." In *The Medici Women*. Edited by Franco Cardini. (*Politics and History* 13). Translated by Stephanie Johnson. Florence: Arnaud, 2003.

Barolsky, Paul. "Mona Lisa Explained." *Source: Notes in the History of Art* 13, no. 2 (Winter 1994): 15–16.

Bayer, Andrea Jane, ed. *Art and Love in Renaissance Italy*. New Haven, Conn.: Yale University Press, 2009.

Bell, Rudolph. *How to Do It: Guides to Good Living for Renaissance Italians*. Chicago: University of Chicago Press, 1999.

Bianchini, Angela. *Alessandra e Lucrezia: Destini Femminili nella Firenze del Quattrocento*. Milan: Arnoldo Mondadori, 2006.

Boase, T. S. R. *Giorgio Vasari: The Man and the Book*. Princeton, N.J.: Princeton University Press, 1979.

Bohrn, Isabel, et al. "*Mona Lisa*'s Smile—Perception or Deception?" *Psychological Science* 21 (2010): 378.

Bradford, Sarah. *Lucrezia Borgia*. New York: Penguin, 2004.

Bramly, Serge. *Leonardo: The Artist and the Man*. New York: Penguin, 1992.

——. *Mona Lisa*. New York: Assouline, 2004.

Brown, David Alan. *Virtue and Beauty: Leonardo's Ginevra de' Benci and Renaissance Portraits of Women*. Washington, D.C.: National Gallery of Art, 2002.

——. "Leonardo and the Ladies with the Ermine and the Book." *Artibus et Historiae* 11, no. 22 (1990): 47–61.

Brucker, Gene. *Living on the Edge in Leonardo's Florence*. Berkeley: University of California Press, 2005.

———. *The Society of Renaissance Florence*. Toronto: University of Toronto Press, 2001.

———. *Florence: The Golden Age, 1138–1737*. Berkeley: University of California Press, 1998.

———. *Giovanni and Lusanna: Love and Marriage in Renaissance Florence*. Berkeley: University of California Press, 1986.

———. *The Civic World of Renaissance Florence*. Princeton, N.J.: Princeton University Press, 1977.

———. *Renaissance Florence*. Berkeley: University of California Press, 1969.

———. *Florentine Politics and Society, 1343–1378*. Princeton, N.J.: Princeton University Press, 1962.

———. "Florentine Voices from the 'Catasto,' 1427–1480." *I Tatti Studies: Essays in the Renaissance* 5 (1993): 11–32.

———. "Florence and Venice in the Renaissance." *American Historical Review* 88, no. 3 (June 1983): 599–616.

———., ed. *Two Memoirs of Renaissance Florence: The Diaries of Buonaccorso Pitti and Gregorio Dati*. Prospect Heights, Ill.: Waveland Press, 1967.

Bull, George. *Michelangelo: A Biography*. New York: St. Martin's Griffin, 1995.

Burckhardt, Jacob. *The Civilization of the Renaissance in Italy*. New York: Penguin Classics, 1990.

Burke, Jill. "Agostino Vespucci's Marginal Notes About Leonardo da Vinci in Heidelberg." *Leonardo da Vinci Society Newsletter*, no. 30 (May 2008): 3–4.

Byrne, Joseph, and Eleanor Congdon. "Mothering in the Casa Datini." *Journal of Medieval History* 25, no. 1 (1999): 35–86.

Capra, Fritjof. *The Science of Leonardo: Inside the Mind of the Great Genius of the Renaissance*. New York: Anchor, 2008.

Cardini, Franco, ed. *The Medici Women*. (*Politics and History* 13). Translated by Stephanie Johnson. Florence: Arnaud, 2003.

Cesati, Franco. *The Medici*. Florence: Mandragora, 1999.

Charney, Noah. *The Thefts of the Mona Lisa*. Amelia, Italy.: ARCA Publications, 2011.

Ciprandi, Silvano. *L'Enigma di un Sorriso*. Milan: Società Dante Alighieri, 2012.

Clark, Kenneth. *Leonardo da Vinci*. London: Penguin, 1993.

———. "Mona Lisa." *The Burlington Magazine* 115, no. 840 (March 1973): 144–150.

Cohen, Elizabeth, and Thomas Cohen. *Daily Life in Renaissance Italy*. Westport, Conn.: Greenwood, 2001.

Condivi, Ascanio. *The Life of Michelangelo*. University Park: Pennsylvania State

University Press, 2000.

Connell, William. *Society and Individual in Renaissance Florence*. Berkeley: University of California Press, 2002.

Cortelazzo, Manlio, and Michele Cortelazzo. *L'Etimologico Minore*. Bologna: Zanichelli, 2004.

Crabb, Ann. "'If I Could Write': Margherita Datini and Letter Writing, 1385–1410." *Renaissance Quarterly* 60, no. 4 (Winter 2007): 1170–1206.

Crum, Roger, and John Paoletti, eds. *Renaissance Florence: A Social History*. Cambridge: Cambridge University Press, 2008.

Currie, Elizabeth. *Inside the Renaissance House*. London: Victoria & Albert Museum, 1986.

Datini, Margherita. *Letters to Francesco Datini*. Translated by Carolyn James and Antonio Pagliaro. Toronto: Center for Reformation and Renaissance Studies, 2012.

da Vinci, Leonardo. *The Notebooks of Leonardo da Vinci*. 2 vols. New York: Dover, 1970.

Davis, Natalie Zemon, and Arlette Farge, eds. *A History of Women: Renaissance and Enlightenment Paradoxes*. Cambridge, Mass.: Harvard University Press, 1993.

Dean, Trevor, and K. J. P. Lowe, eds. *Marriage in Italy: 1300–1650*. Cambridge: Cambridge University Press, 1988.

Duggan, Christopher. *A Concise History of Italy*. Cambridge: Cambridge University Press, 2004.

Emison, Patricia. *Leonardo*. London: Phaidon Press, 2011.

Farago, Claire. "Leonardo's Battle of Anghiari: A Study in the Exchange Between Theory and Practice." *The Art Bulletin* 76, no. 2 (June 1994): 301–330.

Ferraresi, Augusto. *Leonardo da Vinci e La Gioconda*. Florence: Unione Editrice Artistica Italiana, 1914.

Filipczak, Z. "New Light on *Mona Lisa*: Leonardo's Optical Knowledge and His Choice of Lighting." *The Art Bulletin* 59, no. 4 (Dec. 1977): 518–523.

Franklin, David, ed. *Leonardo da Vinci, Michelangelo and the Renaissance in Florence*. Ottawa: National Gallery of Art, 2005.

Frick, Carole Collier. *Dressing Renaissance Florence*. Baltimore: Johns Hopkins University Press, 2002.

Galvani, Francesco. *Sommario Storico delle Famiglie Celebri Toscane Compilato da D. Tiribilli-Giuliani, Riveduto dal Cav. L. Passerini*. http://books.google.com/books?id=zVEBAAAAQAAJ&printsec=frontcover&dg=Sommario+Storico+delle+Famiglie+Celebri+Toscane&hl=en&sa=X&ei=o58DU_ruM6qR2wW9

5oCIDQ&ved=0CC4Q6AEwAA#v=onepage&q=Sommario%20Storico%20
delle%20Famiglie%20Celebri%20Toscane&f=false.

Gamurrini, Eugenio. "Famiglia Gherardina." In *Istoria Genealogica delle Famiglie
Nobili Toscane et Umbre*, Vol. II. Florence, 1671, 111–138.

Garrard, Mary D. "Leonardo da Vinci: Female Portraits, Female Nature." In *The
Expanding Discourse: Feminism and Art History*. Edited by Norma Broude
and Mary D. Garrard. New York: Icon Editions, 1992.

———. "Who Was Ginevra de' Benci? Leonardo's Portrait and Its Sitter
Recontextualized." *Artibus et Historiae* 27, no. 53 (2006): 23–56.

Gherardini, Niccolò. *Memorie Domestiche di Niccolò Gherardini, 1585–1596*. ASF
Manoscritti Vari, 288.

"I Gherardini del Contado Fiorentino." In *Miscellanea Storica della Valdelsa*,
Vol. 15. http://books.google.com/books?id=Ztw4AAMAAJ&pg=PA186&d
q=Miscellanea+Storica+della+Valdelsa+vol+15&hl=en&sa=X&ei=c50DU
5GaNsOS2QWM0oDoBw&ved=0CCsQ6AEwAA#v=onepage&q=Ghera
rdini&f=false.

Gilmour, David. *The Pursuit of Italy*. New York: Farrar, Straus & Giroux, 2011.

Goffen, Rona. *Renaissance Rivals*. New Haven, Conn.: Yale University Press, 2002.

Goldthwaite, Richard. *Private Wealth in Renaissance Florence*. Princeton, N.J.:
Princeton University Press, 1968.

Greenstein, Jack. "Leonardo, *Mona Lisa*, and *La Gioconda*: Reviewing the
Evidence." *Artibus et Historiae* 25, no. 50 (2004): 17–38.

Gregory, Heather. *Selected Letters of Alessandra Strozzi*. Berkeley: University of
California Press, 1997.

Guicciardini, Francesco. *The History of Florence*. New York: Harper Torchbooks,
1970.

———. *The History of Italy*. Princeton: Princeton University Press, 1969.

Gundle, Stephen. *Bellissima: Feminine Beauty and the Idea of Italy*. New Haven,
Conn.: Yale University Press, 2007.

Haas, Louis. *The Renaissance Man and His Children*. New York: St. Martin's, 1998.

Hale, J. R. *Florence and the Medici*. London: Phoenix, 2001.

Hartt, Frederick. "Leonardo and the Second Florentine Republic." *Journal of the
Walters Art Gallery* 44 (1985): 95–116.

Hatfield, Rab. *The Wealth of Michelangelo*. Rome: Edizioni di Storia e Letteratura,
2002.

Herald, Jacqueline. *Renaissance Dress in Italy, 1400–1500*. London: Bell & Hyman,
1981.

Herlihy, David, and Christiane Klapisch-Zuber. *Tuscans and Their Families: A Study of the Florentine Catasto of 1427.* New Haven, Conn.: Yale University Press, 1985.

Hibbert, Christopher. *The Borgias and Their Enemies, 1431–1519.* New York: Harcourt, 2008.

———. *The Rise and Fall of the House of Medici.* New York: Penguin, 1979.

Jones, Jonathan. *The Lost Battles.* New York: Knopf, 2012.

Kaborycha, Lisa. *A Short History of Renaissance Italy.* San Francisco: Pearson, 2010.

Kelly-Gadol, Joan. "Did Women Have a Renaissance?" In *Becoming Visible: Women in European History.* Edited by Renate Bridenthal and Claudia Koonz. Boston: Houghton Mifflin, 1977.

Kemp, Martin. *Leonardo da Vinci: The Marvelous Works of Nature and Man.* Oxford: Oxford University Press, 2006.

———. *Leonardo.* Oxford: Oxford University Press, 2004.

———. "Late Leonardo: Problems and Implications." *Art Journal* 46, no. 2, "Old-Age Style" (Summer 1987): 94–102.

Kent, Dale. *Cosimo de' Medici and the Florentine Renaissance.* New Haven, Conn.: Yale University Press, 2000.

———. "Women in Renaissance Florence." In *Virtue and Beauty* (exhibition catalog; David Alan Brown, ed.). Princeton, N.J.: Princeton University Press, 2001.

Kent, Francis William. *Household and Lineage in Renaissance Florence: The Family Life of the Capponi, Ginori, and Rucellai.* Princeton, N.J.: Princeton University Press, 1977.

King, Margaret. *Women of the Renaissance.* Chicago: University of Chicago Press, 1991.

King, Ross. *Leonardo and the Last Supper.* New York: Walker, 2012.

———. *Machiavelli: Philosopher of Power.* New York: Harper Perennial, 2007.

———. *Michelangelo and the Pope's Ceiling.* New York: Penguin, 2003.

Kirshner, Julius, and Anthony Molho. "The Dowry Fund and the Marriage Market in Early Quattrocento Florence." *Journal of Modern History* 49, no. 3 (1978): 403–438.

Klapisch-Zuber, Christiane. *Ritorno alla Politica: I Magnati Fiorentini 1340–1440.* Rome: Viella, 2009.

———. *Women, Family, and Ritual in Renaissance Italy.* Chicago: University of Chicago Press, 1985.

———., ed. *A History of Women in the West.* Vol. II, *Silences of the Middle Ages.* Cambridge, Mass.: Harvard University Press, 1995.

Klein, Stefano. *Leonardo's Legacy*. New York: Da Capo, 2008.

Kleinhenz, Christopher, et al. *Medieval Italy: An Encyclopedia*. Vol. 1, A–K. London: Routledge, 2004.

Kobbé, Gustav. "The Smile of the *Mona Lisa*." *Lotus Magazine* 8, no. 2 (November 1916): 67–74.

Krohn, Deborah. "Marriage as a Key to Understanding the Past." In *Art and Love in Renaissance Italy*. Edited by Andrea Bayer. New York: Metropolitan Museum of Art, 2008.

———. "Weddings in the Italian Renaissance." In *Heilbrunn Timeline of Art History*. New York: Metropolitan Museum of Art, 2000.

LaFarge, Antoinette. "The Bearded Lady and the Shaven Man: Mona Lisa, Meet 'Mona/Leo.'" *Leonardo* 29, no. 5, Fourth Annual New York Digital Salon (1996): 379–383.

Landucci, Luca. *Florentine Diary from 1450 to 1516*, continued by an anonymous writer till 1542. Translated by Alice de Rosen Jervis. New York: Dutton, 1927.

Lansing, Carol. *The Florentine Magnates*. Princeton, N.J.: Princeton University Press, 1991.

Lester, Toby. *Da Vinci's Ghost*. New York: Free Press, 2012.

Lev, Elizabeth. *The Tigress of Forlì*. Boston: Houghton Mifflin Harcourt, 2011.

Levey, Michael. *Florence: A Portrait*. Cambridge, Mass.: Harvard University Press, 1998.

Lewis, R. W. B. *The City of Florence*. New York: Farrar, Straus & Giroux, 1995.

Livingstone, Margaret S. "Is It Warm? Is It Real? Or Just Low Spatial Frequency?" *Science* 290 (2001): 1299.

Lorenzo Il Magnifico. *Opere*. Vol. 1. Edited by Attilio Simioni. Bari: G. Latera & Figli, 1913.

Lowe, K. J. P. *Nuns' Chronicles and Convent Culture in Renaissance and Counter-Reformation Italy*. Cambridge: Cambridge University Press, 2003.

McCarthy, Mary. *The Stones of Florence*. San Diego: Harcourt, 1963.

McIver, Katherine. "*Art and Love in Renaissance Italy* and *Love and Marriage in Renaissance Florence*." *Renaissance Quarterly* 62, no. 3 (Fall 2009): 918–921.

McMullen, Roy. *Mona Lisa: The Picture and the Myth*. New York: Da Capo, 1977.

Mallett, Michael. *The Borgias*. New York: Barnes & Noble, 1969.

Mariotti, Josephine Rogers. *Monna Lisa: La 'Gioconda' del Magnifico Giuliano*. Florence: Edizioni Polistampa, 2009.

——. "Selections from a Ledger of Cardinal Giovanni de' Medici, 1512–1513." *Nuovi Studi: Rivista di Arte Antica e Moderna*, 2003.

Martines, Lauro. *April Blood*. Oxford: Oxford University Press, 2004.

Masters, Roger. *Fortune Is a River*. New York: Free Press, 1998.

Matthews-Grieco, Sara. "The Body, Appearance, and Sexuality." In *A History of Women: Renaissance and Enlightenment Paradoxes*. Edited by Natalie Zemon Davis and Arlette Farge. Cambridge, Mass.: Harvard University Press, 1993.

Merejkowski, Dmitri. *The Romance of Leonardo da Vinci*. Garden City, N.Y.: Garden City Publishing, 1928.

Miscellanea Storica della Valdelsa. Vols. 9–10. http://books.google.com/books?id=C cdDAAAAYAAJ&printsec=frontcover&dg=Miscellanea+Storica+della+Vald elsa&hl=en&sa=X&ei=ZKADU-TyLqfR2wW-xIDYDw&ved=0CCkQ6AEw AA#v=onepage&q=vol%209&f=false.

Mohen, Jean-Pierre, et al. *Mona Lisa: Inside the Painting*. New York: Abrams, 2006.

Mona Lisa Foundation. *Mona Lisa: Leonardo's Earlier Version*. Zurich: Mona Lisa Foundation, 2012.

Montanelli, Indro, and Roberto Gervaso. *Italy in the Golden Centuries*. Translated by Mihaly Csikszentmihalyi. Chicago: Henry Regnery, 1967.

Musacchio, Jacqueline. *The Art and Ritual of Childbirth in Renaissance Italy*. New Haven, Conn.: Yale University Press, 1999.

Nelson, Jonathan Katz. "Memorial Chapels in Churches: The Privatization and Transformation of Sacred Spaces." In *Renaissance Florence: A Social History*. Edited by Roger Crum and John Paoletti. Cambridge: Cambridge University Press, 2008.

Niccolini, Sister Giustina. *The Chronicle of Le Murate*. Toronto: Iter Inc., 2011.

Nicholl, Charles. *Leonardo da Vinci: Flights of Mind*. New York: Penguin, 2005.

Noel, Gerard. *The Renaissance Popes*. New York: Carroll & Graf, 2006.

Nuland, Sherwin. *Leonardo da Vinci*. New York: Penguin, 2005.

Olszewski, Edward. "How Leonardo Invented *Sfumato*." *Source: Notes in the History of Art* 31, no. 1 (Fall 2011): 4–9.

Origo, Iris. *The Merchant of Prato*. Boston: Nonpareil Books, 1986.

Pallanti, Giuseppe. *La Vera Identità della Gioconda*. Milan: Skira Editore, 2006.

——. *Mona Lisa Revealed*. Milan: Skira Editore, 2006.

Paoletti, John, and Gary Radke. *Art in Renaissance Italy*. Upper Saddle River, N.J.: Pearson Prentice Hall, 2005.

Paolini, Claudio, et al. *Virtù d'Amore*. Florence: Giunti, 2010.

Parks, Tim. *Medici Money*. London: Profile Books, 2005.

Passerini, Luigi. *Genealogia e Storia della Famiglia Rucellai*. Florence: Galileiana, 1861.

Pedretti, Carlo. *Leonardo: Art and Science*. Cobham, U.K.: TAJ Books, 2004.

Pietrogrande, Patrizia. *Antico Setificio Fiorentino*. Florence: Le Lettere, 2011.

Plumb, J. H. *The Italian Renaissance*. New York: American Heritage, 2001.

Pulitzer, Henry. *Where Is the Mona Lisa?* London: The Pulitzer Press, 1966.

Queiros-Conde, Diogo. "The Turbulent Structure of '*Sfumato*' within *Mona Lisa*." *Leonardo* 37, no. 3 (2004): 223–228.

"Quel Sorriso, Eterno Mistero." http://www.prestigefoodwine.com/Monna_Lisa.pdf.

Reit, Seymour. *The Day They Stole the Mona Lisa*. New York: Summit Books, 1981.

Rocke, Michael. *Forbidden Friendships: Homosexuality and Male Culture in Renaissance Florence*. New York: Oxford University Press, 1966.

Rubin, P. L., and Alison Wright. *Renaissance Florence: The Art of the 1470s*. London: National Gallery Publications, 1999.

Rubinstein, Nicolai, ed. *Florentine Studies: Politics and Society in Renaissance Florence*. Evanston, Ill.: Northwestern University Press, 1968.

Sachs, Hannelore. *The Renaissance Woman*. New York: McGraw-Hill, 1971.

Sassoon, Donald. *Becoming Mona Lisa*. New York: Mariner Books, 2003.

——. *Leonardo and the Mona Lisa Story*. New York: Overlook Press, 2006.

——. "*Mona Lisa*: The Best-Known Girl in the Whole Wide World." *History Workshop Journal*, no. 51 (2001): 1–18.

Scotti, R. A. *Vanished Smile*. New York: Vintage, 2009.

Sebregondi, Ludovica, and Tim Parks. *Money and Beauty: Bankers, Botticelli, and the Bonfire of the Vanities*. Florence: Giunti, 2011.

——. eds. "Commentaries from the Exhibition *Denaro e Bellezza*." Florence: Palazzo Strozzi, September 17, 2011–January 22, 2012.

Shell, Janice, and Grazioso Sironi. "Cecilia Gallerani: Leonardo's *Lady with an Ermine*." *Artibus et Historiae* 13, no. 25 (1992): 47–66.

Smith, Webster. "Observations on the *Mona Lisa* Landscape." *The Art Bulletin* 67, no. 2 (June 1985): 183.

Spadolini, Giovanni. *A Short History of Florence*. Translated by Robert Learmonth. Florence: Le Monnier, 1992.

Spike, John. *Young Michelangelo: The Path to the Sistine*. New York: Vendome Press, 2010.

Strathern, Paul. *The Artist, the Philosopher, and the Warrior*. New York: Bantam, 2009.

——. *The Medici: Godfathers of the Renaissance*. London: Pimlico, 2005.

Strocchia, Sharon. "The Nun Apothecaries of Renaissance Florence: Marketing Medicines in the Convent." *Renaissance Studies* 25, no. 5 (2011): 1–21.

——. "Taken into Custody: Girls and Convent Guardianship in Renaissance Florence." *Renaissance Studies* 17, no. 2 (2003): 177–200.

Tinagli, Paola. *Women in Italian Renaissance Art: Gender, Representation, Identity*. Manchester: Manchester University Press, 1997.

Tomas, Natalie. "Did Women Have a Space?" In *Renaissance Florence: A Social History*. Edited by Roger Crum and John Paoletti. Cambridge: Cambridge University Press, 2008.

——. *The Medici Women*. Hampshire, U.K.: Ashgate Publishing, 2003.

Trexler, Richard. *Power and Independence in Renaissance Florence*. Vol. I, *The Children of Renaissance Florence*. Vol. II, *The Women of Renaissance Florence*. Vol. III, *The Workers of Renaissance Florence*. Binghamton, N.Y.: Medieval & Renaissance Texts and Studies, 1993.

——. *Public Life in Renaissance Florence*. New York: Academic Press, 1980.

Unger, Miles. *Magnifico*. New York: Simon & Schuster, 2008.

Uzielli, Gustavo. *La Leggenda dei Tre Valdelsani, Conquistatori dell'Irlanda*. http://books.google.com/books?id=W5MRAAAAYAAJ.

Van der Sman, Gert Jan. *Lorenzo and Giovanna*. Florence: Mandragora, 2010.

Vasari, Giorgio. *The Lives of the Artists*. Translated by Julia Conaway Bondanella and Peter Bondanella. New York: Oxford University Press, 1991.

Vecellio, Cesare. *Vecellio's Renaissance Costume Book*. New York: Dover, 1977.

Vespasiano da Bisticci. *Renaissance Princes, Popes, and Prelates*. New York: Harper Torchbooks, 1963.

Villani, Giovanni. *Nuova Cronica*, Vol. II (Libri IX–XI). Parma: Fondazione Pietro Bembo, 1991.

Viroli, Maurizio. *Niccolò's Smile*. New York: Hill & Wang, 2000.

Walker, Paul Robert. *The Feud That Sparked the Renaissance*. New York: William Morrow, 2002.

Welch, Evelyn. "Art on the Edge: Hair and Hands in Renaissance Italy." *Renaissance Studies* 23, no. 3 (June 2009): 241–268.

Winspeare, Massimo. *The Medici: The Golden Age of Collecting*. Livorno: Sillabe, 2000.

Witthoft, Brucia. "Marriage Rituals and Marriage Chests in Quattrocento Florence." *Artibus et Historiae* 3, no. 5 (1982): 43–59.

Zöllner, Frank. *Leonardo da Vinci: The Complete Paintings and Drawings*. Cologne:

Taschen, 2012.

———. *Leonardo da Vinci*. Cologne: Taschen, 2005.

———. "Leonardo's Portrait of Mona Lisa del Giocondo." In *Gazette des Beaux-Arts* 121 (1993): S. 115–138. (Reprinted in Claire J. Farago, ed. *Leonardo da Vinci: Selected Scholarship*. New York: Garland Publishing, 1999, Bd. III, S. 243–266.)

图书在版编目（CIP）数据

蒙娜丽莎发现史 /（美）黛安娜·黑尔斯著；
严忠志译 . —杭州：浙江大学出版社，2017. 12
　书名原文：Mona Lisa: A Life Discovered
　ISBN 978-7-308-17179-3

　Ⅰ.①蒙… Ⅱ.①黛… ②严… Ⅲ.①佛罗伦萨—中世纪史
Ⅳ.① K546.9

中国版本图书馆 CIP 数据核字（2017）第 179021 号

蒙娜丽莎发现史

[美] 黛安娜·黑尔斯 著　严忠志 译

责任编辑　叶　敏
文字编辑　于佳仁　周红聪
装帧设计　周伟伟
出版发行　浙江大学出版社
　　　　　　（杭州天目山路 148 号 邮政编码 310007）
　　　　　　（网址：http:// www.zjupress.com）
制　　作　北京大有艺彩图文设计有限公司
印　　刷　北京中科印刷有限公司
开　　本　635mm×965mm　1/16
印　　张　24
字　　数　300 千
版 印 次　2017 年 12 月第 1 版　2017 年 12 月第 1 次印刷
书　　号　ISBN 978-7-308-17179-3
定　　价　59.00 元
